UNE CERTAINE FRANCE

L'Antisémitisme 40-44

DU MÊME AUTEUR

Le réseau étranglé, Fayard.

Qu'est-ce que j'apprends?, Balland.

Rien que la guerre, Balland.

Les chanteurs de cordes, Balland.

L'affiche rouge, Fayard.

PHILIPPE GANIER RAYMOND

UNE CERTAINE FRANCE

L'Antisémitisme 40-44

BALLAND

Nous remercions pour l'aide précieuse qu'ils nous ont apportée, M. Silvain, ainsi que les archivistes du Mémorial Juif de Paris.

L'auteur et l'éditeur sont parfaitement conscients d'avoir, à plusieurs reprises, outrepassé le droit de citation. Il leur est apparu en effet que certains textes, si terrifiants qu'ils fussent, et parce qu'ils étaient terrifiants, ne devaient pas être tronqués.

Ils se tiennent, par conséquent, à la disposition des auteurs, ou de leurs ayants droit, pour leur régler les royalties auxquelles ils pourraient prétendre.

Philippe Ganier Raymond
et André Balland.

J'aime la France, mais pas tous les jours. Je ne me veux pas Français une fois pour toutes, et dans tous les cas de figure. J'étais un étranger du temps où le gouvernement de ce pays avait fait de la torture un système, et, en dernière analyse, un principe de gouvernement. Je n'étais pas Français au Tchad, il y a quatre ans. Pareillement, je ne l'aurais point été, si j'avais eu l'âge du choix, du temps où la droite française, renchérissant encore sur les directives des nazis, tout à la joie de voir prendre effet une longue préméditation, marquait au fer jaune certains de mes concitoyens, leur interdisant de vivre avant de les faire mourir.

Peut-on être Français à part entière, et à mi-temps? Je le crois. C'est que toutes les fois où la droite se porte à la tête du pays ce n'est pas le simple fait de quelques hommes. Il me semble bien, en revanche, que la droite, dans ce siècle en tout cas, ne prit jamais le pouvoir sans consentement ni soutien populaire. Or je refuse la barbarie, je refuse le mépris. A plus forte raison lorsqu'on se réclame de moi, c'est-à-dire de la société, dont je suis un fragment. On ne m'a pas consulté en mai 1958, et je n'ai rien en commun avec les gens, la majorité des Français qui acceptèrent la constitution salazariste de 1959. Je n'ai rien à voir avec les lois et les décrets répressifs de la république pompidolienne. Et c'est en mon nom, la société, que l'on a tué Buffet, Bomtems et Ali ben Ianès. Je ne puis l'admettre.

C'est en mon nom, au nom des miens, que l'on a fait porter l'étoile jaune à des enfants. Je ne puis l'oublier.

Voici que, depuis quelques mois, la France à nouveau me déplaît. Non point tant en raison de cette dialectique misérable (permission-répression) qui est le style du troisième âge de la cinquième République. Plutôt parce que je vois le peuple français subir sans chagrin, sans douleur, sans révolte, l'ablation de ses libertés. Parce qu'une fois encore la droite s'étale, se vautre, sans l'ombre d'un risque, sur le terrain d'Europe le plus favorable à ses exactions.

L'histoire aime à grouper les événements. Dans cinquante ans, quand il s'agira d'expliquer aux enfants de l'époque pourquoi et comment, vers le milieu des années soixante-dix, la France, exportatrice d'idées généreuses et qui avait fait de la liberté son affaire, s'est donnée, sans influence extérieure, à un régime autoritaire, tout arbitraire consenti, j'imagine qu'elle rapprochera des actes et des paroles qui pour nous sont récents : les opérations « coups de poing » du prince Poniatowski; l'accusation de fascisme jetée à la face du parti communiste, qui enfermait plusieurs centaines de milliers de Français dans un ghetto infâmant; la conquête par Jacques Chirac d'un parti dont il n'était même pas membre. Et puis, beaucoup plus grave : les événements de janvier-février 1975.

Le 31 janvier, se produisit une rencontre fulgurante. A la même heure, toutes les radios annonçaient premièrement que la convention franco-allemande sur les criminels de guerre avait été ratifiée par le Parlement de Bonn, deuxièmement que le général Bigeard venait d'être nommé secrétaire d'Etat aux Armées. Autrement dit, à l'instant où l'on apprenait que les crimes des nazis allemands ne connaîtraient jamais de prescription (ce qui me semble justice), la torture française, les exécutions sommaires françaises, le martyre du peuple d'Alger, les hommes, les femmes et les enfants brûlés, aveuglés, désexés à l'électricité passaient aux profits et pertes de notre histoire. Pas de jugement. Un million cent mille êtres assassinés en sept ans entraient dans l'ordre des choses. Le vertige prenait le relais de l'horreur.

Mais ce n'était pas suffisant : le 5 février, le ministre de l'Intérieur, hypertrophie répressive de ce régime blafard, supprimait le droit d'asile, à peu près le seul legs humanitaire de la chrétienté obscurantiste. Mais ce n'était pas assez encore une fois. Sans transition, le prince de l'Intérieur, outrepassant ses pouvoirs comme à l'habitude, recommandait aux magistrats de prononcer la peine de mort un peu plus souvent.

Or, c'est bien ici, me semble-t-il, que l'histoire se cassera les dents sur notre époque. Il ne s'est rien passé. En France, il ne se passe jamais rien quand renaît la bête immonde. Vous lirez plus loin des textes hallucinants. Ils n'ont, à l'époque, scandalisé qu'une infime minorité de la population. L'arbitraire, dans ce pays, n'est jamais dérangeant. Je reviens au coup de force de Chirac.

On parla alors de Brumaire. Pendant quelques heures, on vit se former un peu de houle à la surface de la mer nostalgique. Deux hommes démissionnèrent. Et ce fut tout. Brumaire? Jamais de la vie.

Lucien Bonaparte risquait sa tête et celle de son frère en pénétrant aux Cinq-Cents, et même au Conseil des Anciens. Jacques Chirac, dont le visage, l'allure, le discours tout en nasales, filigrané de mépris, incarne si bien cette « ère des goujats empiristes » que Georges Bernanos voyait venir et dénonçait peu avant sa mort, Jacques Chirac ne prenait aucun risque.

Jacques Chirac ne s'est pas emparé d'une forteresse, il a fait glisser son bachot sur le marais de la résignation.

Fasciste, le Premier ministre? Oui, sans aucun doute, et

avec cette rage très caractéristique des hommes qui tiennent à gommer une adolescence d'extrême-gauche. (On retrouve là Déat, Doriot, Gitton.) Mais le personnage, pour ce qui nous occupe, n'est pas très intéressant. En revanche l'apathie complaisante du mouvement qu'il a pris sous sa coupe est tout à fait révélatrice. Que se passe-t-il, en France, quand le fascisme vient au pouvoir? Rien.

Il ne se passe rien quand, à Toulouse, le candidat Giscard d'Estaing proclame : « Il n'est personne dans cette salle qui pense que je veuille attenter aux libertés », cependant que les nervis d'Ordre Nouveau, achetés pour trois semaines, assomment dans les mezzanines les journalistes venus faire leur métier.

Il ne se passe rien — et surtout pas du côté de la police — quand l'Internationale Fasciste vient tenir ses assises dans la bonne ville de Lyon (janvier 1975).

Il ne se passe rien, quand le général Massu fait dans ses mémoires une apologie de la torture tombant à ma connaissance sous le coup de plusieurs lois. Rien, quand l'ex-colonel Argoud décrit fièrement ses atroces massacres qui lui eussent valu la corde à n'importe quel Nuremberg. (Au passage, que n'a-t-il été plus bavard lors de son procès. Il est vrai qu'à l'époque il risquait douze balles en guise d'à-valoir.)

Rien, quand, soûlés de brimades et de coups, les locataires des prisons françaises qui se sont révoltés sont assommés à coups de crosses par les C.R.S., qui tuent leurs chats au passage. Ou plutôt si, il se passe quelque chose. A l'initiative du Président on ouvre au public la prison de Loos-lès-Lille afin de faire constater les dégâts (une des opérations les plus scélérates du nouveau régime). Et des visiteurs déclarent à la sortie : « Moi, j'y serais allé à la mitraillette! »

Il ne se passe rien, quand le maire de Grasse organise lui-même la répression contre les Algériens dont le travail équilibre l'économie locale. Rien quand Médecin, le maire de Nice, multiplie les déclarations racistes et finit par jumeler sa ville avec celle de Johannesburg (Afrique du Sud). Rien, quand les petits bourgeois monoïdéistes d'Orléans ou de Chalon-sur-Saône inventent une traite des blanches organisée par des commerçants juifs. Rien, ou plutôt un seul flic condamné pour l'exemple, quand les Algériens sont battus à mort.

J'exagère? C'était le 12 janvier dernier. Ce soir-là, la télévision offrait son émission la plus populaire, les Dossiers de l'écran. Titre du film : *Mektoub*. Sujet : les travailleurs immigrés. Participaient aux débats le maire de Grasse, mais aussi plusieurs Algériens, Africains, Portugais. Les téléspectateurs, comme on sait, posent des questions. Mais ce soir-là se produisit quelque chose de tout à fait étonnant.

Comme le responsable de l'émission appelait le brave garçon chargé de trier les appels téléphoniques, celui-ci bredouilla un peu et finit par avouer qu'il ne les transmettrait pas car ils étaient trop chargés de racisme.

Il ne se passe rien quand un président de la République (qui se sait malade, lui-même condamné) fait tomber trois têtes en six mois. Personne ne se dit que la France est la dernière démocratie occidentale qui continue de prononcer et d'appliquer la peine de mort. Pis, un sondage révèle que 63 % des Français sont favorables à la peine capitale.

La répression laisse le gros du peuple français à peu près indifférent. Jusqu'au jour où, se sentant menacé, il l'encourage. Je ne dis pas que ce peuple est fasciste dans son essence. Je dis que sur ce terrain à la fois riche et neutre, sur ce terrain égoïste, peut fleurir, à tout instant, naturellement — et à quelle vitesse! — une oppression que nos voisins géographiques immédiats refuseraient de toute leur âme : les Anglais de par leur civilisation, les Allemands parce qu'ils ne sont pas au bout de la rédemption de leurs péchés, et qu'après tout ce peuple avait eu au XIXe siècle les premiers théoriciens sérieux de la liberté.

Surtout, il me semble bien que la France soit la démocratie occidentale où, en moins de dix ans, la droite, récupérant tous ses droits, ait effectué la pénétration la plus profonde au sein des couches populaires. Et à ce propos, l'échec de François Mitterrand, lors des dernières présidentielles, n'est pas une presque victoire. Il s'agit d'une défaite. D'autant plus signifiante que les conditions sans précédents d'un succès étaient réunies : prémisses de la crise, montée du chômage, scandales dans la majorité, médiocrité caricaturale des gens en place, etc.

La gauche a été battue, non par défaut d'intelligence ou de tactique. La gauche a été battue parce que depuis bien des années la droite est le plasma de notre circulation politique. Et dans la longue agonie de la quatrième République, on a pu voir la gauche elle-même « attraper la droite », se trouver en proie aux torpeurs vénéneuses, aux veuleries criminelles si caractéristiques de la réaction dans ce pays. Tout le long de ces années honteuses, le pays dans ses profondeurs se laissait gagner sans protester par la gangrène de la torture, et les jeunes syndicalistes, les membres du P.C. rentraient des Aurès les yeux écarquillés, mais bien souvent ils trouvaient « positive » « l'expérience » qu'ils avaient faite.

Je crois, pour tout dire que la France est officiellement entrée en droite le 17 juin 1940, et que, depuis, elle n'en est jamais sortie.

Seulement, jusqu'à un passé très récent — deux ou trois ans au plus —, la droite était toujours hors-la-loi. Et depuis 1945, les anciens de la collaboration, leurs disciples, avaient mis en œuvre toutes sortes de moyens pour accéder de nouveau à la reconnaissance. Tout d'abord, à l'exception d'une poignée de nostalgiques repliés dans les colonnes de *Rivarol,* personne ne se déclarait à droite. Pour tant d'anciens fascistes avoués, le mot fasciste était une injure.

Cependant, inlassablement, on récrivait l'histoire. Dans deux directions. Trente ans durant, les revues spécialisées nous expliquèrent que Pétain, tout au long des années noires, n'avait eu qu'une pensée : s'opposer à la volonté d'Adolf Hitler. Au passage on réhabilitait Laval, Darlan, Pierre Pucheu. Quant à la libération, elle était présentée comme une série d'exactions ignobles au regard desquelles Oradour-sur-Glane, les massacres de Tulle, la grande rafle de 1942 n'étaient qu'anecdotes regrettables.

Deuxième direction : toute la bourgeoisie non vichyssoise aurait été résistante. Des millions de « pères tranquilles ». Pas un avocat de la rue du Ranelagh qui n'ait transmis à Londres son morceau du mur de l'Atlantique, pas un médecin de l'avenue Victor-Hugo qui n'ait passé quatre ans de sa vie à soigner des résistants blessés, pas un industriel qui n'ait cessé de livrer à l'Allemagne des produits sabotés. A se demander comment il se fait que l'avenue Mozart sur toute sa longueur, et l'ensemble de la Plaine-Monceau, aient échappé aux fossés de Romainville. La prudence, sans doute, ou l'incurable bêtise de la Gestapo...

Quant au clergé et à la classe paysanne c'était tout simple : il n'y avait que d'admirables prêtres qui glanaient, entre les offices, les parachutistes dans les champs pour les cacher ensuite dans leur sacristie ou dans leur clocher, cependant que les agriculteurs du Centre, tous, négligeant leurs semailles, passaient leurs nuits et leurs jours à conduire en zone Sud des Juifs, des apatrides et des agents anglais par milliers.

Et comme les communistes, les vrais résistants, rappelaient à juste titre leurs exploits, un écolier des années soixante pouvait croire en toute bonne foi que, pendant quatre ans, la France, dotée d'une direction morale bicéphale (Pétain, de Gaulle), était peuplée de trente millions de héros. Chiffre dont il convenait de retirer une poignée de canailles appelées miliciens, et de quelques tristes sires s'adonnant au marché noir. Ce mensonge global et mielleux avait l'avantage de faire entrer les quatre années les plus honteuses de notre histoire dans les manuels. Mais il ne permettait quand même pas de faire tomber ce fardeau sanglant, puant, de la collaboration, qui continuait de peser sur les épaules d'une fraction non négligeable de la population française.

Etrange pays, en vérité, qui connut la résistance à l'occupant la plus nombreuse, la plus héroïque de toute l'Europe, et en même temps le gouvernement le plus dévoué aux nazis, la presse la plus servile.

Car c'est ainsi : il n'existe pas d'homologue hollandais de la brigade spéciale du commissaire David; rien au Danemark qui ressemble au commissariat aux Affaires juives. La Belgique eut son Degrelle, et la Norvège son Quisling, et tous ces pays fournirent des contingents non négligeables de Waffen SS. Il demeure : Pierre Pucheu, ministre de l'Intérieur de Vichy, triant du bout de la plume (d'abord les communistes, ensuite les apatrides, etc.), les otages qu'il sait promis au massacre de Châteaubriant, Darnand et sa milice traquant les maquisards à côté, et bientôt à la place de la Wehrmacht, la floraison de partis fascistes rivaux (R.N.P., P.P.F., Francisme, M.S.R.) se muant au fil des mois en polices parallèles, la livraison par Vichy des réfugiés politiques, les rafles de Juifs de 1941 et 1942, effectuées sans la participation d'un seul soldat allemand, tout cela situe la collaboration française à un degré supérieur d'ignominie.

Nulle part ailleurs, en Europe occupée, et singulièrement pas chez les peuples auxquels Hitler proposa l'entrée dans le club des grands aryens, l'administration locale ne bénéficia de la part des nazis de délégations de pouvoirs comparables. C'est que, nulle part ailleurs, ils ne rencontrèrent pareil zèle. Ainsi, qu'on veuille bien s'en souvenir : au mois d'août 1942, Vichy demande et obtient des autorités allemandes que les enfants juifs, dont les parents ont été déportés le mois précédent, soient emmenés à leur tour en Allemagne!

Pour mémoire : c'est le même mois de la même année que les Danois réussirent à faire échapper tous leurs Juifs et que leur roi décida de porter l'étoile jaune sur son uniforme...

Que faut-il ajouter? Que dès juin 1940, l'occupant — qui n'avait encore rien réclamé, d'ailleurs — reçut le fichier de tous les communistes et de tous les apatrides vivant sur le territoire national? Qu'à partir de novembre 1942, un résistant, un Juif, un suspect, peut être arrêté, torturé, détenu pendant des semaines et ne pas rencontrer un seul Allemand avant le peloton d'exécution ou le train plombé? Ajoutez à cela la dictature absolue d'une cohorte d'aigris, de chiens battus paranoïdes, de renégats (Doriot, ancien communiste, Déat, ancien socialiste) qui font de la rancune le moteur de leur action.

Donc, il fallait que la droite s'en sorte. A la longue l'héroïsme emprunté ou bien la minimisation de la résistance ne suffisait pas. C'était bien simple : il fallait que l'opinion de droite redevînt ce qu'elle était avant la guerre. Une simple opinion, justement. Aussi respectable a priori que la croyance dans le culte adventiste, ou le positivisme.

Le journal *Minute,* qui réussit chaque semaine la prouesse de faire cohabiter dans ses colonnes la haine du Juif et de l'Arabe, effectua il y a plus de dix ans déjà une remarquable remontée de l'esprit collaborateur. Son tirage (à peu près celui de *Je suis Partout*) en fait ce que l'on appelle couramment un journal populaire. Mais ce n'était pas suffisant. La droite imagina de reconquérir la légalité par le biais de la mode.

Une mode, cela passe, cela glisse dans le froissement des tissus, dans la musique des airs en vogue, sur les écrans de cinéma et sur les pages de livres. Dans ce moment, précisément limité, de la nature des choses, que l'on appelle la mode, le jugement est englouti, aboli. Il n'existe plus que des surfaces. En même temps, la fatalité est intouchable et il n'est pas convenable de s'attaquer moralement à un fragment du destin.

La mode, parce qu'elle est la mode, ne peut être boueuse. C'était gagné. Le fascisme, le racisme reprenaient droit de cité par les chemins de la nostalgie!

Il y eut d'abord le cinéma, Film charnière : *le Chagrin et la Pitié,* interminable prêche sournois, à l'objectivité bien dirigée, magnifiant le ventre attentiste du pays, réduisant la résistance à des anecdotes mais, avouons-le, montrant assez bien la nature et les motivations de la collaboration.

Deuxième étape : *Français si vous saviez.* C'est l'apparition de l'argument unanimiste : la France n'est plus qu'attentisme, veulerie, collaboration à la petite semaine. La droite en tire son argument capital : « Vous voyez bien que nous étions comme tout le monde. » La table est mise pour Louis Malle.

Intermède : *Portier de nuit.* Ici, Sigmund Freud tombe sous le coup du rappel des réservistes. Ce film italien (mais dont le succès en France a été immense) nous rappelle que dans les rapports torturé-tortionnaire, il existe avant tout une complicité. Auschwitz est non seulement rincé, aseptisé, mais aussi sexualisé.

Et puis voici venir *Lacombe Lucien.* Jusqu'alors, le très jeune écrivain, Patrick Modiano (*la Place de l'Etoile*), jouait avec cette période un peu comme Dumas avec Louis XIII. Sa rencontre avec Louis Malle donne un film digne de la UFA des belles années. A ceci près : quand en 1942, on faisait la queue pour voir *Le Juif Süss,* tout était clair : on allait manger du Juif en Agfachrome et, sur le fond, on ne pouvait être déçu. C'était le manichéisme érigé en monument.

Lacombe c'est, une fois encore, l'unanimisme. Paysans, résistants, Juifs, tout le monde, et jusqu'à la mère de Lacombe se montre à un moment ou à un autre intégralement ignoble. Et comme, malgré la présence d'un Juif à l'accent de nulle part, qui taille des costumes pour les tortionnaires, Malle juge que le volet raciste n'est peut-être pas assez développé, il ajoute un nègre gestapiste. La presse en général, et même quand elle dut s'y prendre à deux fois, dénonça ce film. Trop tard.

Lacombe correspondait trop à un besoin collectif, un besoin d'exorcisme, pour ne pas obtenir un immense succès. Pour la vieille extrême-droite, la porte était rouverte à deux battants.

L'écriture devait immanquablement s'en mêler. Ainsi, dans un fort volume récemment publié par une maison d'édition spécialisée dans les nostalgies, je viens d'apprendre combien l'on s'amusa à Paris pendant quatre ans. Tout le monde, Juifs en tête. Combien les artistes, tous les artistes, l'ont aimée, cette vie parisienne des années quarante. Cet ouvrage, ouvertement délateur (on comprendra par conséquent que je n'en donne pas le titre), est, tout comme *Lacombe,* construit selon le schéma unanimiste. Tout le monde dans la boue. Mais, en même temps, les murs de la ville sont propres : pas un « Bekanntmachung ». On a un peu faim, bien entendu, mais regardez aussi la queue devant le film allemand *le Maitre de Poste!* Ce sont les mêmes gens, dit l'auteur, qui attendent devant une boulangerie et devant le Colisée. En quatre cents pages on ne voit fleurir qu'une étoile jaune, et c'est pour illustrer une anecdote amusante.

Entre le moment où j'écris ces lignes et celui où elles paraîtront, je veux bien parier qu'une demi-douzaine d'ouvrages de la même farine se montreront à la vitrine du libraire. Et je suis non moins persuadé qu'au fil des années, ces livres, ces films, si confortables pour les âmes, prendront valeur de documents irréfutables. Si seulement ce livre-ci pouvait servir de postface utile à cette littérature...

Maintenant, on peut se demander comment il se fait que les grands détecteurs de droits de l'après-guerre, les grandes voix du roman et de la philosophie, qui confisquèrent au nom de leur héroïsme et de leur lucidité les cerveaux de deux générations, n'ont rien dit, rien fait, contre cette réhabilitation de la pensée de droite. Ils étaient bien virulents pourtant, entre 1948 et 1958. Ils voyaient le fascisme partout et même, pour certains, dans l'action du général de Gaulle en direction de la décolonisation. Or, je ne me trompe pas, c'est bien dans *le Nouvel Observateur* que j'ai lu la première dithyrambe en faveur de *Lacombe* (corrigée il est vrai une semaine plus tard). En vérité, pas un seul de ces grands péremptoires n'a vu par quelles voies cheminait la droite. Ils n'ont rien vu de son impatience, ils n'ont pas repéré une seule de ses manœuvres. Surtout, tous ont cru, je pense, que le nazisme, condamné, avait, par là même, disparu de la planète.

Cette myopie allait de pair avec l'évolution de plusieurs membres de la gauche intellectuelle. Ils sont une bonne dizaine qui dénoncèrent la torture sept ans durant, mais, une fois le dernier coup de feu tiré dans les rues d'Alger, s'esbignèrent, craignant, j'imagine, la misère morale des anciens combattants, et lui préférant je ne sais trop quel passéisme antérieur. Ils entrèrent en droite sur la pointe des pieds, avec des moues dubitatives, des oui mais et surtout le besoin, après tant d'épreuves, d'aller se réchauffer au foyer du pouvoir.

Il y a, par exemple, le cas Malraux. Ancien inspecteur général des révolutions de ce monde, esprit fulgurant, demi-héros, éternel survivant du martyre des autres, ce besogneux mythomane de l'histoire moderne ne veut pas voir passer seize ans d'atrocités françaises outre-mer. A peine si, pressé de toutes parts, l'on entendit un murmure de lui à propos de la torture. Il se déroule ce que l'on sait, en Grèce, au Chili, et dans une douzaine de pays à la surface du globe, Malraux se tait.

Nous étions un certain nombre à nous interroger sur ce mutisme altier. La réponse est venue à la fin de l'année 1974. Dans une interview accordée à *Paris-Match,* Malraux nous apprend que le retour du fascisme, du nazisme sont choses tout à fait impossibles. Où donc sur cette terre, dit-il en substance, voyez-vous des chambres à gaz? Tout s'éclaire.

Premièrement, M. Malraux ne sort pas de sa torpeur à moins de six millions de morts. Deuxièmement, selon M. Malraux, le nazisme représentant l'indépassable et celui-ci ayant été vaincu, cette peste ne peut plus se déclarer nulle part. L'idée que cette maladie ait pu infecter les cerveaux français et se soit transmise aux générations suivantes par le médium de la culture quotidienne n'effleure pas M. Malraux. M. Malraux est un homme heureux. Ce qui permet à Lazare, sur son lit de la Salpêtrière, de continuer à animer les vieux santons de sa jeunesse.

Or il me semble bien que l'attitude de M. Malraux est assez répandue dans ce pays. Ce besoin, quasi général, d'épingler le fascisme une fois pour toutes dans l'histoire, a favorisé l'exorcisme que nous dénonçons aujourd'hui. Pour ma part, je crois comme J.-F. Revel, il y a bien, bien, longtemps « qu'il y a de la droite dans l'air ». Et que celle-ci vient tout simplement, et pour la deuxième fois dans le siècle, de légaliser le mépris.

Si nous avons choisi de rassembler un choix d'écrits antisémites publiés durant l'occupation, avant les littératures anticommuniste et antigaulliste, c'est que d'une part ces écrits ont toujours été, depuis, écartés des ouvrages les moins complaisants envers le régime de Vichy; que d'autre part, dans l'anticommunisme, dans l'antigaullisme, il subsiste comme un esprit de combat. L'antisémitisme c'est le mépris le plus pur. Le mépris assis. Le mausolée de la lâcheté.

Enfin, s'il est vrai que les esprits fascisants du nouveau régime de la Ve République n'en sont pas à faire porter l'étoile jaune à certains Français, je reste persuadé que ce n'est pas par conviction morale ou idéologique, mais simplement parce que cette décision entre plus dans la grille des mesures démagogiques à prendre d'urgence.

Pour tout dire, nous prenions un risque grave. Savoir, en effet, si certains textes ne recevraient pas l'approbation un peu rêveuse de certains lecteurs. C'est pourquoi, nous avons délibérément choisi de publier les textes les plus effrayants. Malgré cela, j'éprouve encore certaines craintes : les articles de MM. Rebatet, Coston, Sicard, si ahurissants soient-ils, ne sont-ils pas encore susceptibles, en 1975, de déterminer des vocations?

L'antisémitisme français n'est réductible à rien. Pas même au racisme. Aussi bien ce n'est pas un hasard si l'on a fondé, il y a des décennies, un Mouvement contre le Racisme *et* l'Antisémitisme. Le racisme s'attaque à une réalité phénoménale, l'antisémitisme à un monde clandestin qu'invente l'antisémite. L'antisémite, mythomane qui se défie de l'imagination, déteste la lumière, et cependant ne cesse de la réclamer. Il n'existe, avec ses fièvres, que par rapport à un monde trouble, tout à la fois inaccessible et pourrissant. L'affaire Dreyfus, par quoi tout commence dans ce pays, ce ne fut jamais de la part des antisémites la quête de la lumière, mais le besoin furieux de voir triompher des présomptions.

Or, en juin 1940, les vainqueurs leur offrent la lumière, je veux dire : les moyens, le pouvoir d'appliquer, en plein jour, les mesures qu'ils réclament depuis plus d'un demi-siècle. Avec quelle joie, quelle ferveur, ils se mettront à la tâche, dépassant même fréquemment, les désirs de l'Etat nazi!

Oui, mais le cadeau allemand est empoisonné, d'une certaine manière. Il est trop beau. Comme officiellement les Juifs doivent être fichés, puis marqués, cependant que l'interdiction de vivre est prononcée un an avant la mise à mort, et que l'antisémitisme entre dans les lois, voici que, par là même, disparaissent les fantasmes. L'antisémite français, dès la fin de 1941, est un homme, je ne dirai pas malheureux, mais assez mal dans sa peau. Il est au pouvoir. Les mesures qu'il applique sont claires, or ses branchies ne respirent qu'en eau trouble. On le verra, dès les premières mesures sévères, il en réclamera d'autres plus sévères encore. Surtout, moins il y a de Juifs sur le territoire français, et plus l'antisémite s'acharne à en découvrir. Il n'y a plus de Juifs, il faut donc en voir partout. En avril 1944, Maurice-Ivan Sicard, Emile Bougère, Jehan Teisseire, Henri Coston, le « professeur » Montandon, mettent au point un fascicule intitulé *Je vous hais,* tout à fait révélateur à cet égard.

Dans cette ordure de 142 pages, format magazine, abondamment illustré, montrant en couverture la photo de Léon Blum, et qui se vendit fort bien, il y a comme un tableau de tous les syndromes antisémites. Les amalgames; la chasse aux Juifs par-delà leur arrestation et leur mort; le vertige de la démonstration « historique »; la démonstration « scientifique ». Je répète que nous sommes en avril 1944. Les grandes rafles ont eu lieu deux ans auparavant. Jean Zay, Georges Mandel ont été assassinés, Léon Blum est en prison. Et tout le monde le sait. Or voici ce que l'on trouve dans l'éditorial de Maurice-Ivan Sicard : « [...] Les Juifs Blum, Mandel, Jean Zay, Moch, Bloch, Lévy, Schramek, Dreyfus, Grumbach, Mendès-France, Weiss, Ziromsky, Lazurik, Lecache et leurs complices se portent fort bien. On rencontre leurs cousins dans les meilleurs palaces de la Côte d'Azur et si parfois nous n'avons pas très bien déjeuné, vous et moi, nous devons nous consoler en remarquant que nos pauvres Juifs mangent et boivent bien en préparant leur après-guerre au vu et au su de tous. [...] Les Juifs peuvent ricaner dans leurs retraites d'où ils pensent sortir bientôt pour signer avec le sang français, comme en Afrique du Nord, l'arrêt de notre Patrie. Ils ne riront pas toujours.

« Nous leur avons déjà dit, en août 1940, de partir vite et loin. Ils sont restés... Ils relèvent la tête et travaillent ouvertement contre la nation. Il faut vraiment qu'ils soient peu intelligents, ces Juifs, pour croire que les temps anciens reviendront.

« Il y a une chose que les Juifs ne savent pas, qu'ils ne peuvent pas savoir parce qu'ils sont des Juifs, mais je veux leur répéter ici, encore une fois, pour qu'on ne puisse pas me reprocher un jour de n'avoir pas prévenu.

« Il y a dans notre pays des patriotes qui ne reculeront devant rien. Alors, nous disons aux Juifs : « Ne vous mettez pas sur leur chemin. Ne vous présentez pas à leur regard. Chapeau bas, en veston, comme vous êtes venu il y a cinq ans ou cinq siècles, partez. Partez vite. Partez avant. »

Ces lignes d'un fou, pour qui le temps s'est arrêté, et les répressions n'ont pas encore eu lieu, sont illustrées par une photo montrant des hommes en manteau, les pieds dans la neige, à proximité des baraquements, avec cette légende : « Juifs dans un camp de concentration. — La nouvelle révolution fasciste vient de mettre tous les Juifs, sans exception, dans les camps de concentration. Leurs biens furent saisis au profit des sinistrés de la guerre. *Un exemple à imiter.* »

Pour Sicard, les rafles n'ont pas encore été effectuées, le camp de Drancy n'existe pas encore et les convois vers Auschwitz n'ont pas encore démarré. Sicard et ses amis éprouvent une sorte de vertige ontologique à l'idée d'un monde sans Juifs. Il faut qu'*ils* soient toujours là!

Pour cela l'amalgame est indispensable. Dans la même brochure, au chapitre de l'art juif, cinq photos s'étalent sur deux pages. Il y a un Chagall, bien sûr [*l'Anniversaire*], d'ailleurs orthographié Chazal, mais aussi *la Juive Mae West vue par un autre Juif*. L'autre Juif, c'est Dali! Quant aux trois autres œuvres, il s'agit, dit la légende, de *Picasso*. En réalité un Juan Gris, une statuette de Rouault, et un Picasso, effectivement. Tous des Juifs! L'amalgame est redevenu bouillie.

Peu avant, Céline, à l'abri derrière un délire dont il contrôlait parfaitement les effets, dénonçait le Juif Racine à Otto Abetz. Chez Céline, peut-on supposer, il y a une sorte de ruse paysanne dans l'organisation de sa persécution. Il dose l'invective et, si l'on y regarde de près, mène sa carrière littéraire-masochiste avec beaucoup d'adresse. Le malade contrôle admirablement l'évolution de son mal. Il ne répétera pas l'erreur des *Beaux Draps,* et se bornera très vite à envoyer aux journaux des lettres dans lesquelles il se ménage toujours le privilège et la sécurité de la folie.

Mais, que dire — et ici on aborde la démonstration « historique » — du scribe qui, toujours dans la même brochure, résume ainsi la Commune de Paris?

« [...] Ce sont les Juifs qui, dans la Commune de Paris, ont été à la base de tous les excès et de tous les crimes.

« Car, qui donna l'ordre d'exécuter les otages? L'infâme Juif Dagosta.

« Qui donna l'ordre d'incendier Paris? Léo Fraenkel, Juif hongrois, ancêtre d'un autre Juif hongrois, Bela Kun.

« Qui assassina le général Lecomte?

« Qui fit détruire la colonne Vendôme et d'autres monuments historiques? Le Juif Simon Mayer qui s'intitulait d'ailleurs major de la place Vendôme.

« Qui signa les mandats de perquisition dans les couvents et fit traquer les prêtres? Un Juif, Wermesch, qui se glorifiait de descendre d'une famille juive d'Amsterdam.

« Qui était le chef de ces Juifs féroces, leur donnait des ordres? C'était le Juif Karl Mardochée, dit Karl Marx... »

Jusqu'ici rien d'extraordinaire. Délire classique de droite. Mais voici la suite.

« Ainsi donc, les Juifs tentèrent d'exploiter la Commune de Paris et furent les responsables des exactions et des crimes qui furent commis. Ce qu'on sait moins, par contre, c'est qu'excités par les youtres, les ouvriers parisiens furent ensuite assassinés par eux. Ce qu'on sait moins c'est que le bourreau qui fit fusiller 35 000 ouvriers français pour des crimes commis par les Juifs et sur leur ordre, le général-marquis de Galliffet, le marquis aux talons rouges, n'était qu'un Juif qui prétendait descendre d'une antique famille provençale et qui, en réalité, était de descendance juive.

« Car les Galliffet, de leur vrai nom Perron-Coulet, vinrent s'établir en Provence en 1581, après avoir été chassés de Carpentras pour des crimes importants et là, ils crurent plus pratique de changer de nom.

« Ainsi donc, la Commune de Paris qui, au demeurant, reste un exemple de la révolte saine du peuple contre un système de corruption et de trahison, eut donc à subir deux assauts. Celui des Juifs qui l'exploitèrent politiquement, et celui du Juif qui usa contre les communards de la plus sauvage des répressions. »

Antisémitisme tous azimuths, permettant de célébrer la Commune, morceau intouchable de l'histoire populaire, par le biais de l'antisémitisme! Ailleurs, les conseils du banquier Samuel Bernard précipitent la Révolution et la Révolution sera ce qu'elle est — un bain de sang! — par l'action unique du Juif Marat, etc. Il n'est aucun mal, d'où qu'il vienne, ayant frappé cette terre depuis l'aurore des temps qui n'ait un Juif à son origine! Pas une goutte de sang versé qui n'ait été répandue par un Juif! Il y a quelque chose de tristement besogneux dans l'expression de ce vertige. Quelque chose d'épouvantablement étriqué dans cet unanimisme, de tragiquement mesquin dans cette vision du monde.

Qu'est devenu l'auteur de ce texte? Je l'ignore et qu'importe. Mais à mon tour j'ai le vertige : ces mots n'ont pas été écrits il y a dix siècles, quand la pensée était au plus profond de la nuit. Ils ont été écrits voici trente ans. Et il y a trente ans, dans le même ouvrage, Montandon écrivait, au chapitre de « la synthèse de la notion d'ethnicité juive » : « Quand un homme au patronyme de Silberstein a été baptisé chrétien, descend de chrétiens depuis trois générations, d'après ses documents, a épousé une femme aryenne et fait baptiser ses enfants, mais se fait arrêter au moment de franchir la frontière suisse dans l'appréhension qu'il soit d'être pris pour un Juif malgré son rattachement à une confession chrétienne, soit pour un Aryen astreint au service de la relève comme tout autre Aryen non inféodé aux puissances juives, nous disons que cet homme a la *mentalité juive* et que la loi devrait donner la possibilité de le réenregistrer comme Juif. »

Ce morceau de casuistique « scientifique » laisse loin derrière les directives de l'Inquisition espagnole. Après tout, les tortures sous Isabelle avaient un but : l'aveu d'un commerce quelconque avec le Malin. Chez Montandon, on ne demande rien au coupable [coupable d'ethnicité perverse!], on le fabrique Juif, à la frontière suisse, dans ses occupations, dans la rue, au restaurant, n'importe où, n'importe quand, sans prévenir. Le Juif ne s'appartient pas. Pas même en tant que Juif. Le Juif est un individu totalement objectif. Le nègre a le droit de se revendiquer en tant que nègre. Les esclavagistes, les marchands d'hommes et de sommeil des bidonvilles sont les premiers à l'admettre. Le Juif, lui, n'a pas le droit. Le Juif est un choix de l'Aryen.

Cinq ans durant, les Français ont acheté et consommé cette littérature. Un journal comme *Je Suis Partout,* par exemple, s'arrachait jusqu'au dernier exemplaire. *Les Décombres* de Rebatet furent le grand succès de librairie de l'époque. Singulièrement, on remarque qu'un journal plus mou sur le chapitre de la chasse aux Juifs — *les Nouveaux Temps* de Jean Luchaire — se vend moins que les autres. Je crois qu'il faut le dire : le port de l'étoile jaune dans l'ensemble n'a guère dérangé et, plus d'une fois, il intrigua et amusa.

Il est juste de rappeler que dès la guerre d'Espagne, la droite avait éclaté. Bernanos le premier, et tandis que son propre fils se bat dans les rangs de la Phalange, publie avec *Les Grands Cimetières sous la Lune* une sorte de haut-le-corps. DAstier, Claude Roy, Mauriac, tous nés en droite, tournent brusquement le dos, et se mettent à combattre avec des moyens divers l'horreur qui se prépare et s'organise. Tous ne font pas sauter des trains, mais tous écrivent. Et ce n'est pas un communiste, mais François Mauriac, qui vient de fort loin, c'est-à-dire des moiteurs sulfureuses du catholicisme provincial, à l'origine nécessairement maurrassien, qui dans *Le Cahier noir* publie l'analyse la plus lucide, la plus impitoyable de la droite en France.

Au fond, à la veille, ou immédiatement après la débâcle et comme l'horreur se dessine, il arrive en France quelque chose de tout à fait comparable à ce qui s'est produit en Allemagne : les aristocrates de la pensée se détournent devant le purin. Voici venu le temps des médiocres, le temps des fous sans génie, voici venu le temps des rats. Le rat Costantini (*l'Appel)*, le rat P.-A. Cousteau (*Je Suis Partout*), le rat Stéphane Lauzanne (*le Matin*), le rat Lagardelle (*la France socialiste*), le rat Alphonse de Chateaubriant (*la Gerbe*), le rat Coston (*le Cahier jaune*), et tant d'autres. Certains sont morts et d'autres pas. Et voici l'impasse de ce livre : ces gens-là ont payé, certains de leur vie, leur ignominie. On ne crache pas sur le carré des fusillés! Oh que non...

C'est un ennemi irréductible de la peine de mort qui parle. Les exécutions me font horreur, à Châteaubriant comme à la caponnière de Vincennes, au Mont-Valérien, comme dans la cour de Fresnes. Et derrière ces mots, je n'ajouterai pas *mais*. Si j'en avais eu l'âge, peut-être, je dis bien peut-être, aurais-je signé la pétition pour la survie de Brasillach. Tuer Paul Chack était une sanglante dérision. Dois-je continuer? En vérité, gens de droite, je n'aurais jamais assemblé ce livre si *vous* n'aviez pris appui sur vos quelques morts pour tenter de refaire l'histoire, et nous expliquer par exemple, pendant trente ans, qu'il n'y avait aucune commune mesure (à votre avantage bien entendu) entre les exécutions d'otages, la participation active à un génocide sans précédent, et l'exécution de Brasillach, ou de Luchaire.

Si vous n'aviez, tout naturellement, donné, après une longue patience, la nostalgie de ces choses à de jeunes gens qui ne savent rien de ces temps-là.

D'ailleurs vous n'aviez rien à craindre. A la lumière de vos exactions, l'invective et la polémique étaient, comme vous-mêmes et pendant trois décennies, hors-la-loi. On se serait sali à répondre à vos insultes, c'est-à-dire à user de vos armes, et par conséquent à vous ressembler. La non-droite vous a regardés renaître les mains nues. Même les communistes. Vous en avez profité. Vos journaux, d'abord confidentiels, sont redevenus des organes « populaires ». Et cette nostalgie abstraite dont je parlais plus haut vous a réhabilité cent fois mieux que toutes les amnisties dont vous avez bénéficié. Vous avez eu des enfants qui parfois vous ressemblent, mais pas toujours, et depuis quelques années, collaborateurs, antisémites de haute et basse lisse, vous avez des disciples qui vous calquent et vous vénèrent.

Et puis comme vous avez de la chance d'être Français! Ce peuple auquel j'appartiens, par instant avec douleur, est étrangement insensible au mépris. Jimagine ce qu'il se passerait en Grande-Bretagne si un membre du gouvernement se permettait de traiter de « fascisant » un grand parti de l'opposition, si l'on raflait au hasard de l'inspiration des sujets de Sa Majesté, et qu'on les relâchait deux jours plus tard après les avoir insultés et frappés, si un général sanguinaire venait légiférer à Westminster. En vérité je n'imagine rien. Ce qui se passe en France, de nos jours, est inimaginable en Angleterre. C'est que là-bas, voyez-vous, les plus extrêmes conservateurs n'ont rien de commun avec notre droite.

Gens de droite, vous n'êtes pas innocents. Vous-mêmes, vos pères, ont commis des crimes inexpiables. Voici ce que vous avez fait, ce que vous avez dit, ce que vous avez pensé, pendant quatre ans. Ceci n'est pas une anthologie. A peine un éventail, tout juste entrouvert, de ce dont vous êtes capables quand on vous laisse la bride sur le cou. Restez à droite, mais qu'on le sache : vous êtes des assassins et de la pire espèce : des assassins par procuration. Des lâches.

I

LA PRÉMÉDITATION

Vichy, en décrétant les lois raciales, n'ensemençait pas une terre en friche. Le terrain, patiemment labouré depuis l'affaire Dreyfus par plusieurs générations d'antisémites (Bloy, Maurras, Céline...) était prêt. Bien avant le port de l'étoile jaune, Darcquier, plus tard de Pellepoix, et futur commissaire aux affaires juives, conseiller municipal de Paris, donc élu par le peuple, *faisait distribuer en avril 1938 ce tract en forme de proposition de loi.*

ARTICLE PREMIER. La nationalité juive étant incompatible avec la nationalité française, cette dernière sera retirée à toutes personnes ayant un ou plusieurs grands-parents juifs. Les personnes frappées de cette déchéance pourront, après enquête approfondie, recevoir une carte d'étranger renouvelable tous les ans. Ladite carte pouvant être retirée à tout moment par un simple arrêté du Ministre de l'Intérieur sans qu'il soit besoin de le motiver.

ART. 2. Lorsque la délivrance d'une carte d'étranger aura été refusée aux personnes ayant dans leur ascendance un parent juif au deuxième degré, celles-ci seront expulsées de France dans un délai qui ne pourra en aucun cas excéder un mois.

Si l'enquête dont il a été parlé à l'article ci-dessus révèle qu'un crime ou un délit a été commis par un Juif, ce dernier, sans qu'aucune prescription puisse jouer en sa faveur, sera traduit devant les Tribunaux, s'il ne l'a déjà été. Le Juif ne pourra alors bénéficier ni des circonstances atténuantes, ni du sursis; après l'exécution de sa peine, il sera expulsé sans délai.

Tout Juif contrevenant à un arrêté d'expulsion ne pourra en aucun cas bénéficier du sursis ni des circonstances atténuantes et sera condamné à une peine de prison allant de un à cinq ans. En cas de récidive, la peine prévue sera la déportation à la Guyane où les contrevenants seront soumis au régime des relégués.

ART. 3. Les étrangers juifs résidant en France feront l'objet d'une nouvelle enquête, au terme de laquelle il leur sera ou non accordé une carte d'étranger. Dans le cas où l'étranger juif se verrait refuser cette faveur, il sera expulsé de France dans un délai qui ne pourra excéder un mois.

En cas de non-exécution par l'étranger juif de l'arrêté d'expulsion, les peines prévues seront celles visées à l'article 2 de la présente loi.

ART. 4. Dès la promulgation de la présente loi les biens meubles et immeubles appartenant aux personnes visées aux articles 1 et 3, même dans le cas où elles pourraient bénéficier de la carte d'étranger, seront confisqués au profit de l'Etat français. Ces biens seront employés ainsi qu'il va être indiqué ci-après :

ART. 5. La Banque de France sera autorisée à émettre 120 milliards de billets portant une mention spéciale gagés par les ex-biens juifs en attendant leur réalisation.

ART. 6. Chaque Français recevra immédiatement une somme de TROIS MILLE FRANCS, quel que soit son âge.

ART. 7. Les ex-biens juifs seront réalisés au mieux par les services d'une Caisse Autonome créée à cet effet.

ART. 8. Les 120 premiers milliards de réalisation serviront à annuler la même somme de billets fabriqués spécialement et qui auront été distribués entre les Français comme il est dit à l'article 6.

ART. 9. Les 60 milliards suivants seront réservés pour être distribués au fur et à mesure des naissances à raison de TROIS MILLE FRANCS pour chacune d'elles.

ART. 10. Les 30 milliards suivants serviront à instituer la retraite des vieux.

ART. 11. Les 100 milliards suivants seront employés à la mise en valeur de notre Empire Colonial ainsi qu'au voyage, à l'installation et éventuellement au retour des Français désireux de se rendre aux Colonies.

ART. 12. Les 50 milliards suivants seront réservés aux grands travaux de la Métropole, à commencer par le remplacement des taudis par des maisons saines.

ART. 13. Avec les 40 milliards suivants il sera procédé à l'achat d'or dans nos Colonies pour renforcer l'encaisse métallique nationale.

ART. 14. La Caisse Autonome versera le solde à l'Etat français. Ce capital devra être employé entièrement à l'amortissement de la Dette Publique.

ART. 15. Cette loi est applicable à toutes les Colonies et aux Protectorats français; toutefois, chacune de nos possessions aura sa Caisse Autonome pour répartir les ex-biens juifs sur son territoire entre ses ressortissants.

Les articles 10, 11, 12, 13 de la présente loi ne sont pas applicables à nos Colonies et Protectorats.

En 1942, Lucien Rebatet, qui, depuis près de dix ans mena de front une triple carrière de critique musical, de chroniqueur cinématographique et de pamphlétaire antisémite dans les colonnes de Je Suis Partout, *publia « les Décombres », un épais roman dans lequel son ami Bra-*

sillach crut reconnaître une œuvre dans le droit fil du « Voyage au Bout de la Nuit », de Louis Ferdinand Céline. Dans ces extraits, manifestement écrits avant la guerre, on trouve comme un programme de gouvernement de l'antisémitisme français. A noter, entre autres, l'obsession spécifiquement française d'une église catholique enjuivée.

... Wagnérien, nietzschéen, antisémite, anticlérical, connaissant par le menu le folklore national-socialiste, j'étais naturellement désigné pour jouer dans notre bande le rôle de S.A. d'élite. Je m'en acquittais avec des *Horst Wessel Lied* et des « Heil » retentissants. Plus sérieusement, j'étais toujours prêt à boucler ma valise pour ce Reich à qui les mensonges et l'exclusive d'Israël rendaient les attraits de l'inconnu.

/.../ La première étape de mon voyage en Europe centrale, au mois de juillet 1938, avait été pour Vienne, rattachée depuis Pâques au Reich. J'avais connu fort auparavant une capitale déchue, râpée et dolente. Elle portait tout entière les traces de cette souillure juive que nous avons connue à de vastes quartiers de Paris : laideur des personnages qui grouillent à vos côtés, immense étalage des camelotes et des friperies, appauvrissement et angoisse du chrétien que le socialisme installé avec l'envahisseur dépouille un peu plus chaque jour. Des hardes séchaient aux fenêtres de Schoenbrunn transformé en phalanstère ouvrier. Les mendiants vous harcelaient, et les étudiants, quand je les interrogeais sur ces choses, ne répondaient pas, mais dessinaient une croix gammée sur mon Baedeker.

Je retrouvais une Vienne allégée et nettoyée. Cela sautait aux yeux dans ces rues reconquises par des jeunes filles en petites jupes à fleurs et gorgerettes de Gretchens, des garçons frais et athlétiques fiers de leurs uniformes neufs.

/.../ J'avais voulu revoir le ghetto de Leopoldstadt. Ses longues rues, à leur tour, étaient frappées de désolation. Les rideaux de fer aveuglaient maintenant d'innombrables devantures portant encore des noms baroques, forgés au fond des Karpathes ou de la steppe pour tous les nomades qui avaient campé là. Quelques escouades de « Hitler-jungen » venaient de terminer une petite expédition punitive. Les murs portaient de tous côtés d'énormes barbouillages : « Porc juif » — « Maison juive — Désinfection urgente — Chrétien! attention. » Des Juifs s'efforçaient de gratter ces stigmates. D'autres dissimulaient peureusement leurs profils derrière des fenêtres. Je nageais dans une joie vengeresse. Je humais la revanche de ma rage. Cette heure-là me payait de deux années d'humiliation.

/.../ Je quittais mes papiers et mes livres. Je repartais à travers Paris. J'y retrouvais étalés partout les signes les plus impudents de la souveraineté juive. Les Juifs savouraient toutes les délices, chair, vengeance, orgueil, pouvoir. Ils couchaient avec nos plus belles filles. Ils accrochaient chez eux les plus beaux tableaux de nos plus grands peintres. Ils se prélassaient dans nos plus beaux châteaux. Ils étaient mignottés, encensés, caressés. Le moindre petit seigneur de leur tribu avait dix plumitifs dans sa cour pour faire chanter ses louanges. Ils tenaient dans leurs mains nos banques, les titres de nos bourgeois, les terres et les bêtes de nos paysans. Ils agitaient à leur gré, par leur presse et leurs films, les cervelles de notre peuple. Leurs journaux étaient toujours les plus lus, il n'y avait plus un cinéma qui ne leur appartînt pas. Ils possédaient leurs ministres au faîte de l'Etat. Du haut en bas du régime, dans toutes les entreprises, à tous les carrefours de la vie française, dans l'économique, dans le politique, dans le spirituel, ils avaient un émissaire de leur race posté, prêt à retenir la dîme, à intimer les vetos et les ordres d'Israël. L'Eglise elle-même leur offrait son alliance et leur prêtait ses armes. Ils avaient toute liberté de couvrir leurs ennemis de boue et d'ordures, d'accumuler sur eux les plus mortels soupçons. Bientôt, ils auraient le pouvoir de les bâillonner. Pour un mot qui écorcherait leurs oreilles, ils feraient pourchasser, juger, emprisonner, ruiner le téméraire chrétien qui l'aurait prononcé.

Mais devant les feux et l'or clinquant du Paris juif, je

pensais avec une tranquille certitude à l'exode éternel et inévitable. En remontant les Champs-Elysées où ils se vautraient dans les beaux bras de leurs esclaves chrétiennes, je repassais dans ma tête toute la suite des édits implacables qui jalonnaient pour les Juifs l'histoire de la France. Je voyais de Philippe le Bel à Louis XVI se dérouler ce long cours de siècles féconds où mon pays ne cessait de grandir, où il était le plus puissant du monde et où il vivait sans Juifs, où le Juif loqueteux, égaré d'aventure sur les terres du royaume, versait à l'entrée des ponts de péage la même obole que pour un cochon.

Les Juifs venaient d'atteindre la plus grande puissance qu'ils eussent jamais rêvée, au bout de cent cinquante années ensanglantées par les guerres et les révolutions les plus obscures et les plus meurtrières, déshonorées par les chimères les plus folles et les plus funestes, les formes de tyrannie les plus féroces, que le monde eût connues sans doute depuis toujours. Le Juif, antique pillard de morts, ne pouvait conquérir sa plus grande fortune que dans le temps où s'amoncelaient de tels charniers humains. Il ne pouvait prétendre au rang de prince et de chef que dans une époque où les têtes perdues d'illusion oubliaient toute réalité. Il avait fallu le dogme insane de l'égalité des hommes pour qu'il pût à nouveau se faufiler parmi nous en déchirant ses passeports d'infamie, pour que ce parasite, ce vagabond fraudeur pût s'arroger tous les droits de notre peuple laborieux, attaché depuis des millénaires à notre sol. Le Juif était l'universel profiteur de la démocratie.

/.../ Le seul régime qui eût pu porter le Juif si haut était bâti sur le sable et le mensonge, comme toutes les œuvres d'Israël. En s'identifiant à lui chaque jour davantage, le Juif hâtait sa pourriture. Ensemble ils s'effondreraient. La vermine n'est jamais plus prospère que sur l'arbre qu'elle a sucé jusqu'aux racines et qui va mourir. Mais quand l'arbre meurt, la vermine crève avec lui.

La démocratie agonisait. Le temps ne tarderait plus où les Rothschild reprendraient la besace.

Je ne voulais plus connaître de question juive. Elle n'existait pas. Ou bien, telle qu'on nous la posait, c'était la plus belle ruse des Juifs, le débat installé avec sa chicane morale à la place de la loi qui eût si vite tranché. Il n'y avait qu'un problème chrétien. Cinq cent mille Juifs poltrons, perdus parmi quarante millions de Français ne pouvaient être forts que de la bêtise ou de la vénalité des chrétiens. Le statut juif ne relevait pas de l'éthique, mais de la simple police.

Il n'était ni normal ni salubre pour un chrétien de se confiner dans l'étude d'une race inférieure et exotique, de vivre indéfiniment dans son intimité. La plupart des antisémites finissaient par tomber dans l'hyperbole juive. Il n'y avait plus d'entreprise, si démesurée fût-elle, dont ils ne jugeassent la juiverie capable. L'antisémitisme fourmillait de maniaques, d'hallucinés qui voyaient mille Juifs pour un seul. Ils annonçaient avec des yeux hagards l'invincibilité de ce minuscule peuple de pleutres et de déjetés, tremblant de tous leurs membres au seul aspect d'un fusil, vingt millions à peine d'Hébreux disséminés sur quatre continents, dont plus de la moitié croupissant dans leurs ghettos.

Quelle farce plaisante que cet empire des Juifs au regard des grandes époques de la France! J'imaginais le rire de Rabelais et de Louis XIV sur de tels propos. Ce qui était burlesque alors n'avait pu devenir convenable que par notre ramollissement. Nous retombions en enfance. Nous avions devant le hibou juif des épouvantes et des superstitions de vieilles femmes.

Sous le Juif le plus policé, le plus francisé d'aspect, je reconnaissais l'Hébreu vaticinant. A se voir vêtu de si beaux draps anglais, écrasant les indigènes de son faste, crachant conjugalement son sperme juif dans les plus nobles ventres du blason français, académicien comme Racine et La Fontaine, ministre à Paris et à Londres, baron ici et lord là-bas, protégé par les polices et les lois des trois plus grands empires du monde, choyé par les Loges, les Parlements et les Eglises, arbitre souverain de la Bourse, du Stock Exchange et de Wall Street, le fils des tribus entrait en délire. Tout le fiel amassé dans les vieux ghettos lui remontait à la tête. Il ne voulait plus tolérer de limites à sa revanche et à son pouvoir. Il lui fallait tout asservir. Mais il suffisait d'un bâton brandi par un chrétien pour que le César de Jérusalem déguerpît à toutes jambes.

Les Juifs n'avaient rien acquis que par le vol et la corruption. Plus ils étendaient leur pouvoir et plus la pourriture gagnait avec eux. Il leur fallait démolir toutes nos vieilles fondations et mettre leur boue et leurs déchets à la place pour élever leur édifice. L'effondrement d'un pareil monument était certain. Leur impuissance à quelque gouvernement que ce fût le disait assez. Les Juifs parviendraient-ils à acheter le monde entier — c'était là leur unique moyen de conquête — il serait le lendemain plongé dans un chaos où glapiraient ces sous-hommes, bientôt emportés et déchiquetés par d'indicibles tempêtes. Je ne pouvais croire à cette apocalypse. Israël, sur notre continent même, avait été déjà trop bien mis en échec.

Pour nous, Français, hélas! la question restait entière. Saurions-nous chasser à temps ces architectes et ces maçons de catastrophes, ou dégringolerions-nous en même temps que leur Babel?

Quel thème métaphysique pour un chrétien ayant la foi que cette éternelle défaite châtiant à travers tous les âges la race qui avait tué Dieu! Mais en l'an 39, de telles idées ne venaient plus qu'à des mécréants. Les catholiques pieux étaient en plein pilpoul. Nos théologiens s'affublaient du taleth par-dessus la chasuble. Si les Juifs cherchaient à tout démolir, c'était pour obéir à leur vocation providentielle. Israël était un *corpus mysticum,* une Eglise infidèle, répudiée comme Eglise, mais toujours attendue de l'Epoux. Israël avait pour tâche « l'activation terrestre de la masse du monde ». Il l'empêchait de dormir tant qu'il n'avait pas Dieu, il stimulait le mouvement de l'histoire. *Ecce vere Israelita, in quo dolus non est.*

/.../ Le moment est prochain maintenant où les Juifs d'Europe ne relèveront plus que de la police. Je n'ai pas encore perdu toute espérance de voir des Français participer à cette opération. Ils doivent définir sans retard leurs volontés.

Depuis les années 1933-34, où le vieil antisémitisme français s'est réveillé devant l'invasion orientale, nos charges contre Israël se sont décuplées.

/.../ Nous comprenons toujours mieux que, sans les Juifs, nous eussions fait entre nous, avec les moindres dégâts, cette révolution du socialisme autoritaire devenue nécessaire à notre siècle, et dont les vieux doctrinaires français, tels que Proudhon, s'honorent d'avoir été les précurseurs. La barbarie marxiste a été la contrefaçon juive, folle et mortelle, de ce socialisme aryen qui s'en est dégagé douloureusement, dans des flots de sang blanc.

/.../ Chacun expliquera le Juif à sa convenance : expiation du péché d'entre tous les péchés contre Dieu, souillure ineffaçable du sang, métissage qui le mit au ban de tous les autres peuples, et qu'a conservé un racisme à rebours. On en glosera longtemps. Peu importe. D'une façon comme d'une autre, la juiverie offre l'exemple, unique dans l'histoire de l'humanité, d'une race pour laquelle le châtiment collectif soit le seul juste. Ses crimes sont devant nous. /.../ Après cent cinquante années d'émancipation judaïque, ces bêtes malfaisantes, impures, portant sur elles les germes de tous les fléaux, doivent réintégrer les prisons où la sagesse séculaire les tenait enfermées.

Quand on songe aux nobles races d'Amérique et d'Océanie qui ont succombé presque entières sous les fusils et les drogues des Blancs et surtout des féroces Anglo-Saxons, il est permis de considérer que ce monde est bien mal fait qui a laissé proliférer le Juif malgré tant et tant d'indispensables persécutions. /.../ Le seul moyen pratique auquel un aryen raisonnable de 1942 puisse s'arrêter est le ghetto à l'échelle du monde moderne. J'entends naturellement le ghetto physique, soit ghettos par nations, soit ghettos internationaux, réserves, « aires », colonies juives — la place ne manquera pas dans les immenses espaces des empires russe et anglais. /.../ Dans ces colonies, quelles soient sibériennes ou africaines, les Juifs auront licence de mener leur vie hébraïque et de gagner leur nécessaire en travaillant pour la communauté humaine. Ils ne pourront circuler hors de ces colonies sans un signe apparent sur leur vêture et un passeport mentionnant leur qualité de Juif. Certaines régions, certains pays devront leur être interdits de toute manière.

La France doit se pourvoir de lois raciales à l'instar de celles que l'Allemagne a su prendre, en renouvelant une des plus vieilles traditions de la chrétienté, lois interdisant le mariage entre Juifs et chrétiens et frappant de peines rigoureuses les rapports sexuels entre les deux races.

Il est logique et conforme aux codes d'Occident que l'aryenne mariée à un Juif suive le sort de celui-ci, et soit entièrement répudiée par notre société, elle et sa progéniture. Le cas des mariages entre Juives et chrétiens est à traiter avec plus de souplesse. De toute manière, l'époux chrétien d'une Juive ne pourra accéder à aucune fonction d'Etat, l'enfant demi-Juif issu de son union sera soumis à un statut spécial.

Tout juif est naturellement libre de se faire baptiser, comme de devenir bouddhiste, musulman, antonien. Mais le baptême, antérieur ou postérieur à la loi, ne pourra lui conférer aucun privilège. Il est à présumer que l'on verra baisser à vue d'œil le nombre des conversions miraculeuses.

Les prêtres coupables d'avoir délivré des certificats de baptême de complaisance, pour aider au camouflage des Juifs, seront condamnés à des peines pouvant aller jusqu'aux travaux forcés, qu'ils accompliront en assistant moralement les bagnards, s'ils en sont capables.

La liquidation des biens et offices juifs doit être opérée dans le but exclusif d'une réparation à la communauté aryenne de chaque pays, pour les ravages que les Hébreux lui ont fait subir. /.../ Dans la grande faillite juive, la France est la créancière privilégiée.

/.../ Il n'existe pas, à ma connaissance, d'exception d'ordre civil, sauf peut-être dans certains domaines médicaux ou scientifique, les Juifs écrivains, professeurs, juristes étant au contraire la plus dangereuse des espèces d'Israël, et à exclure en premier lieu.

L'esprit juif est dans la vie intellectuelle de la France un chiendent vénéneux, qui doit être extirpé jusqu'aux plus infimes radicelles, sur lequel on ne passera jamais assez profondément la charrue. /.../ Des sections spéciales pourront être créées, dans les bibliothèques et les musées, pour l'étude historique de certains ouvrages d'Israël. Mais la mise en circulation publique, sous quelque forme que ce soit, concerts, théâtres, cinéma, livres, radio, expositions, d'une œuvre juive ou demi-juive doit être prohibée sans réserves ni nuances, de Meyerbeer à Reynaldo Hahn, de Henri Heine à Bergson. Des autodafés seront ordonnés du maximum d'exemplaires des littératures, peintures, partitions juives et judaïques ayant le plus travaillé à la décadence de notre peuple, sociologie, religion, critique, politique, Lévy-Brühl, Durkheim, Maritain, Benda, Bernstein, Soutine, Darius Milhaud.

Les Juifs, essentiellement imitateurs, ont été sans conteste de remarquables interprètres dans tous les arts, sauf le chant. Je ne verrais aucun inconvénient, pour ma part, à ce qu'un grand virtuose musical du ghetto fût autorisé à venir jouer parmi les Aryens pour leur divertissement, comme les esclaves exotiques dans la vieille Rome. Mais si ce devait être le prétexte d'un empiètement, si minime fût-il, de cette abominable espèce sur nous, je fracasserais moi-même le premier les disques de Chopin et de Mozart par les merveilleux Horowitz et Menuhin. Quoi! au temps de Liszt, de Thalberg, de Paganini, qui valait beaucoup mieux que le nôtre, les Aryens n'avaient pas besoin du secours des Juifs pour exécuter incomparablement leurs œuvres.

/.../ Nous pouvons proscrire sans remords l'esprit juif et ses œuvres, anéantir celles-ci. Ce que nous y perdrons ne comptera guère. Mais les vertus que nous y gagnerons seront sans prix...

Lucien Rebatet

Si Rebatet voyait dans la multiplication des ghettos la solution idéale du problème juif, Drieu la Rochelle, lui, suggère qu'elle peut se trouver dans le sionisme. A l'époque, le cas est rare. De nos jours, nombre d'antisémites s'étant, à la faveur des guerres en Afrique du Nord et au Proche-Orient, recyclés dans la ratonnade, il est infiniment plus fréquent. Voici ce qu'écrivait Drieu dans son journal politique, en date du 29 juillet 1938.

A PROPOS DU RACISME

Beaucoup d'ignorants dans la presse française se sont moqués des récentes déclarations italiennes sur le problème des races. Ignorants ou plutôt irréfléchis, car il n'est pas besoin d'être grand clerc pour comprendre de quoi il retourne.

La science des races ou ethnographie est certes pleine d'incertitudes comme les autres sciences de la vie. Mais il est comique de voir les marxistes, qui croient tant à la science et aux sciences, y compris la « science marxiste », se montrer soudain si prudents et si sceptiques devant cette science de l'ethnographie. En tout cas, de la part des ethnographes, ce n'est pas faire preuve de grande prétention que d'admettre en gros que les Arabes et les Juifs appartiennent à une autre race que les trois quarts et demi des habitants de l'Europe.

Ceux-ci, on convient actuellement qu'ils descendent de trois groupes d'origine : groupe nordique (dont relèvent les Germains, les Celtes), groupe alpin, groupe méditerranéen.

On convient aussi que ces trois groupes se sont grandement mélangés et que leurs caractères propres sont difficiles à parfaitement préciser.

Par ailleurs, on remarque que les descendants de ces trois races anthropologiques parlent tous des langues aryennes ou indo-européennes. Le mot *aryen* n'est sûr que pour désigner la communauté de langues qu'il y a entre les descendants actuels de ces trois groupes. Conclure de la communauté du langage à la communauté du sang, c'est embrouiller les questions. Il y a donc témérité et abus de la part des rédacteurs de la déclaration italienne à spécifier que les Italiens (qui appartiennent en gros au groupe méditerranéen) sont de race aryenne comme les Allemands ou les Français ou les Anglais.

Le seul fait sûr à mettre en avant, c'est que de toute évidence les groupements ethniques qui peuplent l'Europe ne sont pas de la même souche que les groupes ethniques qu'on appelle sémites. Il n'y a ni similitude de caractères physiques, ni similitude de langues.

Il y a plus de différence entre un Napolitain et un Danois d'une part, et un Juif d'autre part, qu'entre un Napolitain et un Danois.

Ce fait très simple et très gros est suffisant pour donner un fondement absolument sûr et irréductible à un minimum de réflexion raciste et à le rendre valable pour tous les peuples d'Europe à l'égard des Juifs. Laissons de côté le mot aryen qui prête à confusion et disons que les Européens en général ne sont pas de même race que les Juifs.

De ce point de vue, Charles Maurras me semble exagérer les précautions quand il dit que, dans l'examen de la question juive, il faut écarter toute considération biologique et s'en tenir au fait que les Juifs forment un peuple parmi les peuples, c'est-à-dire un groupement ayant *la conscience et la volonté* d'exister politiquement contre tous les autres groupements politiques.

Il n'est pas négligeable de poser qu'avant cette conscience et cette volonté qui séparent chaque communauté juive du peuple au milieu duquel elle vit il y a une *fatalité biologique, anthropologique,* qui en gros différencie les Juifs des Européens.

Certes, cette fatalité n'est pas suffisante pour expliquer toutes choses, puisque les voisins de race des Juifs, les Arabes, les exècrent plus que ne le font les Européens.

Il est toutefois important de poser ce fait de race à cause de l'hypocrisie de beaucoup de Juifs, qui disent que le fait juif est seulement un fait religieux, un fait purement spirituel qui n'a aucun lien avec aucune considération temporelle de temps ou d'espace. S'il en était ainsi, les Juifs ne feraient pas tant d'efforts pour s'obliger les uns les autres à maintenir la pureté de la race et à ne pas contracter d'alliances avec les peuples parmi lesquels ils vivent. Ou alors il faut dire que la religion juive est demeurée primitive et appartient à un stade de l'esprit humain antérieur à celui des grandes religions dites rationalistes (bouddhisme, christianisme, islamique) qui ne tiennent pas compte des liens du sang. La religion juive est fondée sur la considération du sang comme toutes les religions primitives; elle est restée pendant des siècles une école de racisme.

Du reste, ce sont les Juifs qui ont enseigné le racisme aux peuples européens. Eux seuls posaient un fait de race en Europe par leur prétention à se marier entre eux. On n'a jamais vu en France les Bretons prétendre n'épouser que des Bretonnes ou en Angleterre les Ecossais ne faire d'enfants qu'à des Ecossaises. On n'a pas vu non plus la minorité protestante en France ni la minorité catholique en Angleterre vouloir se maintenir à tout prix autonome par l'interdiction de toute exogamie.

Ce qui masque surtout la véritable situation des Juifs en Europe, c'est le rapport qu'on voit entre leur religion et le christianisme. On s'imagine que l'antisémitisme est né du fait que les Juifs ont supplicié le Christ. Mais l'antisémitisme existait auparavant. Les Juifs étaient dispersés dans le monde antique trois ou six siècles avant la venue du Christ et cette dispersion avait déjà produit ses effets de malaise et de répulsion chez les Perses, chez les Egyptiens, avant les Romains. L'antisémitisme est bien antérieur au Christ et au christianisme. La religion n'a rien à faire dans les réflexions qu'on peut former sur le problème juif. Tout ce que disent certains hitlériens sur les origines juives du christianisme est bien démodé. Plus l'histoire des religions étudie les origines du christianisme et plus elle découvre que tous les éléments qu'on y trouve se trouvaient aussi bien dans les autres religions de l'époque que dans le judaïsme, celui-ci ayant emprunté beaucoup lui-même à toutes ces religions. Le christianisme est pour le moins aussi grec que juif. Somme toute, on peut considérer le problème juif sur deux plans :

1° Le plan biologique. La question qui se pose est de savoir s'il y a plus d'inconvénients que d'avantages au croisement des Juifs et des Européens.

2° Sur le plan politique. La question qui se pose est de savoir comment les peuples, maîtres de leur destin, doivent traiter la prétention juive à former un peuple parmi chaque peuple et un peuple par-dessus tous les peuples.

La première question peut se poser sous forme précise que voici : les habitudes d'esprit des Juifs sont-elles irréductibles ou non? Sont-ils voués uniquement à certaines professions, à certains tours de la sensibilité et de l'intellectualité, à certaines idées? Ne peuvent-ils pas devenir soldats, agriculteurs, industriels, artistes et cesser d'être exclusivement marchands et banquiers, virtuoses, philosophes, politiciens? Sont-ils voués au rationalisme toujours pareil, à la même exploitation spécieuse des extrémismes? En d'autres termes, l'hérédité est-elle modifiable par l'éducation? Ainsi posée, cette question ne trouve sa solution qu'avec la seconde. Peut-on supporter éternellement la prétention des Juifs à vivre dans l'exception — exception avantageuse et désavantageuse? Ou ne faut-il pas poser le problème une bonne fois? Comme d'ailleurs ils ont une tendance à le faire eux-mêmes. Ou le sionisme ou l'assimilation.

Pour ce qui est de la solution sioniste, elle ne peut être

réglée que par une entente mondiale. Puisque la Palestine est insuffisante, il faut trouver d'autres territoires. Les Russes ont créé dans leur immense empire colonial deux républiques juives : l'une en Crimée, l'autre en Sibérie. On essaie là, selon une idée parfaitement réactionnaire, de réenraciner les Juifs, d'en faire des agriculteurs et des ouvriers, de les désintellectualiser. Il semble qu'on pourrait demander aux Russes de recevoir là beaucoup de Juifs polonais ou roumains...

Mais ce n'est pas une des moindres étrangetés de la Russie bolchevique, qu'elle ait montré si peu d'entrain à recueillir les Juifs émigrés d'Allemagne et d'Autriche. Et d'ailleurs ceux-ci aiment sans doute mieux rester dans l'Allemagne hitlérienne que d'aller dans la Russie de Staline, ce qui en dit long sur l'absurde position philostalinienne qu'affectent encore un grand nombre de Juifs dans les pays démocratiques.

Les nationalistes de tous les pays doivent aider les Juifs sionistes dans leurs efforts. Nul plus bel hommage offert à la philosophie nationaliste que celui des Juifs sionistes.

D'autre part, il y a l'assimilation. Il y a des Juifs qui veulent faire comme ont fait tous les groupes ethniques à l'intérieur des nations modernes, qui veulent se confondre et disparaître.

Si l'on ne pense pas que le fait juif soit un fait biologique irréductible, si l'on croit que les cinq cents millions d'hommes de la race blanche peuvent noyer dans leur sang le sang de vingt millions de Juifs, la meilleure façon de rendre ce processus sûr, c'est de poser dans tous les pays un certain nombre de règles qui protègent et isolent avec une inexorable fermeté le désir sincère de certains Juifs de renoncer à leur spécificité.

Il faudrait donc permettre aux Juifs dans chaque pays de se diviser par une déclaration écrite et un serment en deux catégories : ceux qui veulent l'assimilation et ceux qui ne la veulent pas.

Ceux qui ne la veulent pas, ceux qui prétendent se

marier entre eux, faire bande à part et pourtant rafler pour cette bande le maximum d'avantages sociaux et politiques, ceux-là doivent évidemment être mis dans le ghetto auquel ils aspirent — et dont Charles Maurras a depuis longtemps analysé de main de maître toutes les conditions.

Pour ceux qui veulent l'assimilation, il faut les aider par des épreuves qui feront ressortir les véritables bonnes intentions :

1° Exiger le stage de deux générations dans le pays avant de leur permettre certaines professions et l'exercice des droits politiques.

2° Expulser tout Juif marxiste, c'est-à-dire tout Juif qui professe la destruction de la société au milieu de laquelle il vit.

Je reconnais que ma thèse sur l'assimilation est dangereuse et discutable. Il est des régions de l'empire français où la présence massive des Juifs donne au mélange des sangs un caractère dangereux. A cause de cela, il faudrait décentraliser la question et laisser à chaque province licence de choisir son régime. Cela permettrait aux Lorrains, aux Alsaciens, aux Algériens, aux Parisiens d'exercer momentanément une défense plus énergique que ne le sentent nécessaire d'autres parties de l'empire, moins exposées.

En tout cas, quoi qu'on pense dans les différents plans de cette vaste question, nous, en tant que parti politique ayant souci de rendre les Français à leur orgueil, à leur responsabilité et à leur activité, nous ne pouvons admettre que, dans l'insuffisance actuelle des mœurs et des lois, tant de Juifs tiennent les leviers de commande de l'administration et de la politique.

Drieu La Rochelle
29 juillet 1938

Le « professeur » Montandon, futur rédacteur, avec M.I. Sicard, et tant d'autres, du célèbre « Cahier Jaune », donne l'indispensable touche scientifique au mouvement antisémite. En réalité, il s'agit d'une copie conforme des auteurs allemands de la même époque. Montandon sera abattu par un partisan peu avant la libération. En 1940, son livre Comment reconnaître le Juif *(écrit en 1939) avait été un succès de librairie. Voir d'abord la description physique.*

Un *nez fortement convexe,* d'ailleurs de façon différente selon les individus, fréquemment avec proéminence inférieure de la cloison nasale, et ailes très mobiles; chez certains sujets de l'Europe sud-orientale, le profil en bec de vautour est si accusé que l'on pourrait croire à un produit sélectionné et qu'il ne s'explique que par un phénomène d'auto-domestication plus haut mentionné.

Des *lèvres charnues,* dont l'inférieure proémine souvent, parfois très fortement (il n'est pas illégitime d'y voir un résidu de facteurs négroïdes).

Des *yeux peu enfoncés dans les orbites,* avec, habituellement, quelque chose de plus humide, de plus marécageux que ce n'est le cas pour d'autres types raciaux, et une fente des paupières moins ouverte.

Les trois organes que sont les yeux, le nez et les lèvres sont donc fortement « chargés » et c'est la combinaison des caractères mentionnés de ces trois organes qui constitue principalement, avec une *légère bouffissure de l'ensemble des parties molles,* ce que nous avons appelé le masque juif.

Des caractères moins fréquents et moins marquants sont :

Le *cheveu frisé,* qu'il est également légitime de rattacher à une ascendance négroïde.

L'*oreille grande et décollée.*

Des caractères se rapportant au corps, mais également moins importants que ceux du visage, sont :

Les *épaules légèrement voûtées.*

Les *hanches facilement larges ou graisseuses.*

Les *pieds plats.*

Certaines attitudes sont également plus ou moins typiques, à savoir :

Le *geste griffu.*

L'*allure dégingandée* ou la *démarche en battoirs.*

Il faut cependant reconnaître que ces attitudes, et même les caractères mentionnés du tronc et des pieds, sont peut-être à mettre plutôt sur le compte du milieu ethnique non-racial que sur celui du type racial.

De façon générale, les races noires sont prognathes (ont la mâchoire proéminant fortement), les races jaunes sont mésognathes (ont la mâchoire proéminant moyennement), les races blanches sont orthognathes (ont la mâchoire droite). Il s'agit, chez certains individus juifs, d'un certain *mésognathisme,* et ce caractère éventuel, qui se rencontre aussi chez de nombreux sujets du Proche-Orient, est naturellement à mettre sur le compte de connexions, anciennes ou récentes, négroïdes. Similairement, si un Juif présente de *fortes pommettes,* caractère nettement marqué chez les Jaunes, moyennement chez les Noirs et pas du tout chez les Blancs normaux, ce caractère, ainsi que le *rétrécissement de la fente des paupières* peut être mis sur le compte de connexions anciennes ou récentes avec les Jaunes.

Tels sont les traits les plus notables du type judaïque, qui peuvent s'allier soit avec une tête et une face allongées, une peau basanée, des yeux et des cheveux noirs, une stature déliée (type sephardim classique), soit avec une tête et une face larges ou moyennes, des yeux et des cheveux foncés, moyens ou clairs, une stature généralement trapue (type achkénazim, d'ailleurs en soi plus variable que le sephardim).

Mais, on n'est jamais trop prudent et Montandon, pour le cas où le lecteur rencontrerait un Juif présentant toutes les caractéristiques d'un bel Aryen, rappelle « qu'entre les deux prototypes, il y a de la marge pour toutes les variétés et les diversités individuelles ».

Suit un court aperçu de ce que Montandon nomme la « Pathologie Jaune ».

On peut attribuer aux Juifs une forte proportion de cas de : diabète de forme bulbaire (c'est-à-dire nerveuse), d'arthritisme à formes cutanées et viscérales, de lèpre, de névrose. S'il est possible que les trois premiers groupes d'affections se soient greffés plus particulièrement sur le type racial juif.

Le type juif fabriquerait peu de cholestérine.

Enfin, fait à mentionner ici, bien qu'il soit plus racial que pathologique, le *chimisme des glandes sudoripares* paraît particulier chez le Juif, car les cas où ce dernier dégage une odeur rance, qui nous est désagréable, sont trop fréquents pour ne pas représenter autre chose que des circonstances individuelles... Peut-être l'odeur juive est-elle à mettre en relation avec les anciennes connexions négroïdes de la race.

Et puis il y a le sang.

Le sang B est le sang *asiatique* par excellence. Il faut dire asiatique et pas mongol. En effet, bien que le faciès mongol, ou jaune, soit le plus typique de ce continent, les populations turcoïdes ont encore plus de B que les Mongols et certaines populations de l'Inde encore davantage... Les groupements juifs ont en moyenne deux fois plus de sang B que les groupements occidentaux.

Mais Montandon doit ressentir la fragilité de ses propres démonstrations scientifiques. Il lui faut revenir à la méthode de la plupart des antisémites. S'en tenir à l'aspect physique. Donner à la présemption force de preuve. Et il conclut :

Le masque juif est en somme ce qu'il y a d'essentiel, de plus palpable, de plus criant, de plus trahissant, dans le type racial judaïque ou juif.

Georges Montandon
1939

II

L'IMPATIENCE

Les Allemands sont à Paris. La France a capitulé. Avant que les autorités occupantes aient pris la moindre mesure à l'encontre des Juifs, Darcquier, dans le Bulletin de l'Institut des Questions Juives d'août 1940 appelle à la répression.

Il faut, de nouveau, proclamer avec vigueur que le problème juif *n'est pas un problème spécifiquement allemand,* mais un problème qui se pose pour toutes les nations, et pour la France d'une façon urgente. Il se trouve que l'Allemagne, la première dans l'époque moderne, a donné au problème une solution gouvernementale. Aucune raison patriotique ne s'oppose à ce que nous demandions au gouvernement de la France de faire de même... et sincèrement! C'est, au contraire, une manifestation de patriotisme clairvoyant, quel que soit l'état présent des relations entre la France vaincue et l'Allemagne victorieuse.

Il est littéralement enfantin de voir dans l'esprit antijuif une manifestation spécifique de l'âme allemande. Ne nous lassons pas de répéter, pour contrebattre la publicité juive, que l'antisémitisme s'est révélé au sein de tous les peuples chez qui les Juifs se sont installés...

Pendant les années qui ont précédé la guerre, j'ai lutté de toutes mes forces contre les Juifs qui nous y menaient en utilisant machiavéliquement les réactions instinctives de notre peuple. J'ai prophétisé et vaticiné en vain. La catastrophe est venue!

Aujourd'hui, la Juiverie camouflée (assez mal, d'ailleurs) continue son travail souterrain avec l'indulgence gouvernementale...

Il est urgent que les Français dignes de leur race s'unissent pour arrêter l'œuvre de mort de ces moissonneurs sanglants.

En janvier 1941, Pierre Costantini, directeur de l'Appel, s'insurge : les ordonnances sont trop molles, et mal appliquées. Il en faut d'autres, plus sévères.

Qu'attend-on pour appliquer certaine loi de défrancisation — créons un mot nouveau avec un vocable ancien suivant le précepte du bon Horace — si tant est que cette loi soit toujours en vigueur?

Au nom de quoi la qualité de Français est-elle encore reconnue aux fuyards de l'été dernier, fort occupés à faire campagne en Amérique contre leur patrie, qui n'est du reste, pour eux, qu'une patrie occasionnelle et même de rechange en espérant mieux?

Pourquoi ne raye-t-on pas de la liste des citoyens français :

Le Juif, commandeur de la Légion d'honneur, Henry Bernstein, cabotin de la bravade, mais lâche devant tout danger réel, haineux comme ceux de sa race, adorateur du veau d'or cher à ses ancêtres, vraiment digne de devenir citoyen d'honneur de l'Amérique d'un Roosevelt.

Le Juif, commandeur de la Légion d'honneur, André Maurois-Hertzog, coqueluche des milieux mondains et bien pensants, ornement des sacristies où il conduisait lui-même sa jeune progéniture afin de veiller en personne au parfait accomplissement de leurs exercices religieux : l'Académie française valait bien un nombre respectable de messes!

Le Juif, commandeur de la Légion d'honneur, Max Fischer, pornographe de métier, affairiste féroce. Caïn de son propre frère qui n'était certes pas un Abel, faux bon garçon, insolent quand il se croyait le maître, plat valet dès que son intérêt d'arriviste forcené était en jeu.

Qui nous donnera la liste complète des transfuges qui vivent, sans souci des restrictions, dans les Amériques, au Portugal, ou ailleurs?

Mais au fait : quand va-t-on procéder à l'épuration de la Légion d'honneur, en commençant, bien entendu, par le Conseil de l'ordre?

L'auteur dramatique Jacques de Feraudy ne résiste pas au mouvement. En septembre 1941, il se joint à la curée en publiant ces trente-deux alexandrins.

« VA-T'EN »

« Va-t'en, Juifs ». Entends bien ce que te dit la France,
Bien moins par haine au cœur, crois-moi, que par raison.
Ta face immonde a trop noirci mon horizon,
J'ai besoin de clarté pour guérir ma souffrance.

Ah! tu ne pensais pas que le moment viendrait
Où l'esclave d'hier, par toi contaminée,
Se désintoxiquant, un jour te chasserait,
Quand tu croyais l'avoir si bien assassinée.

Tu ne te disais pas, ivre de tes excès,
Qu'il existait encore en France... des Français
Purs du poison qu'instille à tous ta vilénie,
Qui ne vivent pas d'or, mais vivent de génie.

Va, ne t'incruste plus sur tout mon territoire
Avec tes doigts crochus, pour salir mon Histoire

Une certaine France

Toi qui n'es pas d'ici... qui n'es de nulle part,
Que pourrais-tu bien faire au pays de Bayard?

Flétrir, en l'éduquant, la fleur de ma jeunesse?
Empêcher mes bourgeons de pousser au printemps?
C'est un effet, je sais, de ta moindre prouesse!...
Laisse-là cet espoir, et ne perds plus ton temps.

Le petit que je tiens presque au bout de mon bras
Fruit nouveau mûrissant sur sa France nouvelle,
Et de mes foyers morts la prochaine étincelle.
C'est lui que tu voudrais? Mais tu ne l'auras pas.

Va-t'en donc, Juif, va-t'en; remporte ta besace
Va rejoindre, là-bas, les frères de ta race
Qui n'ont rien fait de mieux, pour me montrer leur cœur,
Que de m'abandonner au vent de mon malheur.

Comme, afin de renaître, à l'heure où l'aube luit,
Le jour semble arracher le manteau de la nuit,
D'une chaîne infernale, enfin, je me délivre...
Et te chasse à jamais, parce que je veux vivre. »

Jacques de Feraudy

III

LES ORDONNANCES

Et voici les ordonnances, les droits qui furent progressivement retirés aux Juifs. Avant qu'en 1942, on leur ôte purement et simplement le droit d'exister.

Ordonnance du 27 septembre 1940

1. Sont reconnus comme Juifs, ceux qui appartiennent ou appartenaient à la religion juive ou qui ont plus de deux grands-parents juifs.
2. Il est interdit aux Juifs qui ont fui la zone occupée d'y retourner.
3. Tout Juif devra se présenter jusqu'au 20.10.1940 auprès du sous-préfet pour se faire inscrire, lui et sa famille, sur un registre spécial.
4. Tout commerce appartenant à un Juif devra être désigné comme entreprise juive par une affiche spéciale bilingue franco-allemande.
5. Les contraventions à la présente ordonnance seront punies de prison, d'amende et la confiscation des biens pourra être prononcée.

Ordonnance du 3 octobre 1940

1. Sont Juifs, tous ceux qui sont issus de trois grands-parents juifs, ou de deux grands-parents si son conjoint est juif.

2. L'accès et l'exercice des fonctions et mandats ci-après sont interdits aux Juifs :

a) Chef de l'Etat, membre du gouvernement, magistrats
b) Préfets, sous-préfets, police, etc.
c) Gouverneurs, inspecteurs de Colonies...
d) Membres des Corps enseignants
e) Officiers Terre, Mer, Air
f) Exercices des professions libérales
g) Presse
h) Cinéma, théâtre, spectacles, radio.

3. Les Juifs, qui dans les domaines scientifiques, artistiques, ont rendu des services exceptionnels à l'Etat français pourront être relevés des interdictions prévues.

4. Les Juifs titulaires de la carte de combattant 1914-1918 ou ayant été cités à l'ordre du jour pendant la campagne 1939-1940 ou étant titulaires de la Légion d'honneur à titre militaire ou de la médaille militaire peuvent être relevés des interdictions ci-dessus citées.

Ordonnance du 4 octobre 1940

1. Les étrangers de race juive pourront être internés dans des camps spéciaux.

2. Les Juifs étrangers pourront en tous temps se voir assigner une résidence forcée.

Loi du 7 octobre 1940

1. Le décret (dit décret Crémieux) du 24 octobre 1870 est abrogé.

2. Les droits politiques des Juifs indigènes d'Algérie sont réglés par les textes qui fixent les droits des musulmans algériens.

3. Les droits civils réels et personnels des Juifs indigènes restent réglés par la loi française.

4. Les Juifs indigènes d'Algérie ayant obtenu la Légion d'honneur à titre militaire, la Croix de guerre ou la Médaille militaire conservent le statut politique français.

Loi du 29 mars 1941

Il est créé pour l'ensemble du Territoire national un Commissariat général aux Questions juives :

Celui-ci :

1. Prépare et propose au Chef de l'Etat toutes mesures législatives relatives à l'état des Juifs.
2. Fixe la date de la liquidation des biens juifs.
3. Désigne les Administrateurs-sequestres.
4. Le Commissaire général est désigné par le ministre d'Etat chargé de la vice-présidence du Conseil.

Loi du 19 mai 1941

Le Commissariat général aux Questions juives peut provoquer à l'égard des Juifs toutes mesures de police commandées par l'intérêt national.

Loi du 2 juin 1941

Est regardé comme Juifs :

1. Celui ou celle appartenant ou non à une confession quelconque qui est issu d'au moins trois grand-parents de race juive, ou de deux seulement si son conjoint est lui-même issu de deux grands-parents de race juive.

Est regardé comme étant de race juive le grand-parent ayant appartenu à la religion juive.

2. Celui ou celle qui appartient à la religion juive ou y appartenait le 25 juin 1940 et qui est issu de deux grands-parents de race juive.

Le désaveu ou l'annulation de la reconnaissance d'un

enfant considéré comme Juif sont sans effet au regard des dispositions qui précèdent.

Loi du 2 juin 1941

Déclaration de l'état de Juif au préfet ou au sous-préfet indiquant état civil, profession, état de leurs biens.

Toute infraction est punie d'emprisonnement de 1 mois à 1 an et d'une amende de 100 à 10 000 Frs, sans compter l'internement dans un camp spécial, même si l'intéressé est Français.

Loi du 23 juin 1941

Le nombre des étudiants juifs admis à s'inscrire dans les établissements d'enseignement supérieur ne peut excéder 3 % des étudiants non Juifs.

Sont inscrits en priorité :

— les orphelins des militaires morts pour la France
— les décorés
— les titulaires de la carte de combattant
— les fils ou filles de décorés
— les postulants issus de familles nombreuses et particulièrement méritants.

Décret du 16 juillet 1941

Réglementation en ce qui concerne les Juifs de la profession d'avocat.

Les avocats ne peuvent dépasser 2 % de l'effectif total des avocats non Juifs inscrits.

Décret du 11 août 1941

Réglementation en ce qui concerne les Juifs de la profession de médecin.

Les médecins ne peuvent dépasser 2 % de l'effectif total des médecins inscrits.

Loi du 1er septembre 1941
portant modification de la loi du 29 mars 1941 créant un Commissariat général aux Questions juives.
(V. *Journ. off.* du 2 septembre 1941.)

ARTICLE PREMIER. Les articles 1er et 3 de la loi du 29 mars 1941 créant un Commissariat général aux Questions juives sont abrogés et remplacés par les dispositions suivantes :

« ART. 1er. Il est créé pour l'ensemble du territoire national un Commissariat général aux Questions juives, rattaché au secrétariat d'Etat à l'Intérieur. »

« ART. 3. Le commissaire général est nommé par arrêté du vice-président du Conseil et du secrétaire d'Etat à l'Intérieur. »

ART. 2. Le présent décret sera publié au *Journal officiel* et exécuté comme loi de l'Etat.

Loi du 29 novembre 1941
Instituant une Union Générale des Israélites de France.

1. Il est institué auprès du Commissaire général aux Questions juives une Union Générale des Israélites de France.

Cette Union a pour objet d'assurer la représentation des Juifs auprès des pouvoirs publics.

2. Tous les Juifs sont obligatoirement affiliés à l'U.G.I.F.

Toutes les associations juives existantes sont dissoutes à l'execption des associations culturelles.

3. Les ressources de l'U.G.I.F.

a) les sommes récupérées par le Commissariat aux Affaires juives

b) les biens des associations juives dissoutes

c) les cotisations versées par les Juifs selon leur fortune.

4. L'U.G.I.F. est administrée par 18 Juifs de nationalité française et désignés par le Commissariat aux Affaires juives.

5. Les délibérations du conseil peuvent être annulées par arrêté du Commissaire aux Affaires juives.

Le présent décret est exécuté comme loi de l'Etat.

Ordonnance du 10 décembre 1941

Modalités de contrôle périodique des Juifs.

Les Juifs français ou étrangers seront soumis à un contrôle périodique. Ils seront avisés par voie de presse ou convocations individuelles.

Les Juifs dans le département de la Seine doivent justifier de leur identité délivrée après le 1er novembre 1940 et portant de façon très apparente le cachet « Juif » ou « Juive ».

Les Juifs venant de province devront, dans les 24 heures de leur arrivée dans la Seine, se présenter en personne à la Préfecture de police munie de leurs pièces d'identité.

Les Juifs changeant de domicile devront dans les 24 heures en faire la déclaration au Commissariat de police du lieu de départ et du lieu d'arrivée.

Les Juifs ou non-Juifs qui hébergeront des Juifs, gracieusement ou non, devront en faire la déclaration dans les 24 heures de l'arrivée du Juif.

Les biens des Juifs ne pourront en aucun cas être transportés hors du département de la Seine.

Naissances, mariages, arrivés à l'âge de 15 ans, etc., soit toutes modifications dans la situation familiale seront signalées à la Préfecture.

En cas de décès, la carte d'identité du défunt devra être remise au Commissariat de police.

Les Juifs qui ne se conformeront pas à ces prescriptions qui seront affichées pourront être internés.

Ordonnance du 17 décembre 1941

Concernant une amende imposée aux Juifs.

L'amende d'un milliard de francs imposée aux Juifs de zone occupée, par avis du « Militarbefehlshaber in Frankreich » du 14 décembre 1941, doit être répartie sur les biens juifs par l'intermédiaire de l'Union Générale des Israélites de France.

Loi du 19 décembre 1941

Conditions d'admission des étudiants juifs dans les établissements d'enseignement supérieur.

Par dérogation, le postulant est admis à s'inscrire ou à suivre les cours si sa famille est établie en France depuis au moins 5 générations et a rendu à l'Etat français des services exceptionnels.

Sixième ordonnance du 7 février 1942
relative aux mesures contre les Juifs.
(V. *Jour. off.* des ordonnances du Gouverneur militaire pour les territoires occupés du 11 février 1942.)

En vertu des pleins pouvoirs qui m'ont été conférés par le Führer und Oberster Befehlshaber der Wehrmacht, j'ordonne ce qui suit :

§ 1. *Limitation des heures de sortie.* Il est interdit aux Juifs d'être hors de leurs logements entre 20 et 6 heures.

§ 2. *Interdiction du changement de résidence.* Il est interdit aux Juifs de changer le lieu de leur résidence actuelle.

§ 3. *Dispositions pénales.* Celui qui contreviendra aux dispositions de la présente ordonnance sera puni d'emprisonnement et d'amende, ou d'une de ces peines. En outre, le coupable pourra être interné dans un camp de Juifs.

§ 4. *Entrée en vigueur.* La présente ordonnance entre en vigueur dès sa publication.

Loi du 21 mars 1942

Pour faire face à ses charges exceptionnelles l'U.G.I.F. pourra exercer des prélèvements.

1. Sur le produit des réalisations des administrateurs provisoires de biens juifs.

2. Sur les titres.
3. Sur les actions.
4. Sur les sommes déposées entre les mains de tiers appartenant à des personnes physiques juives.
5. Sur les créances.
6. Sur la vente des meubles, immeubles, etc.

Septième ordonnance du 24 mars 1942

Concernant :
1. Critère de la « personne » juive.
2. Confiscation des postes de T.S.F. détenus par les Juifs.
3. Interdiction d'exercer certaines activités économiques ainsi que d'employer des Juifs.
4. Non paiement de l'indemnité de licenciement à un Juif.

Huitième ordonnance du 29 mai 1942

Signe distinctif pour les Juifs
1. Les Juifs doivent se présenter au Commissariat de police pour y recevoir les insignes en forme d'étoile. Chaque Juif decevra trois insignes et devra donner en échange un point de sa carte de textile.
2. Il est interdit aux Juifs dès l'âge de six ans révolus de paraître en public sans porter l'étoile juive.
3. L'étoile juive est une étoile à six pointes ayant les dimensions de la paume d'une main et les contours noirs. Elle est en tissu jaune et porte en caractères noirs l'inscription « JUIF ». Elle devra être porté bien visiblement sur le côté gauche de la poitrine solidement cousue sur le vêtement.

Arrêté du 13 octobre 1942
(Belgique, Nord et Pas-de-Calais)

Concernant la déclaration des objets appartenant à des Juifs et gardés actuellement par une tierce personne.
1. Les personnes doivent remettre ces objets à la Kreiskommandantur.

2. Cet arrêté n'est pas applicable aux administrateurs de biens juifs.

Loi du 9 novembre 1942

Par mesure de sécurité intérieure, tout étranger juif est astreint à résider sur le territoire de la commune où il a sa résidence habituelle et ne peut en sortir que muni d'un titre de circulation régulier, d'un sauf-conduit, ou d'une carte de circulation temporaire.

Loi du 11 décembre 1942

Relative à l'apposition de la mention « Juif » sur les titres d'identité délivrés aux Israélites français et étrangers.

Toute personne de race juive est tenue de se présenter dans un délai d'un mois au Commissariat ou à la Gendarmerie de son domicile pour faire apposer la mention « JUIF » sur sa carte d'identité et sur sa carte individuelle d'alimentation.

Avis du Conseil d'Etat du 11 décembre 1942

Relatif à la notion de la « *personne* » *du Juif*, le Conseil d'Etat demande de revoir les cas individuels.

Arrêté du 11 mai 1943

Consécutifs aux ressources de l'U.G.I.F.

Les contributions volontaires des Juifs pourront être prélevées sur leurs comptes bloqués.

Pour faire face à l'insuffisance des contributions volontaires, les taxations suivantes sont imposées à la communauté.

Tous les Juifs de 18 ans au moins doivent payer 120 F en Z. O. et 360 F en Z. N. O. par an.

Le paiement de la cotisation sera constaté par l'apposition d'une vignette sur une carte spéciale.

Les versements peuvent être trimestriels ou semestriels.

La carte spéciale doit être jointe à la carte d'identité et présentée à toute réquisition.

CELINE
nous parle des Juifs...

Pleurer, c'est le triomphe des Juifs ! Réussit admirablement ! Le monde à nous par les larmes ! 20 millions de martyrs bien entraînés c'est une force ! Les persécutés surgissent, hâves, blêmis, de la nuit des temps, des siècles de torture... Les voici les fantômes... remords... suspendus à nos flancs... Léon Blum..., Hayes..., Zuckor, Litvinoff..., Lévitan... Brunschwig... Bernstein... Bader..., Kérensky..., cent mille Lévy... Chaplin, le crucifié..., les Marx Brothers tragiques... Nous avons fait trop de martyrs... Comment racheter tous nos crimes ?... Nous les avons fait trop souffrir... Vite, faut qu'ils prennent tous nos boulots, tout notre petit pèze... Nos ultimes petits fifrelins. Il faut qu'on nous saigne encore... à fond... deux... trois... dix guerres bien atroces. Faut qu'on abatte toutes les frontières avec nos viandes de vaches aryennes... Trop juste, à présent, les pogroms, pour nous, Nom de Dieu ! Tout pour nous ! Trop juste qu'ils organisent. C'est une bénédiction du Ciel ! Je me ferais tatouer le Golgotha, moi, pour me faire pardonner.

⁂

...Je me demande toujours ce qu'est le plus dégueulasse, une merde de juif bien aplatie, ou un bourgeois français tout debout... Lequel qu'est infect davantage ? Je peux vraiment pas décider...

⁂

La race des pousse-au-crime est toujours semblable à elle-même, « va-t-en guerre » bourgeois, « pousse-au-crime » communistes, du kif absolument ! Comme fiente, identique ! Apôtres et stratèges de la tripe d'autrui... Il s'agit d'éprouver d'inédites sensations, rien de plus, rien de moins... « mieux que cocaïne ».

⁂

...Avec la rançon que vous versez aux Juifs, à vos maîtres, banquiers internationaux, demain grand commissaire du Peuple, vous auriez de quoi vivre à rien faire deux jours sur trois !...

⁂

... Mon premier possède toutes les richesses du monde.
Mon second fournit tous les cadres de la Révolution.
Mon troisième est un banquier richissime qui subventionne toutes les Révolutions.
Mon tout est un Juif.
Qui c'est le plus énorme têtard ?

Lettre de Céline au « Cahier jaune ».

La « rouelle » des Juifs

Par Jacques PLONCARD.

Ce n'est pas d'aujourd'hui que l'insociabilité de la race juive mit les gouvernements dans la nécessité de prendre contre les Juifs des mesures de défense.

Parmi les moyens employés pour préserver les paisibles citoyens des manœuvres tortueuses et louches des Juifs, il en est un, repris aujourd'hui en France, après la plupart des pays d'Europe, c'est l'obligation pour les Juifs de porter un signe distinctif. Ainsi le public est prévenu qu'il a affaire à un Juif.

Il ne faudrait pas croire que ce moyen soit une invention de la « barbarie nazie » ; c'est le concile de Latran qui, sur la proposition du pape Innocent III, imposa aux Juifs le port d'un insigne spécial.

Le motif principal invoqué était d'éviter les unions mixtes. Ainsi, dès le XIIIe siècle, nous voyons l'Eglise prendre soin de la santé physique et morale de la chrétienté.

Le concile de Latran n'avait donné aucune précision sur la forme et la dimension de ce signe spécial que devraient porter les Juifs.

Mais en France, puis en Espagne et en Italie, on adopta une roue ou rouelle de tissu de couleur.

C'est en 1227, au concile de Narbonne que furent choisies la forme, la dimension et la couleur de la rouelle.

La roue devait ordinairement se porter sur la poitrine, d'abord de couleur jaune safran. Le roi Jean le Bon décida par la suite qu'elle serait mi-rouge, mi-blanche. Pour les femmes, elle était remplacée par une sorte de voile appelé oralia, orlaes ou cornalia.

L'âge à partir duquel les Juifs et les Juives étaient astreints au port du signe distinctif variait selon les provinces.

A Marseille, on le devait porter depuis l'âge de 7 ans. Le concile d'Arles de 1234 fixa l'âge à 13 ans pour les garçons et 12 ans pour les filles. Le concile d'Avignon de 1326 le fixa à 14 ans pour les garçons tout en le maintenant à 12 ans pour les filles.

Jem
4.6.42

« Le Matin » *avait pour principaux collaborateurs P. Harel-Darc, S. Lauzanne, R. de Beauplan, P. Malo, C. Mauclair, H. de Montherland et J. Ploncard.*

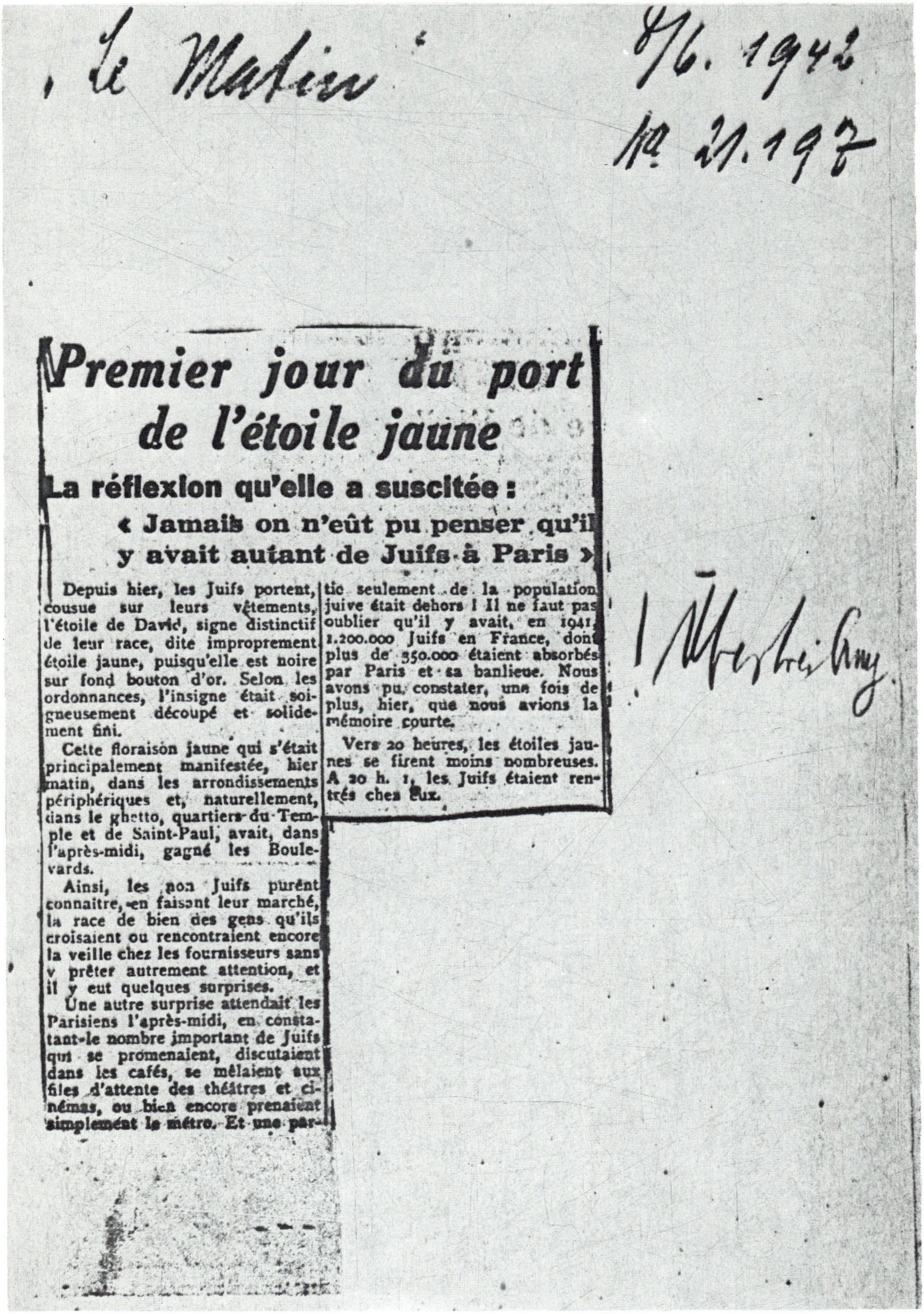

Le Matin 8/6. 1942

Premier jour du port de l'étoile jaune

La réflexion qu'elle a suscitée : « Jamais on n'eût pu penser qu'il y avait autant de Juifs à Paris »

Depuis hier, les Juifs portent, cousue sur leurs vêtements, l'étoile de David, signe distinctif de leur race, dite improprement étoile jaune, puisqu'elle est noire sur fond bouton d'or. Selon les ordonnances, l'insigne était soigneusement découpé et solidement fini.

Cette floraison jaune qui s'était principalement manifestée, hier matin, dans les arrondissements périphériques et, naturellement, dans le ghetto, quartiers du Temple et de Saint-Paul, avait, dans l'après-midi, gagné les Boulevards.

Ainsi, les non Juifs purent connaître, en faisant leur marché, la race de bien des gens qu'ils croisaient ou rencontraient encore la veille chez les fournisseurs sans y prêter autrement attention, et il y eut quelques surprises.

Une autre surprise attendait les Parisiens l'après-midi, en constatant le nombre important de Juifs qui se promenaient, discutaient dans les cafés, se mêlaient aux files d'attente des théâtres et cinémas, ou bien encore prenaient simplement le métro. Et une partie seulement de la population juive était dehors ! Il ne faut pas oublier qu'il y avait, en 1941, 1.200.000 Juifs en France, dont plus de 350.000 étaient absorbés par Paris et sa banlieue. Nous avons pu constater, une fois de plus, hier, que nous avions la mémoire courte.

Vers 20 heures, les étoiles jaunes se firent moins nombreuses. A 20 h. 1, les Juifs étaient rentrés chez eux.

« Le Matin » *fait preuve d'un zèle qui agace jusqu'aux fonctionnaires allemands.* « *Exagération!* » *a écrit en marge l'homme de la Propagandastaffel chargé de la presse.*

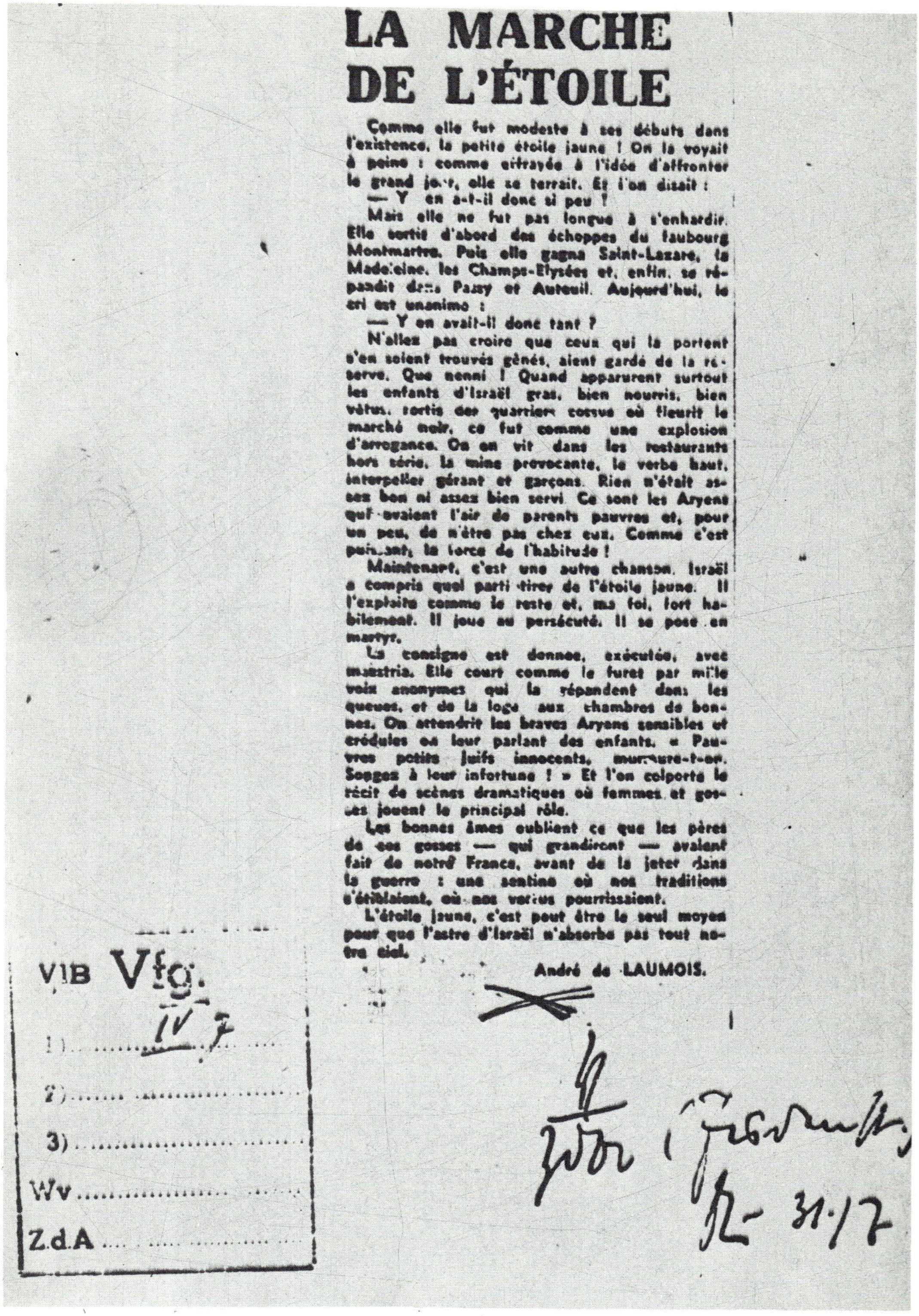

LA MARCHE DE L'ÉTOILE

Comme elle fut modeste à ses débuts dans l'existence, la petite étoile jaune ! On la voyait à peine : comme effrayée à l'idée d'affronter le grand jour, elle se terrait. Et l'on disait :

— Y en a-t-il donc si peu ?

Mais elle ne fut pas longue à s'enhardir. Elle sortit d'abord des échoppes du faubourg Montmartre. Puis elle gagna Saint-Lazare, la Madeleine, les Champs-Elysées et, enfin, se répandit dans Passy et Auteuil. Aujourd'hui, le cri est unanime :

— Y en avait-il donc tant ?

N'allez pas croire que ceux qui la portent s'en soient trouvés gênés, aient gardé de la réserve. Que nenni ! Quand apparurent surtout les enfants d'Israël gras, bien nourris, bien vêtus, sortis des quartiers cossus où fleurit le marché noir, ce fut comme une explosion d'arrogance. On en vit dans les restaurants hors série, la mine provocante, le verbe haut, interpeller gérant et garçons. Rien n'était assez bon ni assez bien servi. Ce sont les Aryens qui avaient l'air de parents pauvres et, pour un peu, de n'être pas chez eux. Comme c'est puissant, la force de l'habitude !

Maintenant, c'est une autre chanson. Israël a compris quel parti tirer de l'étoile jaune. Il l'exploite comme le reste et, ma foi, fort habilement. Il joue au persécuté. Il se pose en martyr.

La consigne est donnée, exécutée, avec maestria. Elle court comme le furet par mille voix anonymes qui la répandent dans les queues, et de la loge aux chambres de bonnes. On attendrit les braves Aryens sensibles et crédules en leur parlant des enfants. « Pauvres petits Juifs innocents, murmure-t-on. Songez à leur infortune ! » Et l'on colporte le récit de scènes dramatiques où femmes et gosses jouent le principal rôle.

Les bonnes âmes oublient ce que les pères de ces gosses — qui grandiront — avaient fait de notre France, avant de la jeter dans la guerre : une sentine où nos traditions s'étiolaient, où nos vertus pourrissaient.

L'étoile jaune, c'est peut être le seul moyen pour que l'astre d'Israël n'absorbe pas tout notre ciel.

André de LAUMOIS.

« Le Matin » *développe un thème assez répandu dans la presse de l'époque : les juifs tirent parti de l'étoile jaune en jouant aux martyrs.*

L'ABONDANCE des JUIFS
sur les trottoirs parisiens
a ouvert les yeux aux plus aveugles

Une promenade dominicale...

Mais une promenade surprenante, stupéfiante !

A mesure que vos pas vous conduisent vers l'hôtel de ville, par les vieilles rues aux noms qui sentent encore leur moyen âge, vous apercevez, de-ci de-là, quelques-unes des fameuses étoiles jaunes nouvellement imposées aux Juifs.

Mais, dès que vous pénétrez dans ce que l'on peut appeler le ghetto de Paris, dont l'artère principale est la rue des Rosiers, ces signes distinctifs deviennent plus nombreux. Puis, pour peu que vous persistiez dans vos allées et venues, cela devient une obsession et vous apercevez au bout de peu de temps que vous êtes, vous l'Aryen qui ne porte pas l'insigne, l'objet de la curiosité générale.

Mais quittez ce quartier et gagnez les boulevards. Là, dès les premières heures de l'après-midi, les étoiles apparaissent.

Seuls ou par petits groupes, les Juifs de Paris se promènent. Ils marchent tous dans la même direction : celle de l'ouest, celle des Champs-Elysées.

Leur passage devient d'instant en instant plus fréquent. Ils abondent. C'est un véritable pullulement que le vrai Parisien contemple avec stupéfaction.

Un dimanche à Paris, vu par « Le Matin ».

NOS ENFANTS DOMESTIQUES DES JUIFS

Une nouvelle stupéfiante nous parvient en dernière heure. A l'instigation de la Croix-Rouge française et d'accord avec Monsieur Lamirand, sous-secrétaire d'Etat à la Jeunesse, M. Hémon (adjoint de M. du Roscouet, chef du Commissariat au Travail des Jeunes) aurait donné l'ordre formel à divers Centres de Jeunesse de la région parisienne de former des équipes de jeunes gens, d'enfants de 15 ans, pour se rendre en uniforme au Palais des Sports (ex Vel'd'Hiv.), boulevard de Grenelle, où se trouvent parqués plusieurs milliers de juifs, afin de procéder au nettoyage de l'immense bâtiment, enlever les ordures des juifs, trainer les poubelles, transporter sur des civières des malades, s'il y a lieu, colporter les vivres et les ranger, etc., etc.

Depuis deux jours, ce travail honteux a déjà été effectué par quelques Centres de Jeunesse. Mais la révolte est venue et aujourd'hui plusieurs chefs refusent de laisser soumettre les jeunes Français qui leur sont confiés, à cet odieux servage.

Il y aura donc du sport au Palais.

Faute de place, nous ne pouvons nous étendre mais nous reviendrons sur la question dans notre prochain numéro.

M. S.

« Le Pilori » *du 23 juillet 1942, seul écho paru dans la presse parisienne faisant écho à la grande rafle du Vel d'Hiv'.*

ıenacée
ıippons
loyen-Orient

nce stratégique aux opérations ıaises sur les côtes sud-afris. On souligne que les Nipont probablement l'intention ıquer énergiquement la route ap. qui est utilisée par les naalliés.

sait que tout le matériel et troupes alliées destinés au n-Orient passent par cette depuis que la Méditerranée canal de Suez ne sont plus ables.

pparition de forces navales ıajses sur cette route est évitent un coup très dur pour nisation de la défense alliée Indes, ainsi que pour l'approınement des troupes alliées du n-Orient en matériel améri-

r-Hakeim
d'assaut
le la défense
l de Tobrouck

natin, après que les impores forces ennemies qui s'y vaient enfermées eurent réavec acharnement pendant ieurs jours.

s forces aériennes sont interes dans les combats à terre et bombardé des rassemblements oupes et des colonnes britanes. Les Anglais ont perdu 21 reils dans les combats aériens.

ı Méditerranée orientale, les -marins allemands ont attaun convoi fortement protégé se dirigeait vers Tobrouck. quant sans relâche, ils ont é 2 pétroliers lourdement gés et jaugeant au total 0 tonnes.

ıatre transports ont, en ouété endommagés par les tors

Malte, les aérodromes britans ont été bombardés de jour nuit. Les chasseurs allemands liens ont anéanti à cette occahuit avions britanniques.

large de la côte anglaise des s de combat ont, la nuit der, atteint de bombes de gros e trois navires de commerce nnage moyen.

lieutenant Gnaedig, commanune compagnie d'infanterie, distingué par sa bravoure dans mbats qui se déroulent devant topol.

Les Marseillais trouvent que les Juifs exagèrent un peu

Et ils n'entendent pas manger leurs restes

De notre envoyé spécial André du BIEF

A Nimes, dans les jardins de la Fontaine, on démolit le monument élevé à Bernard Lazare. *Photo « Le Matin ».*

MARSEILLE, juin. — Il y a toujours à Marseille et dans ses environs une faune juive assez inquiétante qui sert de trame à la propagande gaulliste. Mauvaise propagande, d'ailleurs, car les Français de là-bas commencent à être excédés. On ne peut aller au restaurant sans subir des côte-à-côte ou des vis-à-vis à lippe épaisse, à nez crochu, à cheveux roux ou crépus ; sans être le témoin énervé de leurs allures, de leurs propos désinvoltes et cyniques.

Voici dans une grande brasserie de Marseille, un ex-avocaillon parlementaire du Front populaire, Juif massif au regard vague, au maintien avachi, à la lèvre méprisante. Ce fut un des plus dangereux bacilles de notre décomposition. Que voulez-vous qu'il fasse ici sinon du gaullisme et des affaires ?

Un autre d'aspect douteux s'occupe beaucoup avec son convive des Compagnons de France... Dans quel but ?

Où les nez sont des étoiles jaunes

Dans les grands cafés du vieux port, grouille aux heures de l'apéritif un magma de combinards, d'aventuriers et d'aventurières... Ici l'on est frondeur et sarcastique mais grave et compassé, là on est swing et l'on caquette à voix aiguë autour d'un zinc assiégé. Juifs et gaullistes attendent assez confortablement que leur victoire leur tombe du ciel.

On surprend des dialogues de ce genre :

— *Tu crois que ça s'arrangera l'histoire de la douane ?*

— *Mais oui...*

— *Sans prison ?*

— *Bien sûr.*

Les petites villes d'alentour servent de zone de repli. Cassis est envahi.

Un couple un peu déplaisant dîne à une table. On peut douter de sa race. Mais un jeune homme s'assoit à la table voisine.

— *Bonjour, Jean-Paul !* le saluent-ils affectueusement...

(Suite page 4 - Col. 1 et 2)

Succès de l'aviation italienne en Marmarique et en Libye

ROME 11 juin. — Le Grand Quartier Général de l'armée italienne communique :

De vifs engagements entre éléments blindés ont eu lieu en Marmarique.

Ils se sont terminés à l'avantage des forces italiennes qui ont capturé vingt chars blindés et fait une centaine de prisonniers.

L'aviation est intervenue avec succès contre les concentrations ennemies en marche et au repos.

un Bristol-Blenheim a été touché par le feu des aviateurs et s'est abattu près de l'île Linosa. 8 autres appareils ont été détruits par les chasseurs italiens et allemands au cours des actions sur l'île de Malte.

Les objectifs militaires de la base de Mikabba et de Ta-Venezia ont été bombardés à plusieurs reprises. Deux de nos avions ne sont pas rentrés.

Tarente a été de nouveau attaquée, au cours de la nuit, par des avions britanniques. On signale des

« Le Matin » *du 12 juin 1942 publie un reportage sur les juifs à Marseille.*

trouvent que les Juifs exagèrent un peu

(Suite de la dépêche d'André du Bief)

Et Jean-Paul a le nez crochu. Un second vient le joindre... qui est zazou zazou à plaisir... et dont le nez est une étoile jaune.

Conversation :

— *C'est une affaire ; nous avons reçu du Portugal...*

— *Nous d'Algérie et du Maroc... c'est tout à fait bien.*

— *Ah ! voilà Betty...*

Et Betty s'avance très anglo-saxonne d'allure et d'accent.

Il y a aussi des idiots enjuivés... car la Juive est une dangereuse enjôleuse et l'histoire de Judith s'est renouvelée pas mal de fois à travers les siècles.

Non seulement les Juifs s'accrochent, mais ils s'installent, encore qu'à Nîmes dans les jardins de la Fontaine on démolisse le monument qu'on y avait élevé à l'un de leurs plus nocifs prophètes Bernard Lazare.

On vient d'ouvrir à Marseille une boucherie kasher, la maison Weisstrop, 95, rue de la République, et l'on dit qu'il en sera bientôt de même à Lyon.

L'irritation est grande parmi les bouchers marseillais.

On sait que les Juifs ne doivent manger que la viande de bêtes mâles abattues ou plutôt égorgées dans certaines conditions rituelles.

Ces rites sont d'ailleurs assez inhumains pour qu'on s'étonne de les voir tolérer, mais du point de vue matériel seul ils présentent de sérieux inconvénients. Tout d'abord, à dire d'experts, les cuirs perdent 70 % de leur valeur. Les tripes sont triturées de telle sorte qu'elles sont impropres à la consommation. Est-ce le moment d'un tel gaspillage ? C'est ce que s'est demandé d'abord la population marseillaise assez durement rationnée.

Puis ce qui a mis le comble à l'indignation des huit cents bouchers phocéens ce sont les exigences accrues des sacrificateurs qui opèrent pour les six cent cinquante clients de choix de la boucherie Weisstrop.

« Tuez les premiers », leur dit déjà galamment l'administration. En effet, ils choisissent leurs bêtes dans le lot avant quiconque, prenant ainsi les meilleures, les goïms devant se contenter des autres. Or, ayant récemment pris un veau de premier ordre et l'ayant abattu, les sacrificateurs décelèrent dans les viscères certaine anomalie qui leur fit déclarer avec une répulsion véhémente qu'ils refusaient la bête. Le vétérinaire examina le veau qui était en question et le classa premier choix. Il fallut pourtant bien le leur reprendre pour que cette viande ne fût pas perdue... Et ainsi les Marseillais mangèrent les restes des rabbins délicats...

Cette histoire explique que sur certains murs on trouve maintenant à Marseille et dans ses environs des inscriptions virulentes : « A bas les Juifs ! Mort aux Juifs ! »

Une simple étoile jaune...

du facteur des col

En l'an de disgrâce 1942, Tatia[...] été nommé facteur des colis posta[...] Paris...

A longueur de journée, ces infor[...] fonctionnaires poussent devant eux [...] petite voiture chargée, pour la [...] grande part, de colis de victuailles [...] tinés aux Parisiens. Dans chaque m[...] ils déposent, ici un lapin qui se c[...] sous le carton de l'emballage, l[...] poulet dont les aimables rondeurs [...] flent la toile d'emballage, ailleur[...] œufs, sans compter le beurre ou l[...] mage interdits, que leur odeur dé[...] pendant les journées chaudes.

Et ces hommes, qui pourvoient t[...] monde ne sont officiellement ravi[...] qu'au compte-gouttes. Les dizaines [...] ges qu'ils montent chaque jour, les [...] mètres qu'ils arpentent, ne leur do[...] droit qu'à la carte A.

Il y a six mois, ils protestèrent [...] dement contre cet état de choses.

Ils réitèrent maintenant.

L'heure n'est pas propice, peut[...] mais les difficultés ne dureront pa[...] jours.

Dès que la possibilité s'en prés[...] songeons à donner la carte T au[...] teurs des colis postaux.

Danger des boîtes de cons bombées ou fuitées

L'attention du public est atti[...] le danger que présente la conso[...] tion des conserves alimentaires [...]

RADIO-PARI

UNE JOURNEE MUSICALE. — Par la variété de ses émissi[...] programme musical de [...] Paris présente aujourd'hui à ses auditeurs mérite d'être signalé à leur att[...]

Du concert matinal qui passe à 7 h. 30 à la musique de nuit diffuse[...] minuit 15 et 2 heures du matin, c'est une suite pour ainsi dire ininter[...] d'artistes, de virtuoses, de vedettes qui se succèdent devant le micro.

A 8 h. 15, vous entendrez : « Les orchestres que vous aimez » [...]-à-dire ceux que les auditeurs ont manifesté eux-mêmes le désir d'enten[...] midi, le déjeuner concert sera donné en première partie par l'orchestre [...] Metehem, et en deuxième partie par l'orchestre Victor Pascal, avec Sai[...] et Christiane Gaudel. Le quart d'heure du compositeur sera consacré à 14[...] à Maxime Dumoulin, dont les œuvres seront chantées par Marcelle G[...] interprétées par Jacqueline Schweitzer, ainsi que par Marguerite André Chast[...] entendrez également de la musique sérieuse, avec Dominique Blot et Jean [...] à 14 h. 45. Un peu plus tard, à 16 h. 15 dans l'émission « Chacun son [...] des enregistrements de Vanni-Marcoux et d'Alfred Cortot, vous seront p[...] ainsi que deux valses de Johann Strauss. Puis, à 17 heures, Marguerit[...] Martin présentera quelques ballades parmi les plus belles. En dehors [...] artistes et virtuoses, tels que Michel Drolan, Giovannetti, Marcel Faye, [...] Guilbert, Madeleine Sibille et Henri Lebon que vous entendrez au cours de [...] midi et de la soirée, trois orchestres se succéderont par intermittence, le [...] à 19 h. 30, sera celui de Jean Yatove ; le second, à 22 h. 15, sera l'o[...] Paul von Becky (qui a déjà remporté tous les suffrages des auditeurs), [...] à 23 h. 15, les balalaïkas Georges Stréha termineront la soirée sur u[...] romantique, avant d'aborder, comme tous les soirs, l'agréable « Musique d[...]

Vendredi 12 juin

7 heures : Premier bulletin d'informations. — 7.15 : Un quart d'heure de culture physique — 7.30 : Concert matinal. — 8.00 : Répétition du premier bulletin d'informations. — 8.15 : Les orchestres que vous aimez. — 9.00 : Deuxième bulletin d'informations. — 9.15 : Arrêt de l'émission. — 11.30 : Le quart d'heure du travail. — 11.45 : La vie saine — 12.00 : Déjeuner-concert : l'orchestre Jacques Metehen.

13 heures : Troisième bulletin d'informations. — 13.15 : Suite du concert : l'orchestre Victor Pascal, avec Saint-Côme et Christiane Gaudel. — 14.00 : Quatrième bulletin d'informations. — 14.15 : Le fermier à l'écoute : les maladies de dégénérescence de la pomme de terre. — 14.30 : Le quart d'heure du compositeur. — 14.45 : Dominique Blot. — 15.00 : Communiqué de guerre — 15.15 : Petit pêle-mêle. — 16.00 : « Le mouvement scientifique français », présenté par Albert Ranc. — 16.15 : Chacun son tour : Vanni-Marcoux, Alfred Cortot, deux valses de Johann Strauss. — 17.00 : « Quelques ballades parmi les plus belles » par Marguerite Jules-Martin ; Ephéméride. — 17.15 : Michèle Dorian. — 17.30 : Giovannetti. — 17.45 : Les actualités. — 18.00 : L'orchestre de chambre de Paris, direction Pierre Duvauchelle. — 18.30 : La tribune politique et militaire : la causerie du jour ; la

Carnet [...]

L'esprit corpora[...]

Les grandes organisations priv[...] liers, magasins peuvent et doiv[...] quelque chose pour leurs prison[...]

L'esprit corporatif ne saurait [...] mer d'une façon plus tangible [...]

Beaucoup ont fait leur dev[...] entre autres, ce qu'un grand m[...] succursales multiples a accom[...] à l'initiative de son directeu[...] combattant et homme de cœur.

Depuis l'armistice, ce magas[...] voyé gratuitement, tous les mo[...] lis de victuailles ou de vêtem[...] maris de ses employées prison[...] plus, une fois par semaine, [...] déjeuner les enfants de prison[...]

Depuis deux ans, chaque [...] ce petit monde se réunit au[...] table bien garnie. Il y a touj[...] viande, des légumes, des fruits [...] pis si ce n'est pas réglementa[...] fromage. Légumes et viande so[...]

L'étoile jaune

Darquier de Pellepoix vient d'être enfin nommé aux Affaires juives. C'est un de nos compagnons des bagarres d'avant guerre. Nous connaissons son énergie, ses convictions solides, sa pertinence. Il était admirablement désigné pour la place qu'il occupe. Nos vœux et nos espoirs l'y ont accompagné.

Il sait déjà quels sont nos désirs. Nous voulons que la France participe positivement à la défense aryenne contre les Juifs. Il y va de son prestige, et elle travaillera ainsi à son salut.

Il est une décision qui s'impose de toute urgence : celle d'étendre à tous les Juifs de France l'étoile jaune. Elle est beaucoup plus nécessaire de l'autre côté de l'Allier que dans cette zone. IL N'Y A JAMAIS EU AUTANT DE JUIFS EN FRANCE. Nous avons hérité en dernier lieu de tous les fuyards de Hollande et de Belgique. Ceux qui ont gagné l'Amérique sont en nombre infime. La grande majorité de ces Juifs, tous ennemis mortels de la France et de la paix, est en zone libre. Il y a maintenant des Juifs galiciens, bukoviniens, lettons, subkarpathiques, qui sont devenus les Juifs de la Corrèze, de l'Ardèche, de la Savoie. Il faut leur infliger l'étoile, pour commencer ; que le paysan périgourdin ou provençal, que l'ouvrier lyonnais, devant ces pillards et ces provocateurs, sachent à qui ils ont affaire.

Cette mesure est révolutionnaire ? C'est possible. Mais enfin, sommes-nous, oui ou non, en révolution ?

L'étoile jaune fera gémir certains catholiques, disons même beaucoup de catholiques. Il est facile de leur répondre, d'apaiser l'inquiétude de leurs consciences. L'étoile jaune renoue avec la tradition la plus strictement chrétienne, celle de la rouelle, qui, durant toutes les époques de vraie et solide foi, les grands siècles de pure civilisation catholique, marquait les Juifs du ghetto, avec le chapeau jaune des Juifs d'Avignon, les Juifs du Pape.

Si l'Eglise moderne s'élève contre l'étoile jaune, il lui faut désavouer tous les papes qui l'imaginèrent, puis l'imposèrent.

VLB VLR.

1) ....

2) ....

3) ....

V ....

Pour « Paris-Midi », *le port de l'étoile est dans le droit fil de l'histoire de la chrétienté.*

« JUDÆUS EX MACHINA »

L'ENNEMI numéro 1 de l'Europe, c'est le Juif.

De quelque côté qu'on se tourne dans cette guerre aux mille et un aspects, on rencontre finalement le Juif.

Le Juif anime et finance tous les fronts. Il en est le ciment. Angleterre, Amérique, Soviétie, dissidents de toutes nations, formeraient une cohue disparate, sans âme, s'ils n'avaient un dénominateur commun, un trésorier-payeur général commun : le banquier juif.

Ces nations ne peuvent être alliées entre elles. Leur nature et leurs intérêts sont souvent divergents, sinon opposés. Mais elles sont toutes alliées à la juiverie. Ce sont des juivalliées.

C'est ainsi que je préfère les baptiser. Ce qualificatif est plus proche de la réalité. Il leur convient mieux et les détermine de façon plus précise que le terme facile et inadéquat de « nations unies » qu'on s'obstine à leur appliquer.

Il n'est pas vrai que ces nations soient unies. Au contraire ! Elles sont, au fond, désunies. Leur cohésion n'est qu'apparente et réside uniquement dans leur commune soumission aux puissances d'argent juives.

par **Pierre COSTANTINI**

C'est une vérité de fait, une vérité capitale, qu'il convient de répéter sans se lasser et sans se laisser distraire par ceux que le rappel de ce postulat semble avoir le pouvoir d'agacer.

En France, notamment, on a trop tendance à perdre de vue l'essentiel des raisons qui doivent nous soutenir dans le combat pour le redressement du pays.

Il en est même, chez nous, qui ne sont pas loin de s'offusquer de la ténacité avec laquelle nous revenons sur la question juive. S'ils osaient, ces philosémites honteux, dire le fond de leur pensée, sans doute s'empresseraient-ils de nous accuser de manquer de mesure et de nous hypnotiser sur une question déjà trop agitée et qui leur paraît, au surplus, accessoire.

Dans leur for intérieur, sans doute se considèrent-ils comme libérés une fois pour toutes de leur devoir antijuif parce qu'au lendemain de l'armistice, pour les besoins de leur nouvelle attitude, ils ont, du bout des lèvres ou en quelques lignes, exprimé en hâte une opinion opportune.

Ils l'ont fait sans force, sans conviction, sans foi.

Une étude attentive de la courbe des événements devrait cependant suffire à leur révéler l'importance et l'ampleur de la malfaisance universelle des Juifs.

Aux sources rouges des fleuves de sang de la guerre, il y a le Juif. Ne l'oublions pas.

Aux sources noires de notre noire défaite, il y a l'affront populaire. Il y a Mandel, Zay et Blum.

L'avons-nous oublié ?

Dans le cratère du volcan bolchevik, dont l'éruption menace d'inonder l'univers entier de ses laves écarlates et de la masse de ses boues, il y a eu le Juif Karl Marx, il y a eu les banques juives Jacob Schiff, Kuhn, Loeb and C°, avec Félix Warburg, Otto Kahn, Mortimer Schiff et Jérôme H. Hanauer, les banques Guggenheim et Max Breitung. Il y a eu Serge Oulianoff, dit Lénine, plus enjuivé encore qu'un Juif pur. Il y a eu Bronstein, dit Trotsky, Juif.

Au premier gouvernement des Soviets, sur vingt-quatre membres, dix-huit étaient Juifs.

A la Tchéka de 1918, sur trente-six membres, vingt-trois Juifs.

Au Comité exécutif : quarante-trois Juifs sur soixante-trois membres.

Les commissaires du peuple, les commissaires adjoints, les directeurs de chemins de fer, les directeurs de l'industrie d'armement, tous Juifs.

Tous les postes importants de l'université et du cinéma sont occupés par des Juifs.

On sait, par des témoins oculaires revenus du front de l'Est, que la plupart des commissaires, dans les agglomérations russes, sont Juifs.

On sait que Roosevelt détient le pouvoir grâce aux banques juives.

Hier encore, le plus enjuivé et le plus grand framaçonnard « in the world » ne s'empressait-il pas d'alerter le monde en faveur des Juifs de Hongrie ?

On sait que les hommes d'Etat anglais sont passionnément sionistes.

On sait que les premières mesures prises par les autorités anglo-américaines en Afrique du Nord, en Sicile, en Italie, en Corse, l'ont été en faveur des Juifs.

On sait que le général aviateur qui volait à la tête des avions qui ont bombardé pour la première fois Rome, était Juif.

On sait que la plupart des terroristes jugés il y a deux mois à Paris étaient Juifs.

On apprend chaque jour que, parmi les assassins du maquis, il y a toujours un animateur juif, un « Deus ex machina » juif.

Que faut-il de plus, quelles preuves pour convaincre les plus incrédules de l'importance effrayante qu'a prise la question juive dans cette guerre juive ?

J'entends répéter à la radio un slogan parfait à propos de la lutte contre la tuberculose :

« La tuberculose tue les Français.

« Les Français doivent tuer la tuberculose. »

Mais la tuberculose a commis moins de ravages, dans notre race, que la peste juive !

Est-ce à dire qu'il faille exterminer tous les Juifs ?

J'ai dit et écrit, bien avant cette guerre, mon sentiment là-dessus. Il n'est pas question d'assassiner les Juifs, ni même de les molester.

La question juive est essentielle pour la vie de la France. Elle est essentielle pour la victoire de l'Europe.

Elle doit être traitée dans son ensemble, après la guerre, par le Concile des nations.

En attendant, le danger juif doit être écarté à tout prix.

Là où il y a un Juif ou un enjuivé, il y a un ami des Soviets, un ami des Anglais, un ami des Américains, un dissident, un élément de trouble, un ennemi de l'Europe.

Alors ?

La conclusion s'impose.

Nous ne cesserons d'attirer l'attention du pouvoir sur ce problème capital. Les solutions adoptées jusqu'à ce jour n'ont été que des palliatifs, d'aucuns disent des faux-semblants.

Du Paty de Clam a succédé à Darquier de Pellepoix, qui a succédé à Xavier Vallat. Les ministres partent, la question demeure.

On peut bien redire — puisque nous l'avons déjà dit — que certains cercles ignorent et veulent ignorer la malfaisance juive.

(Lire la suite en page 2)

Les ordonnances, le port de l'étoile, les déportations, pour Costantini ne sont pas des mesures suffisantes. Le problème juif demeure.

Sous la bannière jaune

La chronique de l'étoile

Nos articles sur la question juive nous valent régulièrement un abondant courrier. Retenons cette semaine deux lettres bien instructives.

L'une est d'un Juif courageusement anonyme qui croit triompher en **écrivant en substance** : « *Vous voyez bien que la question juive est artificielle puisqu'il faut une marque distinctive. Des tas d'aryens ressemblent à des Juifs et des tas de Juifs passeraient pour des aryens sans leur étoffe jaune.* »

En effet, les types physiques de la race **juive sont parfois** peu accentués. Mais le type moral, lui, **subsiste à toutes les** velléités d'assimilation. **C'est** bien pour cela que l'étoile jaune est un moyen **d'identification** indispensable.

■ ■

Un autre correspondant, **un** ouvrier d'usine, nous dit **qu'il va probablement partir prochainement pour travailler en Allemagne et que cette perspective** « ne le fait pas sourire » :

« *Non pas que je ne désire pas travailler pour le IIIe Reich, loin de là. Avec l'Allemagne victorieuse, je sais ce qu'il y aura. Tandis qu'avec les fils d'Albion, c'est de nouveau le règne du Juif.*

Mais ce qui ne me fait pas sourire, c'est de partir loin de chez moi et de savoir qu'un tas de petits youpins continueront à ne rien f... et à bien bouffer dans mon Paris natal.

C'est bien, les étoiles, mais je voudrais les voir ailleurs qu'au café. »

Nous aussi.

■ ■

A quand l'étoile aryenne ?

Si, de notre côté de la ligne, **les Juifs commencent tout de même à perdre un peu de leur superbe, au delà de Moulins, par contre, les enfants d'Israël** étalent chaque jour un peu plus une lourde insolence. **Les représentants les plus actifs du judaïsme financier et politique ont élu domicile à Lyon, à Marseille, à Cannes et à Nice.**

Forts de cette puissance et de la « neutralité » des pouvoirs **publics, les Juifs ont fini par se persuader qu'ils étaient les occupants de la zone non occupée et ils se conduisent en pays conquis.**

— *A quand un signe distinctif pour les aryens de la zone juive ?* demandait l'autre jour un journaliste à M. Paul Marion.

■ ■

Pogrom aryen

Il ne se passe pas de jour sans qu'on nous signale de nouvelles manifestations d'insolence d'Israël-nono.

Témoin l'aventure qui vient d'arriver à notre confrère Jean Phialy de *Gringoire*. Pénétrant l'autre semaine dans un bar de Marseille, il eut l'imprudence de tenir à haute voix des propos assez peu orthodoxes sur la malfaisance des Juifs.

Vingt consommateurs, tous **Juifs, se dressèrent aussitôt et se ruèrent sur Jean Phialy. Notre confrère est robuste. Il résista avec vaillance. Mais il finit par succomber et dut battre en retraite assez mal en point.**

Les Juifs avaient eu leur petit pogrom aryen. Simple avant-goût de ce qu'ils nous réserveraient en cas de victoire du brav' maréchal Timochenko. On ne rosserait pas les aryens. On les égorgerait.

■ ■

Hou! hou! la calotte

Autre scène de la vie d'outre-ligne. Le 21 juin, à Chalard-en-Limousin, on célèbre la Première communion. Garçons et filles portant le brassard ou vêtues de blanc pénètrent, sag[es] et recueillis, dans l'église.

A ce moment arrive sur l[a] grand'place une colonne d[e] scouts israélites. Quelle aub[ai]ne que cette Première commu[nion] ! Quelle belle occasion d[e] se divertir ! Et les scouts juif[s] d'encercler l'église en poussan[t] des cris de dérision : « Coin, coin ! corbeau ! hou ! hou ! la calotte ! »

Et, lorsque les enfants sorti[rent] de l'église, ils durent défi[ler] entre deux rangées d[e] **scouts juifs** qui s'étaient dégu[i]sés avec des brassards de p[a]pier, qui **brandissaient** d[es] **branches** d'arbres en guise d[e] **cierges et parodiaient** les canti**ques catholiques.**

■ ■

Un puissant seigneur

Tout ceci ne serait pas tellement grave si les Juifs nono n[e] continuaient à bénéficier, ju[s]que dans les plus hautes sph[è]res du gouvernement, de protections absolument inadmissi**bles.**

Il y a, **par** exemple, le ca[s] **Wormser.**

Ah ! ce n'est pas le premier **venu. Il fut jadis**, aux côtés d[u] **sinistre Mandel,** l'homme de con**fiance de Clemenceau.** De la po**litique il passa** à la Banque e[t] **devint un des** dirigeants de l[a] **Banque Lazard.** C'est à ce titr[e] **qu'il s'est fixé** à Lyon où il con**trôle la Bourse** et proche de la **frontière suisse** trafique suivan[t] **les mœurs de sa tribu.**

Une fois par semaine envi**ron, en grand** mystère, il a d[e] **longs entretiens** avec une de[s] **plus hautes** personnalités de no**tre régime.** De ces conversations il ne sort naturellement rie[n] que de très favorable pour se[s] frères hébreux et, partant, rie[n] que de mauvais pour la France et les Français.

Billes de retour

Donnedieu est-il gaulliste?

modern style qui ... de louer un appart...

Chaque semaine, « l'Appel » de Costantini publiait une rubrique d'échos antisémites.

►

in de Marea.)

oilà!

M. Joseph
des Sceaux,
laboration de
a opposé au-

ouvons dans
ptionnelle, a-
é du législa-
eptionnelle.

:s...

, l'Intendan-
re la campa-
ntée comme
situation
e.
, elle bloque
s sur les or
le plus haut.
prennent pas
ne sont que
on.
rie l'a, du
endant hom-
au dévoue-
de majorité

ablir, désor-
is les ordres
u des résul-
le ravitail-
e « les res-
ponsables ».

r

aisse jamais
on de rap-
ec la terre.
tivateur du
e l'on sait.
à lui pour
France en
gouverne-
moo, il ve-

Le Jaune et le Noir

Le *Bicolore* jaunit

Le *Bicolore* **ne se décide toujours pas à écrire ce qu'il pense** d'un problème capital : la question juive. Après trente-quatre **numéros publiés par lui,** ses **lecteurs ignorent toujours que** la **guerre a été voulue par la juiverie et financée par elle, que les capitaux juifs financent encore l'organisation clandestine** du parti communiste, que les lâches qui frappent dans l'ombre non seulement les **soldats** l'armée d'occupation mais **les** agents de police **français, sont** payés par les Juifs **et que, par** exemple, le gardien **de la paix** Lécureuil a été abattu à la porte d'un garage par **le Juif Grümberg, récemment condamné à** mort **par le Tribunal d'Etat.**

Le *Bicolore* **n'a rien dit des** mesures de protection de la race qui s'imposent à la France contre le péril juif. Il n'a pas davantage soufflé mot de l'étoile jaune.

Tout cela est bien étrange. Il arrive un moment où le refus de choisir constitue une prise de position suffisamment éloquente. Le *Bicolore* défend-il les Juifs à sa manière, par le silence ? **En attendant mieux ? En attendant le retour du Juif Blum, par exemple ?**

■ ■

A propos d'étoile jaune, nous signalions dans notre numéro du 13 juin que, le mardi précédent, les ouvriers d'une imprimerie de la rue du Croissant virent arriver au marbre deux employés ou rédacteurs du *Bicolore* arborant **sur la poitrine** l'étoile de Sion.

Nous rapportions aussi le propos d'un témoin, appréciant en ces termes la présence inopinée du tandem **à la casaque** jaune, rouge et bleue :

« Lui, ça ne m'étonne pas, avec la gueule qu'il a ; elle, je croyais qu'elle était *seulement* une espèce de Russe. »

Aujourd'hui, répétons encore notre question restée jusqu'alors sans réponse :

« Cette vénérable Juive n'occupe-t-elle pas au *Bicolore* les fonctions de caissière-comptable ? »

Le *Bicolore* n'a rien répliqué

■ ■

Par contre, ses dirigeants **s'agitent. Ils s'en vont répétant** dans Paris que leur **« revue » ne compte pas un seul Juif et qu'ils sont victimes d'une odieuse machination.**

A croire que **Léon Blum est** toujours président du Conseil aidé par la tribu Blumel, Moch, Brunschwicg, Zay, et M. Charles Spinasse ministre à l'Economie deux employés ou rédacteurs du *Bicolore*, **dotés de l'étoile jaune,** ont-ils paru au marbre de l'imprimerie de la rue du Croissant ? Ohé, du *Bicolore !* Un peu de bonne foi ! Sinon, gare aux belles couleurs de ciel et **de sang, le jaune** va recouvrir le rouge et **le** bleu.

■ ■

Pour une étoile-nono

Nous avons cherché en vain dans les **journaux** de la zone **non occupée quelques** informations, **quelques** commentaires **qui se fassent** l'écho des éclosions **d'étoiles de** Sion sur **les** poitrines juives de la zone occupée.

Sur toute **la** ligne, un mutisme farouche et réprobateur. **Deux exceptions toutefois : l'*Emancipation* et *Gringoire* qui, comme toujours, sauvent** l'honneur de la presse nono.

Gringoire explique avec bonheur **aux Français non occupés qui croupissent dans une *si* déplorable ignorance de la question** juive, que le port de « l'étoile n'est pas une invention des autorités occupantes », que cet indispensable signe distinctif a été imposé par de nombreux papes et de nombreux rois français et espagnols.

Il était bon que ces choses fussent dites de l'autre côté de la ligne. Il serait mieux encore que l'étoile marquât les centaines de milliers de Juifs qui colonisent le midi de la France.

■ ■

Pas de Juifs « volontaires »

Pour protester contre l'imposition de l'étoile de Sion, Radio-Londres avait demandé à « tous les Français » de se solidariser avec les chers Juifs en arborant, eux aussi, l'insigne jaune.

Il y a, certes, pas mal de gaullistes en France, mais des gaullistes beaucoup plus costauds en paroles qu'en actions. Très tranche-montagnes dans une arrière-salle d'estaminet, et à plat ventre dès qu'on tape du pied.

Pratiquement, le nombre des Juifs volontaires a été nul. Et les très rares protestataires qui se sont fait pincer regrettent amèrement leur imprudence, car, sur ce chapitre, les autorités ne plaisantent pas.

Par contre, le **gros public** ne se lasse pas de **s'émerveiller du nombre effarant des étoiles jaunes,** et de répéter : « Jamais on n'aurait cru qu'il y en avait tant ! »

■ ■

Double zéro

On commence à rencontrer dans le Métro des jeunes gens **swing beaucoup moins frisottés que leurs congénères. Et même,** pour tout dire, tondus à ras.

Ce sont les « victimes » des justes exécutions organisées par les jeunes du P. P. F. En frappant à la chevelure, on touche l'endroit sensible de nos modernes « Incroyables ». Car tout le swing est dans l'ondulation qui surmonte les tempes enduites de graisse.

Des prisonniers nous écrivent : « Ne tondez pas *tous les* zazous avant notre retour. **Laissez-nous-en quelques-uns** ».

Qu'ils se rassurent... Les K. G. auront du swing sur la planche.

■ ■

On ne demande pas des lâches

Simple conversation entendue dans le métro, mardi dernier.

Deux jeunes gens vitupèrent à haute voix contre le président du Conseil. **Visiblement, ils cherchent à être entendus, ils font de la provocation :**

— **C'est une honte... Laval nous a trahis... J'espère bien que personne ne le suivra... En tout cas, nous, nous ne marchons pas, etc., etc...**

A ce moment une dame âgée — probablement la mère d'un prisonnier — se lève et, elle aussi, à haute voix :

— **Messieurs, vous n'avez pas compris le discours de Laval. Il ne s'est pas adressé à vous. Il n'a pas demandé des lâches pour relever nos prisonniers. Il a demandé des hommes !**

Stupeur et **mutisme des deux provocateurs. Approbation** spontanée **de la foule.**

Ce qui prouve **que** les vrais **révolutionnaires nationaux** peuvent faire une utile besogne s'ils se décident à s'affirmer partout et à parler fort.

■ ■

HEBDOMADAIRE DE COMBAT POUR LA DÉFENSE DES INTÉRÊTS FRANÇAIS

Directeur : Jean LESTANDI

FRANÇAIS, n'oubliez jamais

Que les bombes de la R. A. F. qui sont venues assassiner vos femmes et vos enfants étaient des **bombes juives.**

Que si vous et les vôtres souffrez de la faim, c'est parce que telle a été la **volonté juive** par l'organisation du blocus, du marché noir et de la corruption. Sans le peuple juif, les peuples d'Angleterre et de France n'auraient jamais déclaré la guerre au peuple allemand, **cette guerre cause de tous vos malheurs.**

Les prétextes invoqués pour la déclaration de guerre des gouvernements anglais et français, représentant les intérêts de la race juive et non ceux des peuples de France et d'Angleterre, ne correspondaient à aucune réalité en dehors d'une seule :

Le national-socialisme ayant commis le crime de se libérer du contrôle financier juif, il fallait détruire l'Allemagne nationale-socialiste.

Si l'Amérique a, dès le premier jour, pris position contre l'Axe, c'est parce que, comme dans toutes les démocraties, son gouvernement ne représente pas les intérêts du peuple des Etats-Unis, mais ceux de la **seule race juive.**

Si la Russie bolcheviste est allée au secours des démocraties, c'est parce que, sous formule dite communiste, le bolchevisme représente l'aile extrême gauche de la défense des intérêts capitalistes **de la race juive.**

Combien de communistes connaissent ces vérités, dont voici les preuves.

La révolution russe fut entreprise et conduite par un gouvernement composé de **447** Juifs sur **545** membres, et, en 1920, lors de la déportation et du massacre de millions de Russes ouvriers et paysans, le commissariat des affaires intérieures comptait **14** Juifs sur **14** membres et le Comité exécutif du Congrès des Délégués paysans **34** Juifs sur **34** membres.

Si, dans le parti communiste français, se trouvent certainement de nombreux braves gens rendus justement révoltés par l'égoïsme forcené de la ploutocratie capitaliste enjuivée de la IIIme R. F.·., c'est parce qu'ils ignorent ces vérités qui ne sont pas ignorées de leurs chefs, eux, valets des Juifs.

Si leurs yeux s'ouvraient, ils ne seraient plus communistes, mais simplement Français racistes, et le problème social et politique serait aussi rapidement réglé en France, qu'il l'a été en Allemagne par un gouvernement raciste, c'est-à-dire libéré des Juifs.

Communistes Français! ouvrez les yeux. Aucun de nos compatriotes n'a plus le droit d'ignorer que la défense des démocraties correspond à la défense des seuls intérêts juifs.

Sous la République judéo-maçonne R. F.·., le peuple n'a jamais été heureux. En revanche, les Juifs l'étaient parfaitement : les tribus des Rothschild, des Pereire, des Fould, des Dreyfus et de quelques centaines d'autres seigneurs juifs ne possédaient-ils pas, à eux seuls, 450 milliards, soit 1/5 de la fortune de 40 millions de Français ?

C'est pourquoi les gouvernements démocratiques, placés sous le contrôle juif et servant les intérêts de la RACE JUIVE, ne peuvent admettre sur le globe terrestre qu'ils exploitaient au bénéfice de la seule race juive, des systèmes politiques libérés du **contrôle JUIF.**

Peuple Français, aurais-tu donc perdu tout bon sens que tu te montres incapable de réaliser ce que représente, par le truchement des systèmes politiques démocratiques, le Péril Juif qu'un très grand Français, Edouard Drumont, auteur prohétique de la «France juive» (éditée en 1886), te révéla un demi-siècle avant que l'on entendît même parler du national-socialisme allemand!

AU PILORI.

ATTENTION ! — Conservez cette affiche. — Faites-la connaître. — Placardez-la.

« Le Pilori », *organe social de la Rénovation française, avait pour directeur Jean Lestandi. Principaux rédacteurs : Lucien Pemjean, Urbain Gohier, Robert-Jullien Courtine, Paul Vigouroux, Paul Riche.*

Les Naufrageurs de la France

Il existe un complot contre la sûreté de l'Etat

Les Communistes, pour obéir à leur maître Staline;

Les Gaullistes, parfois pour défendre un honneur que seul le Maréchal Pétain a le droit de définir et le plus souvent pour sauver leurs capitaux expédiés à Londres ou à New-York;

Les Juifs, pour maintenir l'odieuse tyrannie des grandes banques juives sur les peuples européens;

Cherchent, par tous les moyens, à susciter la colère des autorités occupantes afin que celles-ci prennent des mesures de représailles les plus sévères. Leur but est de créer dans la population, d'abord le mécontentement, ensuite la révolte, enfin l'émeute sanglante.

Après avoir tué lâchement des soldats isolés dans les rues de Paris, après avoir incendié les récoltes et les granges dans les campagnes, **aujourd'hui ils utilisent la bombe et la grenade que manient des tueurs professionnels.**

La population parisienne, qui réprouve ces lâche attentats, subit les conséquences de ces crimes. Il serait plus juste de s'en prendre aux responsables, à ceux qui organisent, à ceux qui payent et à ceux qui commettent les assassinats.

Le gouvernement du Maréchal Pétain vient de prendre pour la zone libre des mesures énergiques contre les métèques, les gaullistes et les juifs, qui préfèrent dominer une France exsangue et ruinée plutôt que de renoncer à leurs privilèges et à leur puissance.

La zone occupée doit être protégée plus énergiquement encore:

Paris, qui a été le dépotoir de l'Europe, regorge d'étrangers dangereux — Qu'attend-on pour les incarcérer ?

Paris compte 150.000 juifs, propagandistes acharnés de l'anti-France. Qu'attend-on pour confisquer les fortunes énormes des grands juifs ? Ceux qui payent les tueurs professionnels sont plus coupables que ceux-ci.

Paris compte des gaullistes notoires. On n'a qu'une excuse d'être gaulliste, c'est de risquer sa peau. Qu'attend-on pour éloigner de la capitale ces matamores en pantoufles ?

Il s'agit de la vie de nos femmes et de nos enfants.

L'heure est à l'action: il faut que tous ceux qui ont accepté les mots d'ordre du Maréchal Pétain et qui veulent lui obéir comme des soldats, se réunissent pour lutter contre les Naufrageurs de la Patrie.

Envoyez-nous tous renseignement utiles permettant de déjouer le complot ourdi contre la France.

Pour le Comité d'Action Anti-Bolchevique
14, avenue de l'Opéra - Paris

Voulons-nous vivre Français ou mourir Juifs?

Dans un tract célèbre portant ce titre, **édité dès 1940,** la **LIGUE FRANÇAISE** exigeait :

1° — pour les Juifs, le port de l'étoile jaune;
2° — leur internement dans les camps de travail.

La LIGUE FRANÇAISE avait raison.

Ce qu'elle a demandé a été réalisé ; mais en partie seulement.

Il reste à interner les Juifs dans des camps de travail, la pioche à la main, à les éliminer totalement de la France, qui pour entrer dans l'Europe unie, doit être une France aryenne,

Cela doit venir.

La LIGUE FRANÇAISE est le seul mouvement politique qui ne transige pas avec la Juiverie.

La LIGUE FRANÇAISE est le mouvement de l'avenir, qui s'intègre totalement, dès aujourd'hui, par sa croisade antisémite, par ses réalisations sociales, par son action politique, dans la grande révolution européenne qui se fait actuellement sous nos yeux, et dont la France ne peut être absente.

Adhérez, dès aujourd'hui à **la LIGUE FRANÇAISE,**

pour une France unie dans une Europe unie.

La LIGUE FRANÇAISE — Fondateur et Chef : **P. COSTANTINI**
*2, rue Meyerbeer, 2 — PARIS-IXe*

La Ligue Française de Costantini demande des mesures, encore des mesures, toujours plus dures contre les juifs.

r sauvegarder en Europe cette civilisation
, qui depuis 2.000 ans a soutenu, transformé
é la vie du continent ».

***

l'hui la situation est donc parfaitement nette.
décembre 1940, la revue américaine « The
Hébrew » écrivait :

*s la signification d'une guerre n'a été si claire
ent. L'humanité est séparée en deux camps
une idée unique. C'est le combat de la conception
e contre la conception de vie des ennemis des*

vernement américain lors de son intervention
Vichy pour protester contre les mesures prises
ccupée à l'égard des fils de Moïse a donc clai-
arqué qu'émanation de la juiverie, il n'enten-
rotéger sur le continent les intérêts de celle-ci.

, édité à Amsterdam en 1666,
Sabataï Zevi annonçant la
ssie.

On sait par ailleurs que l'U. R. S. S. entière n'est que le Paradis des Juifs et que les pauvres russes abêtis par la pensée juive (1) ne sont plus que les mercenaires de race blanche promis aux dernières hécatombes des rêves sanglants du Talmud...

Dès lors, comment ne pas choisir une bonne fois : le triomphe de la juiverie et de ses alliés entraînerait la bolchevisation de l'Europe, c'est-à-dire le décès de la France, suivi de celui de toutes les Nations européennes. De cela, les plus obtus peuvent avoir très facilement l'éclatante vision.

L'épiscopat se rend-il compte de la responsabilité écrasante qu'il risque d'assumer dans le drame des prochains jours en *conservant le silence sur la vraie question*
*t l'existence du bolchevisme non seulement en
la Werhmacht et les légions européennes lui
compte, mais dans toute l'Europe et plus pré-
lans notre France anémiée, et névrosée, choisie
amp d'exploits par les dynamiteurs et les
du monde entier ?* ...

des jeux qui comportent quelques risques.
oulu pendant près de trois-quarts de siècle
tre le progrès social, contre le flot montant du
, de s'être obstiné à la défense de ce qui deve-
endable à savoir « l'exploitation des hommes
me » — l'église a bien failli être emportée.
rétendre aujourd'hui s'allier à ce qui entend
dans le monde le règne méprisable de l'injuste
fuser à définir sa position devant le renouveau
Occident et la révélation de la race — ne peut
t d'une sagesse et d'une méditation millénaires.
plus, voulons-nous n'y voir qu'un jeu encore.
ands seigneurs blasés et d'élites intellectuelles
eu fatiguées.
sons-le bien, car telle est la vérité confondue
volonté — d'un jeu dangereux qui sans
raël condamné par jugement divin à son
rrance — risquerait d'emporter dans les néants
derne Apocalypse tout ce qui fut notre
Civilisation.

METTEZ-LES AU TRAVAIL !

Le Gouvernement a récemment étendu le droit de réquisition à tous les Français de 18 à 50 ans, qui ne pourraient justifier d'une occupation utile au bien de la Nation.

Voilà qui est parfait !

Mais pourquoi n'a-t-on pas parlé des Juifs ?

Pourquoi les Juifs, qui sont à la base de cette guerre et qui restent les ennemis N° 1 de la révolution nationale socialiste, européenne, ne sont-ils pas *astreints* sans délai à un travail forcé et surveillé, au lieu d'être laissés libres, comme ils le sont toujours — en ayant soin de se débarrasser de leurs étoiles. — Au fait qu'attendent donc MM. les Gardiens de la Paix pour procéder, dans la rue, à des vérifications plus fréquentes des papiers d'identité — d'être laissés libres de dévaliser la production agricole, de stocker pour le marché noir, de gangrener notre paysannerie par l'appât de trocs clandestins, et d'exposer notre population toute entière à des sanctions pénibles et humiliantes — par suite de leurs facilités à faire circuler les propagandes sournoises qui causent le plus grand dommage à la communauté Française.

Israël au travail ! Dans les mines, sur les routes !

C'est bien la plus heureuse façon de les punir !

Et c'est bien la première fois qu'un Juif donnera quelque chose !

Oui, mais voilà, qu'en pensera-t-on à Vichy ?

LE CAHIER JAUNE.

« Le Cahier jaune » *d'Henri Coston et du professeur Montandon réclame bien avant le port de l'étoile, le travail forcé pour les juifs.*

LA BONNE ÉTOILE

TOUS *les jeunes Français* [illegible] *pas automatiquement contraints de particip*[illegible] *la relève. Il y a des exceptions, parfois strictement légitimes (celles des ex-prisonniers et des pères de trois enfants), parfois plus discutables...*

Et puis, il y a les Juifs. Ceux-là, aussi extravagant que cela puisse paraître, sont en dehors du coup. Car on n'en veut pas — et l'on a, pour cela, d'excellentes raisons — dans les usines du IIIe Reich. De sorte que l'étoile de Sion est une fois de plus la meilleure des protections pour couper aux inconvénients de la guerre juive...

Et le jeune Durand requis pour faire son devoir d'Européen a bonne mine lorsqu'il abandonne son foyer pendant que le petit Levy demeure sous le toit familial, libre de poursuivre ses négoces, libre de continuer à caresser la bonne Rebecca.

— Ne croyez-vous pas, *nous demande un lecteur*, qu'en cherchant bien, on trouverait encore en France des routes à refaire et des ordures à enlever qui occuperaient utilement, sous une surveillance militaire, la fleur de la jeunesse hébraïque ? Sans parler des ruines accumulées sur l'ordre des Juifs par les bombardiers « libérateurs ». Ce n'est pas le boulot qui manque pour le S.O.T.J. (Service obligatoire du travail juif) ».

Bien sûr, bien sûr... Seulement il faudrait, pour cela, que les personnages consulaires ne s'obstinent pas à ignorer le problème juif.

Qui est le problème de base de notre siècle.

L'Ubiquiste.

Pour « Je suis partout », *l'étoile devient une manière de protection contre le service du travail obligatoire.*

IV

LA BONNE ÉTOILE

L'étoile jaune en zone occupée, ce n'est pas suffisant. Lucien Rebatet, dans Je suis Partout du 1er juin 1941, insiste pour que cette mesure soit étendue à la zone non occupée.

L'ETOILE JAUNE

Les Juifs de la France occupée, comme ceux de presque toute l'Europe, sont astreints, à partir de cette semaine, au port d'un signe distinctif : l'étoile jaune à cinq branches.

Lorsque nous proposions, dans ce journal, quelques années avant la guerre, sous la signature de Robert Brasillach ou la mienne, l'établissement d'un statut des Juifs, nous ne parlions pas de cette mesure, indiscutablement sévère. Si les démocraties occidentales avaient été capables, à ce moment-là, de se dresser contre le danger juif si évident, de faire leur révolution antijudaïque, le sort des Juifs eût été sans nul doute moins rigoureux que celui qui les attend maintenant. Mais depuis, nos charges contre Israël se sont déculpées. Les Juifs ont la part capitale de responsabilité dans le déclenchement de la guerre et dans son extension. Ils ont été les agents essentiels du bellicisme français et anglo-saxon, ils n'ont cessé d'envenimer les disputes d'intérêts entre les nations européennes, ils ont torpillé toutes les solutions pacifiques qui pouvaient aisément intervenir. Ce sont eux qui ont scellé l'épouvantable alliance de leurs créatures Roosevelt et Churchill et de Staline. Tous les soldats chrétiens, de quelque camp qu'ils soient, qui meurent depuis un an dans les steppes russes sont d'abord les victimes des Juifs, s'ajoutent aux centaines de milliers de cadavres que le marxisme juif a entassés sur toute la planète.

Il n'est pas, aujourd'hui, un seul Juif, quelles que soient ses origines, qui ne se conduise en agent sournois ou arrogant du bolchevisme, qui ne fasse des vœux pour sa victoire, et n'y travaille par tous les moyens dont il dispose.

Le Juif se révèle ainsi dans toute sa virulence. Entre l'Aryen et lui, c'est la lutte décisive. Les Aryens ne peuvent pas laisser un tel ennemi libre de se dissimuler.

L'étoile jaune qu'ils leur imposent est une conséquence naturelle de la duplicité judaïque. Le Juif, en face de l'Aryen, camoufle autant qu'il le peut sa race, transforme son nom, mais ne pense et n'agit souterrainement que pour une seule nationalité, la juive, et mène dans son sein la conspiration permanente contre les nations chrétiennes.

Je ne sais plus quel homme politique disait autrefois : « Si les Juifs étaient noirs ou bleus, il n'y aurait plus de question juive. Tout le monde saurait les reconnaître, les écarter. » L'étoile jaune vient corriger cette bizarrerie qui veut qu'une espèce humaine radicalement opposée aux peuples de sang blanc, inassimilable de toute éternité à ce sang, ne soit pas toujours discernable au premier regard.

Le monde chrétien, à la naissance des idées démocratiques, crut qu'il pouvait oublier les lois sagement édifiées au cours de nombreux siècles. Il ouvrit aux Juifs les portes des ghettos séculaires. Il a cruellement payé cette générosité inconsidérée. Nous voyons, au bout d'un siècle et demi, les dernières conséquences de l'émancipation juive. Cette race ennemie, fanatique et féroce, n'a pas cessé un seul instant d'aspirer à établir sur toute la race blanche une domination qui dégénérerait immédiatement en une épouvantable anarchie. Dans tous les pays où elle a pu accéder au pouvoir, elle a semé la corruption, la misère, répandu des flots de sang. Elle a régné par l'or avec une insolence, une perfidie et une brutalité jamais atteintes par les pires tyrans. Cela s'achève aujourd'hui dans une guerre sans merci où le triomphe du Juif entraînerait l'universelle bolchevisation.

Une telle expérience est suffisante, n'est-ce pas? L'étoile jaune est la première étape vers ce ghetto, tant physique que moral, que nous devons, à mon sens, faire réintégrer aux Juifs le plus promptement possible.

Je disais l'hiver dernier, dans ce journal, ma joie d'avoir vu en Allemagne les premiers Juifs marqués de leur sceau jaune. Ce sera une joie beaucoup plus vive encore de voir cette étoile dans nos rues parisiennes, où, il n'y a pas trois ans, cette race excécrable nous piétinait.

Nous avons pourtant un regret qui est vif : c'est que l'étoile jaune ne soit pas imposée par une loi française. Nous sommes ici des nationalistes convaincus que l'Allemagne et la France ont dans le Juif un ennemi commun, et que, contre lui, la France doit mener la lutte aux côtés de l'Allemagne. S'il est un terrain d'entente complète entre les deux nations, c'est bien celui-ci.

Il n'est aucun pays qui ait souffert des Juifs comme le nôtre. Ils lui ont valu le pire des malheurs, la défaite. Depuis, ils ont encore aggravé incroyablement ses maux, empoisonnant ses esprits, parvenant à peser de la plus funeste manière sur sa politique, étendant partout la plaie du marché noir, profitant de notre détresse pour édifier de nouvelles et ignobles fortunes.

Ce que nous avons fait jusqu'ici contre ces misérables ne compte pour ainsi dire pas. Les quelques décrets timides qu'imprima le *Journal officiel* ont à peine été appliqués.

Lucien Rebatet

Le Matin *du 2 juin donne une justification historique à la décision de Vichy.*

LA « ROUELLE » DES JUIFS

Ce n'est pas d'aujourd'hui que l'insociabilité de la race juive mit les gouvernements dans la nécessité de prendre contre les juifs des mesures de défense.

Parmi les moyens employés pour préserver les paisibles citoyens des manœuvres tortueuses et louches des Juifs, il en est un, repris aujourd'hui en France, après la plupart des pays d'Europe, c'est l'obligation pour les Juifs de porter un signe distinctif. Ainsi le public est prévenu qu'il a affaire à un Juif.

Il ne faudrait pas croire que ce moyen soit une invention de la « barbarie nazie » : c'est le concile de Latran qui, sur la proposition du pape Innocent III, imposa aux Juifs le port d'un insigne spécial.

Le motif principal invoqué était d'éviter les unions mixtes. Ainsi, dès le XIIIe siècle, nous voyons l'Eglise prendre soin de la santé physique et morale de la chrétienté.

Le concile de Latran n'avait donné aucune précision sur la forme et la dimension de ce signe spécial que devraient porter les Juifs. Mais en France, puis en Espagne et en Italie, on adopte une roue ou rouelle de tissus de couleur. C'est en 1227, au Concile de Narbonne, que furent choisis la forme, la dimension et la couleur de la rouelle. La roue devait ordinairement se porter sur la poitrine, d'abord de couleur jaune safran. Le roi Jean le Bon décida par la suite qu'elle serait mi-rouge mi-blanche. Pour les femmes, elle était remplacée par une sorte de voile appelé *oralua, orlaes* ou *cornadia.*

L'âge à partir duquel les Juifs et les Juives étaient astreints au port du signe distinctif variait selon les provinces.

A Marseille, on le devait porter depuis l'âge de 7 ans. Le concile d'Arles de 1234 fixa l'âge à 13 ans pour les garçons et 12 ans pour les filles. Le concile d'Avignon de 1326 le fixa à 14 ans pour les garçons tout en le maintenant à 12 ans pour les filles.

Les prescriptions concernant le port de la rouelle furent renouvelées par de nombreux conciles.

De leur côté, les rois de France depuis saint Louis en exigèrent la stricte application.

Le défaut du port de la rouelle ou de l'*oralia* était passible d'amende ou de châtiments corporels.

Ces mesures de préservation restèrent en vigueur jusqu'en 1306 sur le territoire même de la couronne, date à laquelle Philippe le Bel résolut le problème juif en les chassant du royaume.

Les Juifs se réfugièrent alors dans les provinces limitrophes, en Provence, dans le Dauphiné, le Roussillon, la Cerdagne, la France-Comté, la Lorraine et l'Alsace.

Même lorsque Louis le Hutin laissa les Juifs se réinstaller en France, le port de la rouelle fut maintenu...

... Toute la tradition chrétienne et française est donc faite de méfiance et de mesures de protection contre les Juifs.

Il a fallu l'idéologie égalitaire maçonnique de 1789 pour livrer sans défense les Français à l'astuce et à la duplicité juives.

Il était temps que cela cessât.

Jacques Ploncard
(Le Matin)

Dans le Pilori, Jean Méricourt développe le même thème avec plus de violence.

LES JUIFS VONT ENFIN ETRE OBLIGES DE PORTER UN SIGNE DISTINCTIF

Depuis son premier numéro, *Au Pilori* est sans cesse revenu sur cette question du port d'un insigne distinctif pour les Juifs et les Juives, de tout acabit, de tous poils et... de toutes religions!

Cette étoile que tous les Juifs vont porter est le signe que l'importance et la gravité du problème juif ont été reconnues.

Cette rouelle que le pape fut le premier à imposer aux Juifs ne doit étonner personne. Les conciles des sept premiers siècles n'ont pas hésité devant des mesures bien plus sévères : interdiction de mariages entre Aryens et Juifs, exclusion de ceux-ci des fonctions publiques et des emplois civils, enfin création de ghettos. Trente papes ont condamné les Juifs, et les Français hésiteraient devant une telle mesure?

Tous les dangers publics sont signalés aux passants, pourquoi la Juiverie ne portait-elle jusqu'à présent aucun écriteau?

L'immonde bête juive doit être terrassée et cette victoire être le premier acte révolutionnaire de la nouvelle France. Regrettons seulement que nous n'ayons pas su ou voulu l'accomplir nous-mêmes.

Une question se pose actuellement : suffira-t-il aux Juifs de passer la ligne de démarcation pour retirer leur étoile? Les Juifs sont-ils moins dangereux à Vichy qu'à Paris? Nous sommes loin de le croire!

Nous aimerions cependant avoir quelques précisions à ce sujet.

Jean Minincourt
(Au Pilori)

Voici ce qu'écrit André de Laumois, le 2 juin, dans Paris-Midi. Pour la première fois, on parle des enfants qui doivent porter l'étoile.

LA MARCHE DE L'ETOILE

Comme elle fut modeste à ses débuts dans l'existence, la petite étoile jaune! On la voyait à peine : comme effrayée à l'idée d'affronter le grand jour, elle se terrait. Et l'on disait :

— Y en a-t-il donc si peu!

Mais elle ne fut pas longue à s'enhardir. Elle sortit d'abord des échoppes du faubourg Montmartre. Puis elle gagna Saint-Lazare, la Madeleine, les Champs-Elysées et, enfin, se répandit dans Passy et Auteuil. Aujourd'hui, le cri est unanime :

— Y en avait-il donc tant?

N'allez pas croire que ceux qui la portent s'en soient trouvés gênés, aient gardé de la réserve. Que nenni! Quand apparurent surtout les enfants d'Israël gras, bien nourris, bien vêtus, sortis des quartiers cossus où fleurit le marché noir, ce fut comme une explosion d'arrogance. On en vit dans les restaurants hors série, la mine provocante, le verbe haut, interpeller gérant et garçons. Rien n'était assez bon ni assez bien servi. Ce sont les Aryens qui avaient l'air de parents pauvres et, pour un peu, de n'être pas chez eux. Comme c'est puissant, la force de l'habitude!

Maintenant, c'est une autre chanson. Israël a compris quel parti tirer de l'étoile jaune. Il l'exploite comme le reste et, ma foi, fort habilement. Il joue au persécuté. Il se pose en martyr.

La consigne est donnée, exécutée, avec maestria. Elle court comme le furet par mille voix anonymes qui la répandent dans les queues, et de la loge aux chambres de bonnes. On attendrit les braves Aryens sensibles et crédules en leur parlant des enfants. « Pauvres petits Juifs innocents, murmure-t-on. Songez à leur infortune! » Et l'on colporte le récit de scènes dramatiques où femmes et gosses jouent le principal rôle.

Les bonnes âmes oublient ce que les pères de ces gosses — qui grandissent — avaient fait de notre France, avant de la jeter dans la guerre : une sentine où nos traditions s'étiolaient, où ses vertus pourrissaient.

L'étoile jaune, c'est peut-être le seul moyen pour que l'astre d'Israël n'absorbe pas tout notre ciel.

André de Laumois
(Paris-Midi)

Les 3, 4 et 5 juin, le Matin s'acharne.

L'ABONDANCE DES JUIFS SUR LES TROTTOIRS PARISIENS A OUVERT LES YEUX AUX PLUS AVEUGLES

Une promenade dominicale...

Mais une promenade surprenante, stupéfiante!

A mesure que vos pas vous conduisent vers l'Hôtel-de-Ville, par les vieilles rues aux noms qui sentent encore le Moyen Age, vous apercevez, de-ci de-là, quelques-unes des fameuses étoiles jaunes, nouvellement imposées aux Juifs.

Mais, dès que vous pénétrez dans ce que l'on peut appeler le ghetto de Paris, dont l'artère principale est la rue des Rosiers, ces signes distinctifs deviennent plus nombreux. Puis, pour peu que vous persistiez dans vos allées et venues, cela devient une obsession et vous apercevez au bout de peu de temps que vous êtes, vous, l'Aryen qui ne portez pas l'insigne, l'objet de la curiosité générale.

Mais quittez ce quartier et gagnez les boulevards. Là, dès les premières heures de l'après-midi, les étoiles apparaissent.

Seuls ou par petits groupes, les Juifs de Paris se promènent. Ils marchent tous dans la même direction : celle de l'Ouest, celle des Champs-Elysées.

Leur passage devient d'instant en instant plus fréquent.

Ils abondent. C'est un vrai pullulement que le vrai Parisien contemple avec stupéfaction...

... Depuis hier, les Juifs portent, cousue sur leurs vêtements, l'étoile de David, signe distinctif de leur race, dite improprement étoile jaune, puisqu'elle est noire sur fond bouton d'or. Selon les ordonnances, l'insigne était soigneusement découpé et solidement fini.

Cette floraison jaune qui s'était principalement manifestée, hier matin, dans les arrondissements périphériques et, naturellement dans le ghetto, quartiers du Temple et de Saint-Paul, avait, dans l'après-midi, gagné les Boulevards.

Ainsi, les non Juifs purent connaître, en faisant leur marché, la race de bien des gens qu'ils croisaient ou rencontraient encore la veille chez les fournisseurs sans y prêter autrement attention, et il y eut quelques surprises.

Une autre surprise attendait les Parisiens l'après-midi, en constatant le nombre important de Juifs qui se promenaient, discutaient dans les cafés, se mêlaient aux files d'attente des théâtres et cinémas, ou bien encore prenaient simplement le métro. Et une partie seulement de la population juive était dehors! Il ne faut pas oublier qu'il y avait, en 1941, 1 200 000 Juifs en France, dont plus de 350 000 étaient absorbés par Paris et sa banlieue. Nous avons pu constater, une fois de plus, hier, que nous avions la mémoire courte.

Vers 20 heures, les étoiles jaunes se firent moins nombreuses. A 20 h 1, les Juifs étaient rentrés chez eux.

... Depuis que les Juifs sont astreints à porter l'étoile jaune, l'importance numérique de leur colonie a été rendue sensible aux yeux du public. Et l'administration, en procédant à la remise de l'insigne, a pu mettre à jour le recensement de leurs effectifs.

Les chiffres définitifs ne sont pas encore connus, mais dès maintenant d'intéressantes précisions sont acquises. C'est ainsi que samedi à midi on avait dénombré 78 699 Juifs, dont 68 459 à Paris et 10 240 en banlieue.

Compte tenu des retardataires qui se sont présentés au commissariat à la dernière minute, et des irréductibles — à la vérité fort peu nombreux — qui auront tenté de se soustraire au règlement, on peut estimer à 80 000 en chiffres ronds, le nombre de Juifs demeurés dans la région parisienne. 80 000 qui, on s'en aperçoit, se remuent et circulent à qui mieux mieux.

Ceux qu'on ne voit plus.

Les statistiques de 1940 accusaient 95 000 adultes et 15 000 enfants.

La différence tient à ce que beaucoup de Juifs ont quitté la France occupée. D'autres sont dans les camps de concentration, d'autres, enfin, dispensés du port de l'insigne.

Ce sont les Juifs de certains pays, où le port de l'étoile n'est pas obligatoire : Italiens, Espagnols, Portugais, Bulgares, et même Anglo-Saxons.

La densité de l'élément juif est fort variable d'un quartier à l'autre. Clignancourt bat tous les records avec 4 200, suivi de près par Belleville (3 630) et Saint-Gervais (3 570). Viennent ensuite : la Folie-Méricourt (3 130) et les Grandes-Carrières (2 200). En revanche, les quartiers les moins envahis sont les Invalides avec 97 et Saint-Germain-l'Auxerrois avec seulement 49 Juifs. Ce sont aussi des quartiers moins peuplés.

La banlieue offre une répartition moins inégale. Le maximum est de 650 pour Montreuil, le minimum de 39 pour Choisy.

Quant à ceux qui cherchèrent à se dérober au port de l'insigne, ils sont en fort petit nombre. Car les vérifications faites dès dimanche sur la voie publique ont amené seulement une dizaine d'arrestations.

Concluons donc qu'aucune confusion n'est désormais pratiquement possible entre Juifs et Aryens.

Le 29 mars 1941, un commissaire aux affaires juives est nommé. Il s'agit de M. Xavier Vallat. Mais Costantini, dont le poulain était Darcquier, ne cache pas sa déception.

SAUVETAGE DES JUIFS?

Vichy, après avoir reculé pendant plus de six mois la nomination d'un commissaire aux affaires juives décidée par le Maréchal, annonce la nomination d'un parlementaire à ce poste, l'un des plus importants de l'Etat à l'heure actuelle.

Six mois après! Ce cas est une preuve palpable de l'obstruction faite par les fonctionnaires vichyssois et parisiens, il faut le reconnaître, aux décisions du Chef.

Le Maréchal a signé le décret du 10 septembre pour se libérer des Juifs, comme l'on se débarrasse de bêtes malfaisantes, mais son entourage qui en vit a reculé la date de cette distribution de mort aux rats.

Est-ce si difficile de trouver un homme capable de nous débarrasser de la vermine juive qu'il faille le rechercher pendant six mois et faire attendre sa nomination encore plus d'un mois quand on annonce qu'on l'a trouvé?

Et l'homme trouvé après tant de recherches est-il capable?

Pourquoi avoir prospecté parmi les parlementaires? Autant aurait valu prospecter dans les synagogues! Pourquoi s'obstiner à vouloir utiliser les restes de l'ancien régime?

M. X. Vallat avait-il des qualités qui le désignaient pour un tel poste ou ne serait-ce que sa qualité d'ancien parlementaire, ex-chef de la Légion, ex-chef de la radio, qui l'a fait choisir?

Nous avions craint un moment que le commissaire aux affaires juives ne fût le baron de Rothschid ou son homme de paille.

A. M. X. Vallat de nous prouver le contraire.

Monsieur X. Vallat, nous considérons votre nomination comme une expérience. Sera-t-il possible à un ancien parlementaire d'agir honnêtement dans le nouveau régime? Monsieur le Commissaire, nous sommes prêts à vous faciliter la tâche, mais nous veillerons et nous ne tolérerons aucune tiédeur.

Dans le Pilori, Jean Méricourt n'est pas plus confiant.

Le complot juif

Le Juif est encore tout-puissant et prend la mansuétude dont on a fait jusqu'ici preuve à son égard pour une marque de faiblesse. Il relève la tête. Il se fait plaindre. Il trouve des appuis auprès des politiques et des hauts administrateurs d'hier. Il s'arme.

Croit-on que les Juifs soient restés inactifs depuis bientôt un an qu'ils sentent leur puissance menacée? Non, ils se sont organisés dans leurs liens resserrés par la menace. Ils tentent de dériver de leurs têtes les causes de leurs fautes et de faire payer leur dette par toute la nation alors qu'ils sont seuls coupables.

La paix juive qui eût suivi leur guerre eût consacré leur *première* victoire. Première, car jamais les Juifs n'ont vaincu : la défaite, leur défaite doit leur être imputée. Ils doivent payer.

Ils doivent payer dans leurs personnes et dans leurs biens. Ils doivent rendre gorge, rendre leurs siècles de rapines. *Ils doivent payer la guerre.*

Triangle et brassard

Les Juifs doivent porter ce brassard. Les Juifs ne doivent plus circuler dans certains quartiers de Paris. Les locaux habités par des Juifs doivent être déclarés vacants, les contrats passés par des Juifs déclarés nuls. Les autorisations « provisoires » d'exercer, accordées aux médecins juifs, doivent être suspendues. Les avocats juifs ne doivent plus pouvoir mentir; les banquiers juifs être mis dans l'impossibilité de faire faillite.

Voici les premières tâches du commissaire aux affaires juives. Voici les premiers décrets à prendre, les premières signatures à donner.

Pourquoi un commissaire?

Nous aurions préféré le mot « responsable ». Le choix de M. Fournier, ex-banquier, comme chef des commissaires gérants, ne nous rassure pas pour l'avenir.

Pour remplir cette tâche, nous étions prêts, ordre et organisation. Aussi sévères que justes, n'ayant en vue qu'un idéal, nous aurions dénoncé les profiteurs du problème juif, mais nous aurions marché implacables et inébranlables vers le but assigné.

Nous espérons que le commissaire aux affaires juives aura cet idéal.

Nous ne voudrions pas avoir à signaler une faiblesse dans cet organisme, il y a tant d'autres tâches qui nous appellent. Le rôle de ce commissaire aux affaires juives peut être si grand et si fort que si la personne qui en était chargée se révélait incapable, nous la dénoncerions doublement. Mais nous voulons avoir confiance.

Nous attendons les premières sanctions, la première charrette, les premières têtes.

Jean Méricourt
(Au Pilori)

V

VIVE LA FRANCE!

Henri Béraud, le tendre auteur de la « Gerbe d'Or » et du « Martyre de l'Obèse », anglophobe de longue date, glisse d'une obsession à l'autre. Lui aussi, dans Gringoire, finit par pousser son couplet antisémite.

ET LES JUIFS?

On ouvre un journal et on lit :

« Engagé volontaire en 1915, à moins de dix-huit ans, le chef d'escadron Brisac a été blessé pendant la guerre 1914-1918, au cours de laquelle il a obtenu quatre citations. Pendant la guerre 1939-1940, le chef d'escadron Brisac a été cité à l'ordre de la division. Fait prisonnier avec l'état-major de la Ve Armée, il s'est évadé presque aussitôt. »

Saluons. Le commandant Brisac a de beaux états de service. Assurément, c'est un soldat. Mais d'autres l'égalent en vaillance qui n'ont point les honneurs d'un communiqué. Pourquoi lui seul, et non ses égaux?

Parce que le commandant Brisac est israélite, et que la loi du 3 novembre 1940, fixant le statut des Juifs, interdit la carrière des armes à ses coreligionnaires. Mais il n'y a pas de loi pour les braves, et Brisac en est un. Le Maréchal, qui s'y connaît, relève Brisac de l'interdiction. Brisac gardera ses épaulettes, il continuera de servir la France, et les bons citoyens tireront leur chapeau.

Voilà qui donne à réfléchir. Le plus national des gouvernements cite un Juif en exemple. Alors, que devons-nous penser? Nombre de Français s'interrogent, et je fais comme eux.

Serons-nous pour ou contre les Juifs? Resterons-nous indifférents? Nous défendrons-nous? D'un mot, est-il bon, est-il juste, est-il raisonnable de se dire antisémite? M'étant posé la question, ej réponds : en conscience, oui, il faut être antisémite. Il faut l'être parce qu'on n'a plus le choix; Il faut l'être malgré nous; il faut l'être pour obéir à ceux-là mêmes qui nous y contraignent, et qui sont les Juifs; il faut l'être malgré nos admirations et nos amitiés; il faut l'être parce que le salut de la France est à ce prix.

Ce n'est pas sans réflexion qu'en ces premières lignes nous avons marqué notre respect à l'égard d'un brave soldat juif. Nous savons, nous disons, nous répétons que le mérite de cet officier s'élève bien au-dessus du problème judéo-français. Il n'en est pas moins vrai que ce problème existe. Il existe même au point qu'il a donné naissance à des lois. Ces lois nécessaires ne sont pas des lois impitoyables. Encore moins des actes de vengeance. On a voulu rendre au pays ses droits, qui sont des droits d'héritage. Il s'agit de remettre aux fils la gestion du bien de leurs pères. Un mot dit tout cela, c'est le mot patrie.

Nous voulons faire place nette et compter nos amis. Quand il s'agira d'ouvrir notre maison à l'étranger digne de notre confiance, nous réclamerons l'honneur de tenir à deux mains les battants de la porte. Mais il doit rester entendu que cette maison est la nôtre, et que nul autre que nous, gens d'ici, n'aura désormais le droit d'y parler en maître.

Ramenons les choses à leur point. C'est de notre existence qu'il est question; notre « droit de vivre », comme disait l'organe des synagogues. Or, ce droit commence et finit par la lutte contre les principes de destruction. Le plus virulent de ces principes, on le connaît : C'est le virus hébraïque. A nous d'agir en conséquence.

Les honneurs rendus à un bon serviteur de notre pays ne font que mieux justifier notre dessein de réclamer des comptes à ceux qui l'ont conduit à la ruine et au malheur. « Un n'est qu'un », dit le Talmud. Avec plus de légèreté, nous disons qu'une hirondelle ne fait pas le printemps. Si tous les Juifs ressemblaient au commandant Brisac, la question juive ne se poserait pas. Mais tous les Juifs ne ressemblent pas au commandant Brisac, et la question juive ne s'est jamais tant posée.

Il y a Brisac. Mais il y a Blum.

Il ne me plaît guère d'accabler un vaincu. Je l'ai combattu durement. Du jour de sa triste gloire à celui de sa chute misérable, je n'ai cessé de lui crier ses vérités. Cela le fâchait beaucoup. Dans sa colère, il n'était ni très beau, ni très humain. Quand on l'accusait de forfaits, aujourd'hui connus de tous, Léon Blum répondait par des attaques de nerfs et des menaces de mort.

Ce sont des choses passées. La malfaisance de Blum n'est plus qu'un souvenir. Le voilà par terre, en prison, sur la pente du châtiment. Faut-il donc l'épargner, renoncer à notre justice, faire taire les cris de notre raison devant ce qui fait horreur et pitié? L'homme que nous avons dénoncé va répondre de ses actes, et nous feindrions le pardon dans l'oubli? Allons donc! L'heure n'est pas aux airs magnanimes. Il s'agit de payer.

Du reste, l'accusé ne bat point sa coulpe. Aux derniers soubresauts de sa vie publique, on put voir que sa haine n'avait pas désarmé. Il nous a toujours exécrés; il nous exècre toujours. Ne le montra-t-il pas en outrageant le plus grand des Français? Quant à cela, ce prisonnier vulgaire et flétri tient un rang de grandeur. Il n'avait d'autre génie que sa haine, mais une haine puissante, une haine de barbare; et notre mauvaise étoile a voulu que cette haine étrangère fût portée au pouvoir. Jours de honte et d'aberration, dont les plus aveugles aperçoivent avec stupeur les conséquences.

Histoire de France en main, Léon Blum est l'homme qui nous a fait le plus de mal. Et, pour le malheur des Juifs, cet homme est un Juif. Un Juif qui, pour accomplir son œuvre de ruine et de mort, s'était entouré de Juifs.

La France abattue se soulève et regarde. Elle cherche à se souvenir. D'où lui vient tant de misère? Sa main passe en tremblant sur son front, ses yeux s'ouvrent, elle achève de s'éveiller; elle voit, elle sait : ceux qui l'ont jetée là, bâillonnée, ligotée, sans force, ceux qui, l'ayant conduite à la bataille l'ont fait battre, puis l'ont abandonnée, ce sont des passants, des nomades, des hommes aux figures sombres, aux mœurs cyniques, aux noms mal traduits d'une langue inconnue, aux propos remplis d'astuce, aux fureurs messianiques et révolutionnaires.

Actifs et remuants, ils semblaient nombreux, ne l'étaient guère et pourtant se trouvaient partout. Ils occupaient les meilleures places, barraient tous les chemins, imposaient leur loi, remplissaient leurs poches, interdisaient les coutumes, bafouaient les croyances, outrageaient la famille, excitaient le peuple, démoralisaient l'enfance, désarmaient les soldats, salissaient le drapeau, brisaient les alliances, exigeaient la guerre, exportaient leur fortune et se préparaient à fuir le désastre.

Est-il besoin de mettre un nom sous ce portrait? Vous le voulez? Alors, un seul, le modeste singulier pour le pluriel infini, l'unité pour le tout, la tête pour le corps, le meneur pour la foule sans nombre...

Lorsque le Bulgare à lorgnon s'assit dans le fauteuil de Richelieu, il n'arrivait pas les mains vides. Il avait, comme on dit, un programme, et ce programme il l'accomplit sans faiblesse. Il s'agissait, premièrement, de remettre la France aux mains d'Israël; secundo, de briser l'âme française; tertio, de venger, par tous les moyens, la juiverie internationale et, pour finir, de nous conduire, par le chemin de la guerre, à l'anarchie.

Enhardi par l'impunité, le Juif s'installait, commandait,

menaçait. Car telle est sa nature : insolent ou plat, pas de milieu. Pour l'heure, il était insolent. Ne tenait-il pas les leviers de commande? Trois ministres juifs, cinquante-deux pour cent de fonctionnaires juifs dans les services ministériels. La radio enjuivée. Tous les théâtres aux mains des Juifs. Ils contrôlaient la publicité des journaux. Le collège de France était à eux, et la Cour des comptes et la Cour de cassation, et la direction des Beaux-Arts, et la Banque de France, et la Faculté de médecine, et toute l'Université. Ils se bousculaient aux portes de l'Académie. Orléans, cité de Jeanne d'Arc, avait un maire juif, un député juif, un procureur juif, un général juif. Il y avait une majorité juive au barreau, aux concerts, aux salons, dans les lettres. Le journal du Front populaire était rédigé par des métèques aux noms imprononçables. Leur leader était un pâle gnome appelé Rosenfeld, éminence grise du créole Alexis Léger. Un Juif contrôlait les Finances; un autre administrait les Colonies. Un essaim de Juives mondaines papillonnait autour du drapeau rouge. On parlait yddish à la Sorbonne. Un affreux journal, subventionné par la banque juive et dont nous aurons à parler, nous versait sans cesse injures et menaces. Impossible de répondre. Il y avait une loi, une loi mosaïque, en date du 21 avril 1939, signée d'un pauvre bougre d'Aryen qui fait bien de chercher l'oubli. Cette loi touchait au délire. Elle autorisait l'outrage à notre peuple, à ses soldats, à ses prêtres, à ses grands hommes. Mais elle envoyait les gendarmes à tout Français révolté contre les « habitants ». On vit un Juif à papillotes, incapable de dire bonjour et de se faire comprendre, mener en justice un soldat de Verdun, couvert de médailles : ce vétéran n'avait-il pas osé dire que Jérusalem ne se trouve pas en France? On l'envoya prendre à la Santé des leçons de géographie.

Ala même heure, un ministre à double barbe et à triple boîte cranienne osa dire, en pleine assemblée, qu' « un Juif vaut bien un Breton ». Ce qu'en pensa la Bretagne, on l'imagine : à savoir que, dans un régiment de ligne, il faut beaucoup plus qu'un Juif pour remplacer la moitié d'un

Breton. Ce ministre, on le retrouvera tout à l'heure, et dans un étrange lieu.

Tout cela, eh bien d'autres choses, se passait chez nous, en France, pays de raison. Ce n'est pas très vieux. Quelques mois à peine, et beaucoup déjà n'y songent plus. La vie de notre peuple est un fleuve d'oubli.

Mais le temps a bonne mémoire.

Est-il rien au-dessous de Jean Zay? Oui : Mandel. Il faisait peur, celui-là. Son personnage à la Rodin se glissait à pas muets dans une orbe de silence et d'effroi. Les plus frivoles éprouvaient confusément le mystère de cet être à faux visage et à faux nom, en qui, nous le savons maintenant, s'incarnait la coalition judéo-anglo-maçonnique. On riait de Mandel. On riait de cet homme noir collant aux serrures l'œil de l'Intelligence Service. On avait tort. Il faut prendre ces choses au sérieux. Sous ses airs de Machiavel électoral, ce Rothschild de la branche pauvre était la synthèse de l'antichristianisme. Il portait en lui, dans son âme et dans ses paperasses, l'obéissance aux secrets de la Grande Loge, la vieille haine antipapiste de la renégate Angleterre et les imprécations sans fin de l'Eternel Errant. Jéroboam est en prison. Comme Blum; comme Zay. Comme d'autres, moins illustres, mais non moins circoncis.

Descendons l'échelle de Jacob. Un degré plus bas, c'est le cousin Jules. Qui se souvient de l'élection complémentaire de Sète? Une pure cité latine escortant ce moch en écharpe tricolore? Et le cousin Jules, à peine député, fait ministre par le cousin Léon, et le cousin Jules à peine ministre appelant à son cabinet tous les fils à Lévy?... En prison le cousin, avec toute la tribu, ses chameaux et ses tentes.

Encore un barreau et l'on arrive aux Juifs d'affaires, marchands d'avions aptères ou de crocodiles empaillés. Ceux-là, du moins, gémissent ailleurs que dans les donjons auvergnats. Entre la paillasse et le baquet du droit commun, voici le lascif et photogénique Natan, voici le Cerf agile, capturé dans la forêt de Bondy, et voici le faux baptiste Joannidès, extrait des flots du Jourdain; voici le chœur plaintif des banquiers marrons, voici la grande chevalerie industrielle des sous-Oustric et des sous-Hanau. Voyez-les, se grattant sur la paille humide ou gesticulant dans le préau des lamentations, sous la bénédiction tutélaire du rabbin de Brooklyn. Au-dessous encore, les pires coquins, détrousseurs de l'épargne et marchands de secrets militaires. Ainsi, de barreau en barreau, l'on atteint de plus en plus bas, jusqu'à la case d'Ullmo, jusqu'à la morgue de Stavisky.

Tout ce qui, depuis cinquante ans, nous pille, nous affame, nous démoralise, nous désarme, nous déshonore, nous espionne et nous trahit, porte des noms étrangers. Nos prisons et nos bagnes sont remplis de déserteurs, de filous et d'hommes d'Etat baptisés au sécateur. C'est un fait. La subtilité d'Israël, son astuce et son ardeur persuasive, ne peuvent rien contre la triste éloquence du panier à salade et des verrous.

S'il est des Juifs qui me lisent, ils riront dans leur barbe frisée :

— Voilà bien nos « goïm », diront-ils, toujours les mêmes, insolent comme l'ânesse de Balaam et plus bornés que l'ivrogne Naboth sous la trique d'Achab. Braillez, chrétiens, épuisez vos flancs en vaines clameurs, mais prouver ce qu'on avance est une autre affaire. Il y a de mauvais Juifs, c'est entendu. Mais les prisons ne sont pas fermées aux chrétiens. Blum était révolutionnaire, mais tous les révolutionnaires ne s'appellent pas Blum. Un seul de vos griefs, écoutez-nous bien, un seul compte pour Israël : *celui d'avoir voulu la guerre* et d'être ainsi les vrais coupables de vos malheurs. Eh bien, c'est faux. Vous avez menti. Nous n'avons pas voulu la guerre, et vous ne faites, en disant cela, que répéter une infâme calomnie. Mais cette fois, on vous tient! Béni soit l'Eternel! Vous allez vous expliquer. Devant tous, vous allez montrer vos textes, vos dates, vos preuves. On vous écoute, et tâchez d'être clair!

Vraiment, compères? Vous le voulez? Soit fait selon votre désir.

En novembre 1938, deux mois après Munich, il y eut entre la France et l'Allemagne une tentative de rapprochement. Ce qu'on pouvait en attendre, il est trop tôt ou trop tard pour le dire. En fait, le ministre allemand des Affaires étrangères vint en France, où il fut reçu avec honneur. Nombre de gens, chez nous, mettaient leur espérance en cette démarche. Et il ne venait, certes, à la pensée d'aucun de se montrer discourtois envers l'hôte de notre pays. Est-il besoin de dire que l'on eût en vain cherché, même au sein de la plus folle époque, un Français de France assez fou pour crier : Vive la guerre!

Or, en ce temps-là, vivaient sur notre sol un grand nombre d'Hébreux. Venus des quatre coins du monde, ils formaient une ligue et cette ligue avait un organe. La ligue s'appelait L.I.C.A., et l'organe s'intitulait *Le Droit de Vivre*. Un même personnage les dirigeait. C'était un nommé Lekah, dit Lecache, aussi carpathien qu'on peut l'être, et plus crépu que Sem en personne.

Lecache était un Juif de combat. Dernier serviteur du Dieu de Colère et suprême espoir des Macchabées, Lecache aimait le carnage. A vrai dire, il avait la jambe molle et la poitrine assez creuse. Mais du fond de cette poitrine s'exhalaient d'effrayants psaumes, où l'on reconnaissait, au dire des connaisseurs, les vociférations d'Ezéchiel mêlées aux sanglots de Jérémie.

Nos Hébreux appréciaient beaucoup le nouveau prophète. Acclamé dans les ghettos du Temple, il dînait chez les grands Juifs de l'Etoile. Et tous, du fripier au baron de la finance, encourageaient de leurs offrandes l'envoyé d'Israël. Lecache en donnait pour l'argent. Nuit et jour, il prêchait la guerre sainte.

A l'idée que les paysans de France refusaient de mettre sac au dos pour les Juifs d'Allemagne, une transe biblique agitait le prophète Lecache. Au retour de Munich, il ne se connut plus. Il déchira sa robe et remplit les airs d'un long cri. A cet appel, les douze tribus se précipitèrent, et ce fut, un soir de novembre, le meeting de la Mutualité.

Cela ne vous dit rien?

Ce soir-là, dix mille Juifs, surgis d'on ne sait quelles ombres, accoururent, poings levés, bouches furieuses, et, deux heures durant, aboyèrent au massacre.

Il y avait là ces gens, toujours les mêmes, que depuis des années et des années, l'on trouvait sur les estrades rouges : les Hadamard, les Brunschwig, les Bach, les Zerapha, les Bidault, les Paraf, les Lazurick, les Landowsky, les Emile Kahn et les Langevin, tous sectaires de loges, énergumènes de plateaux, sans cesse réunis de congrès en congrès, de meeting en meeting, de rassemblement en rassemblement, chaque fois qu'il était question de donner tort à la France.

Celui qui parle ici n'est pas un homme cruel. C'est un Français entre tant d'autres, un peu plus las, sans doute, ayant trop prévu notre infortune et vainement dénoncé les coupables. Aujourd'hui comme hier, ce Français pareil aux autres entend demeurer humain.

Humain? Sans doute. Mais il faudrait s'entendre. Est-ce être humain que de tout supporter, trahison et menaces? Est-ce être humain ou être imbécile que d'admettre à son foyer celui qui ne rêve qu'incendies et fusillades? Il n'est peut-être pas en France, à l'heure présente, un Juif qui ne souhaite la victoire bolchevique — avec tout ce qui s'ensuit de vengeances et d'horreur.

Humains? Oui. Que les Juifs commencent.

Le Pilori s'est vite spécialisé dans la délation.

TRAHISON ENVERS LA REVOLUTION NATIONALE

Le 13 juin, notre confrère Robert Brasillach écrivait dans *Je suis Partout* : « On sait, hélas! qu'aujourd'hui bien des préfets, bien des intendants, bien des fonctionnaires de tout poil, abrutis de radio anglaise et d'amour des Juifs, trahissent à qui mieux mieux et le Maréchal, et Pierre Laval, et la France tout court... On ne se méfie pas d'eux, pour un peu on en ramènerait d'autres. C'est une drôle d'époque! »

N'est-elle pas étonnante, en effet, cette époque où l'on voit un général ayant à son actif tant de combines dans des affaires spécifiquement juives, placé au plus haut poste de la Légion d'honneur; alors que, depuis juin 1940, la législation française tend à éliminer de l'Economie nationale non seulement les Juifs, mais l'influence juive!

La présence d'un tel grand chancelier n'est-elle pas de nature à exercer une influence néfaste? Quelles complaisances coupables, sinon celles du général Brécard, ont donc permis aux mauvais bergers qui nous ont conduits à l'abîme où nous voici tombés de porter encore la croix des braves obtenue jadis, par eux, dans des conditions qui sont autant de scandales?

Le grand chancelier ignore-t-il subitement les Juifs ci-après son entrée dans l'Ordre de la Légion d'honneur?

— Ach (Marcel), gendre de Salomon Seelignum, décoré, moyennant 100 000 francs, sur la recommandation de M. Camille Picard, alors député des Vosges.

— Cohn (Maurice-Albert), promu officier en août 1939 comme journaliste hippique. Le général Brécard, membre du Comité des courses, pourrait dire quel fut le prix de cette promotion!

— Bader (Emile), administrateur des Galeries Lafayette, eut le patronage du général Dubail. La Grande Chancellerie sut donc comment M. Bader se tire indemne des poursuites qui lui furent intentées pour fraude fiscale et spéculations illicites.

— Lévy (René), fabricant de mouchoirs à Paris, décoré, sur l'intervention de ce même Camille Picard qui reçut, pour le coup, un nouveau pourboire de 100 000 francs.

— Lévy (Jérôme), co-associé des chaussures André, croix payée 50 000 francs à cet autre Juif, M. Hirsch, dit Marcel Hadn!

— Lévy (Albert), obtint, grâce aux F.-M. Archimbault

et Lévy-Alphandéry, sa croix pour 100 000 francs et le titre d'administrateur de *La Parole*.

— Dreyfus-Rose (Paul), administrateur de sociétés. Il fut poursuivi pour complicité d'escroquerie et abus de confiance dans les affaires Oustric — fut néanmoins décoré.

— Bloch (Paul), président du conseil d'administration des Produits chimiques de Saint-Denis, est l'oncle du Juif Léon Meyer, député du Havre. Il reçut donc la rosette.

— Weill (David) eut un avancement rapide dans la Légion d'honneur comme président du conseil d'administration de la Banque Lazard frères où étaient déposés les fonds du Musée national de la Légion d'honneur. Le camouflage de ce Juif en Mécène ne peut tromper un Aryen non judaïsé.

Croire que, sous le signe de la Révolution nationale, le « Chancelier qui chancelle » procéderait à une révision des décorations scandaleuses serait méconnaître la résistance passive de ces adversaires du nouvel ordre, à l'égard desquels le Maréchal proclamait, le 12 août 1941, que « l'on devait d'ores et déjà anéantir leurs entreprises en s'attaquant à leurs chefs ».

Pourquoi alors ne trouve-t-on que M. Brécard (Théodore), protecteur des Juifs et des francs-maçons, pour représenter la Légion d'honneur; que l'ancien rédacteur bobardier du *Jour-Echo de Paris;* que ce président du conseil d'administration d'une affaire extrêmement louche comme le fut la Société Industrielle d'Equipement; que ce président de l'Union franco-américaine qui, devant cette assemblée de youtres et de francs-maçons tenue au Musée social, 5, rue Las-Cases, le 28 janvier 1939, s'écriait avec emphase : « La collaboration effective des membres du comité de patronage, parmi lesquels se trouve mon ami de la première heure, M. Oppenheim (!), nous a fourni et continue à nous fournir les moyens indispensables à assurer le fonctionnement de ce centre social »?

L'Etat français a besoin d'hommes qui ne soient pas compromis, d'hommes qui ne laissent pas fourrer d'argent dans leurs poches. La Légion est d'honneur.

Vichy se doit de prendre une décision sans plus tarder.

Au Pilori

Le 1er Juin, Georges Montandon, prone une sorte de passeport généalogique, tel qu'il en existe en Allemagne.

LE PASSEPORT ANCESTRAL

Sous la plume de Jacques Ploncard, *Le Matin* du 15 mai a exposé le projet d'un Institut de généalogie sociale, conçu en particulier par Armand Bernardini et le professeur Jacques Meurgey, pour faire suite aux suggestions de *L'Ethnie française*. Un séjour tout récent à Berlin nous met à même d'apporter quelques précisions sur certains points à envisager relativement à cette organisation en projet.

Chacun est bien d'accord : le but d'un office de cet ordre, s'il est d'enraciner les familles françaises au sol, est d'abord de les identifier par la séparation des éléments que l'on peut appeler les aryens et les anaryens. Nous reviendrons par la suite sur leur différenciation et ferons d'abord part de quelques notions pratiques.

Jusqu'ici, la généalogie courante a été conçue comme la science des descendances, mais les nécessités de l'heure postulent avant tout le recours aux ascendances.

La descendance s'établit par un tableau complet de filiation (*Nachkommentafel*), qui précise la totalité des rejetons masculins et féminins d'un ancêtre; un tel tableau ne se préoccupe pas des parents et grands-parents des femmes entrées dans la famille; il n'indique donc que les chemins suivis par le sang de l'ancêtre, augmenté d'apports féminins venus de droite et de gauche. On a rarement recours à de pareils tableaux complets et l'on se contente habituellement du tableau de souche filiale (*Stammtafel*), vulgairement appelé arbre généalogique. C'est un extrait du tableau complet, qui ne tient pas compte de la progéniture des femmes et ne fournit donc que les individus portant le nom de l'ancêtre.

L'enregistrement de l'ascendance se fait par contre au moyen du tableau ancestral (*Ahnentafel*). Ce dernier énumère tous les ancêtres du sujet jusqu'à X générations (6 communément y compris celle que représente le sujet); il conduit, dans la pratique, au passeport ancestral (*Ahnenpass*).

Il existe en Allemagne plusieurs modèles de passeports ancestraux : le passeport 63 prévoit 63 ancêtres (sans donner de détails relatifs à la mort); le passeport 31 n'en prévoit que 31, mais avec ces détails (tels que la confession lors du décès, etc.). Un cahier complémentaire B est destiné à ceux qui veulent poursuivre l'établissement de l'ascendance au-delà de la 6ᵉ génération.

Au moyen d'une numérotation ingénieuse (reprise de l'Espagne, qui l'avait appliquée en 1676), on peut aussi rédiger un tableau ancestral sous forme de liste ancestrale. Le sujet étant le numéro 1, son père est 2 et sa mère 3; les quatre grands-parents portent les numéros 4, 5, 6 et 7, les arrière-grands-parents les numéros de 8 à 15, etc.; ainsi, les ancêtres masculins du sujet ont tous des numéros pairs, les féminins tous des numéros impairs, et un fils quelconque a toujours un chiffre formant la moitié de celui de son père. On peut parler de l'ancêtre 18 ou du 29, etc. : leurs places respectives seront les mêmes dans n'importe quelle liste ancestrale, que celle-ci soit complète ou incomplète.

Enfin, un document complémentaire — que chaque individu devrait avoir chez soi en sus du passeport ancestral — est le tableau raci-ancestral (*Ahnentafel mit Bildern und Merkmalangaben*). Il comporte, outre les autres données, le portrait des personnes mentionnées et leurs caractères anthropologiques, selon un schéma commode.

A notre sens, c'est là le tableau de l'avenir, les indications telles qu'elles ont été établies par Konopath devant être complétées par la triple photographie des sujets (de 3/4, de face et de profil), le report de leurs empreintes digitales et la notation de leur groupe sanguin.

Quant aux généalogies dans lesquelles figurent des jumeaux, ce sont elles qui, observées avec un raffinement dont ne se doute pas le profane, permettent à des établissements tels que l'Institut d'anthropologie de Berlin-Dahiem dirigé par le professeur Eugène Fischer (avec la collaboration de W. Abel, Godschaik, Lenz et von Verschuer), d'établir les lois de l'hérédité.

Au-delà de la famille, le clan incite à dresser des tableaux cliniques (*Sippentafel*) et, si l'on englobe les parentés par union (*Sippschafstafel*) que nous nous contentons de mentionner.

Pour en revenir au passeport ancestral, il est obligatoire en Allemagne, pour certaines catégories d'individus. Il nous paraîtrait conforme aux buts que poursuit la révolution nationale qu'il en fût de même chez nous. Une des premières tâches de l'Institut de généalogie sociale en projet, si l'Etat le juge bon, serait l'établissement de ces passeports, selon des modalités se rapprochant de celles que l'on peut observer dans des offices en activité.

Georges Montandon
Professeur d'ethnologie à
l'école d'anthropologie

Le 30 Août 1941, Rebatet envoie de Marseille le reportage suivant.

MARSEILLE LA JUIVE
(choses vues)

Je viens de parcourir pendant trois semaines la zone libre, de Lyon à Nice. Je voulais savoir avant tout ce qu'y devenaient les Juifs. Mon enquête a vite fait boule de neige.

Comment mettre un peu d'ordre au milieu de tant de notes, d'images, de propos? Puisque j'ai voyagé pour nos amis de *Je Suis Partout,* le meilleur et le plus simple, je pense, est qu'ils refassent avec moi la même route un peu capricieuse, en regardant à droite et à gauche. Une fois au bout, nous essaierons de nous y reconnaître.

Depuis Lioron, je suis tout à la joie de retrouver la Provence, les cyprès, la pierraille blanche, les vieux villages dorés, après les douze mois de l'insipide Vichy et des corvées parisiennes. Si j'étais libre de mes désirs, j'aurais déjà quitté le train, je roulerais sur un vélo vers les montagnes parfumées de Nyons, au dessin si fantastique et si pur, ou bien, un peu plus loin, entre l'Arles de Van Gogh et l'Aix de Cézanne. Mais je suis tenu d'aller jusqu'à Marseille, sans grand enthousiasme. C'est une ville que je n'aime guère. Sans doute, je la connais mal, mais elle ne m'a jamais inspiré le goût de la mieux connaître.

Pourtant, sitôt dévalés les larges escaliers de la gare Saint-Charles, dans cette fin daprès-midi d'été, je ne puis me défendre contre la gaîté de sa bousculade. Marseille est assurément la ville française où il se brûle encore le plus d'essence cette année, avec des taxis maraudeurs, des camions aventureux et, comme par hasard, une infinité de S.P. Avec l'anarchie traditionnelle du cru et les longues processions des tramways, cela fait presque des embouteillages. Le Parisien de 1941 se sent tout à coup un pied provincial pour traverser les carrefours. Dans ces rues bruyantes de voitures, sur ces trottoirs fourmillants, il retrouve une circulation de vie qu'il avait presque oubliée.

Mais après les premiers instants d'amusement, je redécouvre trop vite la Marseille qui m'a toujours rebuté.

Je me rappelle combien cette ville est belle, vue de haut et d'un peu plus loin, avec ses vieux toits roses, dévorés de soleil, entre sa mer et ses collines éblouissantes. Je n'ignore pas qu'il y a toute une élite de Marseillais charmants et raisonnables, d'un patriotisme intrépide, aussi savoureux que les montagnards de la Haute-Provence, sachant être fidèles et laborieux quand il le faut.

Mais il y a aussi tout le reste, qui se voit bien davantage : cette populace bâtarde, cette vulgarité huileuse, olivâtre, qui est le fruit d'on ne sait plus quels baroques et impurs croisements cette mixture de Bicots, d'Arméniens, de Maltais, de Smyrniotes, l'unique coin de France où la décadence de la race par le métissage soit vraiment un fait. Il y a ce prolétariat de nègres tristes, en vieux canotiers et salopettes bleues, ce mélange de crasse et de vanité, ces foules de rôdeurs pouilleux côtoyant les lascars au cheveu bleu trop bien verni, en chemisettes aubergine ou mandarine. A Marseille, la verve, la belle volupté méridionales sont encanaillées. Juifs tchèques ou polonais, de l'espèce décrassée, confortablement bourgeois dans leurs complets gris, mais à la gueule sinistre de hiboux déplumés, la cinquantaine largement sonnée, jargonnant dans leur ignoble yddish, semblable à de l'allemand écorché par un sidi. Ils arboraient, l'un et l'autre, à leur boutonnière, dans le plus vaste module possible, l'insigne de la Légion d'honneur française des combattants...

J'aurais aussi bien pu m'arrêter là, tirer en vingt colonnes les conséquences de cette rencontre, ce qui n'est pas très difficile quand on a quelque dix ans de pratique du Juif. En poursuivant mon enquête, j'ai surtout cherché la confirmation de ce joli et si complet symbole.

Sitôt débarqué à Marseille, je me suis enquis des principaux postes de commandement d'Israël. On m'enseigne d'abord, d'une seule voix, le Cintra. Curieuses similitudes de lieux : il semble qu'un mot d'ordre ait couru toute cette zone. Partout où j'arriverai, le Cintra sera le rendez-vous de prédilection des Juifs : Cintra gourmé de Lyon, où les fils des nababs de la soie venaient siroter un cocktail avec la gravité d'un rite, Cintra fastueux et voluptueusement hollywoodien de Nice. Cintra de Cannes cuivré. Et, l'an dernier déjà, au Cintra à la fois champêtre et désuet de Vichy, on voyait se profiler à longueur du jour les nez les plus notoires de la juiverie officieuse.

Sur le Vieux-Port, au Cintra de Marseille, où il coula combien plus de pastis que de porto, l'heure de l'apéritif est maintenant l'heure juive. On voit là du Juif frais comme l'œil, qui s'étire, se prélasse, va faire un petit tour nonchalant tout à côté, chez Basso ou au Bar du Soleil, qui a la faveur des Anglais. Car il y a aussi des Anglais, brillants de santé, de prospérité, d'âge ultra-mobilisable, et qui coulent, de Nice à Avignon, des jours extrêmement sereins.

Le Cintra est le café du farniente. Mais la population israélite, comme on dit dans les évêchés gaullisants, ne passe certainement pas à Marseille sa vie dans la contemplation du pont transbordeur et du vieux fort Saint-Jean.

Les lieux où l'on « travaille » ne sont pas très loin. Voici, par exemple, la salle du fond du café glacier. Elle remplace très dignement la fameuse brasserie des diamantaires de la rue Lafayette, à Paris. Ce sont les mêmes groupes, familiers à tout observateur de la race élue.

Devant une tasse de café refroidi et une carafe d'eau, deux ou trois Juifs sont avachis, l'œil glaireux, mi-clos. Un autre youtre surgit, beaucoup plus éveillé. Il crache quelques mots de yddish, puis tire de sa poche un petit paquet, plié dans un morceau de journal ou de papier mou, et le glisse aux assis. Ils l'entrouvent lentement, en soulevant à peine leurs pesantes paupières, se le passent l'un à l'autre, lair absent, dégoûté, puis, sans un mot, le rejettent sur la table. Le Juif vertical prend son temps, paisiblement, puis argumente. Les assis demeurent impénétrables. Enfin, l'un d'eux glapit brièvement quelque chose. C'est le signal de la discussion. Le vertical s'installe sans façon sur une chaise. Le yddish explose sur les langues, les mains crochues s'agitent à hauteur des oreilles. Dans le petit papier écarté, on voit briller un diamant, des perles. Comme on met une relance au poker, l'un des premiers Juifs exhibe à son tour un joyau. Il y en aura bientôt cinq ou six sur ce marbre vulgaire de bistrot.

Pendant ce temps, dix ou quinze autres Juifs vont et viennent, sont plongés en rond dans un colloque fiévreux, à voix étouffée, ou glissent d'une table à l'autre, font solitairement le guet. On ne sait pas très exactement tout ce qui se passe, mais on comprend aussitôt que l'on est au milieu d'une effroyable sentine, où tout ne peut être que recel, fraude, carambouillage.

Mais je ne suis pas venu ici pour décrire encore des youpins attablés au café, pour essayer de varier vingt fois ce petit tableau tout au long de la Canebière.

Regardons les choses d'un peu plus haut. Marseille devait compter quelque cinq mille Juifs en septembre 1939. Elle en avait cent mille et peu-têtre davantage au terme de la grande fuite de juin 1940. Elle en garde, depuis, une moyenne d'une cinquantaine de mille. Dix fois plus de Juifs qu'avant : voilà par ici l'un des résultats les plus certains de la Révolution Nationale.

Ces nouveaux Juifs marseillais sont, presque tous, des émigrés d'Europe centrale, qui ont, en dernier lieu, détalé de Paris et baragouinent à peine le Français.

Il semble que Marseille a recueilli les plus crapuleux. On est bien obligé de dire qu'ils ont trouvé des habitudes remarquablement favorables à leurs entreprises. Les nationaux marseillais ont, sans doute, accueilli les Juifs avec une indignation d'une véhémence exemplaire. Un mouvement antisémite méthodiquement conduit trouverait certainement des alliés chaleureux dans des bandes de « nervis » qui jugent intolérable la soudaine concurrence de ces nez crochus. Mais, dans son ensemble, l'innombrable faisanderie marseillaise s'est accommodée le mieux du monde de ces nouveaux arrivants.

Il s'en faut beaucoup, hélas! que les Juifs soient, à Marseille, les seuls responsables du marché noir. Depuis un an, les divers « gangs » marseillais connaissent une activité miraculeuse. On a trafiqué, on trafique de tout. Le « milieu » délaisse la drogue et la « protection » des belles de nuit, devenues un peu trop délicates, pour le commerce infiniment plus fructueux des fausses cartes d'alimentation qui ont une existence pour ainsi dire officielle. Il s'est trouvé, pour notre infortune à tous, que la ville la plus malhonnête de France était celle aussi qui possédait, dans ses entrepôts, les plus vastes réserves d'huile, de savon, de sucre, de denrées coloniales, c'est-à-dire des produits qui devenaient les plus précieux et les plus rares. Leur stockage par les mercantis a été entrepris dès le lendemain de l'armistice, avec la plus complète quiétude. Nous étions plus d'un à le savoir, l'année dernière. En deux mois de tripotages marseillais, l'été dernier, les rations de tout le peuple français ont fondu de moitié.

... Le marché noir gère depuis ce fonds de guerre. Le circuit de chaque marchandise est organisé avec un talent, une souplesse, une célérité dont l'intendance devrait bien s'inspirer. On trouve à Marseille exactement tout ce qu'on veut, à condition que le prix vous soit indifférent. Pour le marché licite, il s'appauvrit naturellement à mesure que l'autre s'enrichit. Le poisson, par exemple, a pratiquement disparu. Pas de ville où l'existence soit plus problématique pour le prolétariat, qui est hors de ces « combinaisons ».

On comprend avec quelle allégresse les Juifs s'ébrouent dans ce cloaque. Ils ont transformé des millliers de chambres d'hôtel et de garnis marseillais en entrepôts clandestins où, à tour de rôle, nuit et jour, une sentinelle de la triche monte la garde. Nulle part n'est plus exacte une des formules historiques de cette année : « Il n'y a peut-être pas que des Juifs dans le marché noir, mais tous les Juifs sont dans le marché noir. »

Les âmes pieuses répondront peut-être qu'il fallait bien que ces pauvres Juifs sans métier gagnent leur vie...

Cette rubrique du marché noir relève surtout du journalisme local. Elle n'est pas très excitante pour l'enquêteur qui passe. Nous serions, à Paris, passionnément curieux de savoir comment la provision générale de savon et d'huile des Français a pris le chemin de mystérieuses et vastes resserres. Mais ces énormes opérations nous demeurent impénétrables. La chronique des tribunaux marseillais me permettrait d'aligner la liste presque quotidienne des Cohen, des Kahn, des Abramovitch pour les délits par trop flagrants. Ces aventures de cinquante kilos de chocolat, de deux cents pots de marmelade sont diablement monotones. Elles révèlent surtout la constance du mal, devenu chronique, l'impunité presque absolue des gros requins, l'insignifiance des condamnations encourues jusqu'ici, tellement anodines qu'elles rentrent sans peine dans les frais généraux de ces messieurs.

Un charmant détail : une fois sur trois, le Juif poursuivi l'a été sur la dénonciation d'un autre Juif dont il dérangeait les propres affaires, et qui se voit ainsi assuré d'une merveilleuse tranquillité. La solidarité juive, immédiate et sans défaillance dès que les grands intérêts sont en jeu, n'a jamais exclu les petites trahisons de détail.

Pour le trafic de l'or, en principe le plus impitoyablement prohibé de tous, et dont les Juifs ont le monopole presque exclusif, il a été pratiqué publiquement tout l'hiver, à longueur de journée, dans vingt cafés marseillais et jusque sur les escaliers de la Bourse. Les peines judiciaires prononcées contre lui ont été dérisoires, en comparaison avec les dizaines de millions sur lesquelles il roula.

On peut répondre que l'immoralité marseillaise est fort décourageante, qu'on ne sait plus par quel bout relever une cité à ce point dissolue, où la police est aussi coupable, et souvent plus dangereuse que les malfaiteurs, où les complicités deviennent inexplicables dans une population contaminée.

Mais, en attendant, l'inertie de l'Etat laisse proliférer un de ces chancres dont souffre toute la nation.

Il y a plus grave que le marché noir, à Marseille. La ville réunissait toutes les conditions pour devenir une citadelle du gaullisme : l'affluence des Juifs, le grouillement d'une pègre prête aux plus basses besognes, les relations naturelles avec le Proche-Orient, l'Afrique du Nord, c'est-à-dire les régions où les intrigues anglaises sont les plus serrées. Marseille n'a malheureusement pas failli à ce rôle.

Ici, ce serait se mettre des œillères que prétendre s'en tenir aux Juifs. Nous sommes au centre d'une conjuration où se tiennent par la main tous les ennemis de notre pays : les Juifs d'abord, mais aussi les maçons, les communistes, les démocrates indécrottables et tout le troupeau bigarré des anglomanes, bourgeois libéraux, clergé démagogique, gros hommes d'affaires. Tout ça a partie liée et manœuvre de front. Il n'y a pas un Juif qui ne soit pour de Gaulle. Il n'y a pas de gaulliste qui ne soit pro-juif.

Voilà sept ans et plus que nous connaissons cette coalition. C'est celle de l'antifacisme, c'est le clan de la guerre, mais enrichi d'alliés nombreux.

Un exemple nous fixera immédiatement sur ce point. Marseille a été, depuis le mois de juillet 1940, le point de départ d'un circuit de recrutement gaulliste qui passait par Sète, l'Afrique du Nord, pour aboutir à Gibraltar. C'est par cette route qu'ont filé quelques aviateurs, quelques groupes de malheureux galopins décidés à rejoindre les traîtres, alléchés par les primes qu'on leur faisait tinter. Or les officines de ce circuit sont celles mêmes qui fonctionnèrent déjà, de 1936 à 1939, pour l'Espagne rouge, et où l'on organisait le trafic de volontaires et d'armes. Ne croyez pas que ce soient des bouges, des bars interlopes. Le café de Noailles, l'un des plus notoires de ces P.C. gaullistes, est d'apparence archibourgeoise. Ce qui n'a pas empêché son patron d'être naguère un militant de base de la S.F.I.O. et l'un des grands électeurs du sieur Tasso.

Autre rendez-vous fameux du judéo-gaullisme : la brasserie « Au Gaulois » (!) en face de l'Opéra. Un Juif allemand, du nom de Hirsch, y remplissait en permanence le rôle de chef d'état-major, acoquiné avec une maffia d'Espagnols rouges qui fréquentent ce lieu depuis tantôt trois ans.

Durant tout l'hiver, au « Gaulois », les théâtreurs de l'Opéra venaient rejoindre aussi une brillante troupe d'officiers de S.M. britannique. Je l'ai déjà dit, notre Midi a maintenant ses Juifs, mais il a conservé encore un joli nombre de ses Anglais.

De Marseille part encore un réseau de consignes, de nouvelles truquées où nous reconnaissons toutes les recettes classiques des faussaires juifs qui exerçaient leurs talents chez Jean Prouvost, chez Kérillis, chez Buré, à *Ce soir* et à la *Lumière*.

Un certain Jean Bardanne, alias Georges Harcourt, ancien correspondant d'agence de presse à Berlin, d'où il câblait tous les ragots bellicistes du ghetto, déploie dans ce domaine une remarquable activité.

On sait que le ministère de l'Information rédige chaque jour pour la presse une note d'orientation. Le sieur Jean Bardanne expédie lui aussi quotidiennement aux principaux journaux de la zone libre une « Note indépendante d'orientation » dont je viens d'avoir la collection en main. C'est un concentré des plus grossiers bobards, des plus basses injures et des plus burlesques raisonnements de la radio de Londres, perfectionnés, si l'on peut dire, par un solide spécialiste de ce travail. On y constate que l'unité de ton est remarquable dans la propagande anglo-juive. Dame Tabouis, Pierre Lazareff et Jacques Fransalès hier dans la presse belliciste, Louis Lévy et Weisskopf aujourd'hui à la radio gaulliste étaient ou restent en parfait unisson avec le porte-voix marseillais.

La « Note indépendante » voit, bien entendu, la Syrie sillonnée par des cohortes allemandes et s'indigne à grands cris de la résistance du général Dentz.

Le 2 juin, elle ose proclamer : « L'amiral Darlan ne pouvait faire aux Français une plus grande joie qu'en annonçant que 702 000 tonnes de nos navires, bloquées par les Anglais, servent la cause de la victoire. »

La « Note » est devenue, depuis quelques semaines, le « Bulletin confidentiel d'informations politiques et diplomatiques » qui se répand, comme il se doit, sur l'issue de la campagne de Russie en prophéties délirantes. Quand on vient de lire celles qui ont précédé les affaires de Yougoslavie, de Grèce, de Crète, elles inspirent le plus serein optimisme à tous ceux qui ont la ferme espérance d'applaudir bientôt l'écrasement définitif de la tyrannie bolcheviste.

La guerre de Russie a remis également dans une lumière nouvelle la collusion, qui date de si loin et qui n'a jamais cessé, d'Israël et des communistes. Les cellules communistes de la zone libre, dont l'activité redouble, sont soutenues de façon indéniable par l'argent juif et travaillent désormais en intime accord avec les fractions gaullistes où l'on compte parfois d'anciens militants de l'extrême droite.

Tout cela est, en somme, fort normal. Les camps sont maintenant bien délimités. La Juiverie et l'Angleterre ont confondu leurs causes. Elles font leur guerre. Elles s'y servent désespérément de tous leurs moyens, y compris le marxisme et le gaullisme. Il est juste de dénoncer la félonie britannique qui emploie d'aussi viles armes contre son ancienne alliée. Mais ces réquisitoires relèvent de la condamnation morale. Après vingt-cinq années d'exercice de la Société des Nations et de la conscience universelle, nous savons ce que cela vaut.

Ce qui est beaucoup moins normal, c'est qu'un gouvernement français qui a condamné par ses principes les errements de la démocratie s'en tienne devant l'ennemi à des formules rituelles de protestation.

Ce gouvernement a dénoncé avec éloquence le danger que le gaullisme fait courir à l'unité française et à l'Empire. Il est chaque jour en lutte verbale avec ses chefs de Londres. En Syrie, à Dakar, il a ordonné à nos soldats la bataille contre ses troupes. Il lui est difficile d'ignorer quels sont ses agents, Juifs, judaïsants, stipendiés de la juiverie et de Londres sur notre sol. Mais il reste devant eux dans une paradoxale apathie.

La propagande gaulliste ne peut pas perdre de terrain avec la liberté de mouvements et de propos qu'on laisse dans le Midi à ses agents juifs et anglais. Je montrais tout à l'heure les allées et venues au grand jour des officiers de l'Intelligence Service. Le dénommé Bardanne, dont on voit le métier, couvre quotidiennement d'insultes Darlan, le traite « d'amiral Courbette », s'efforce de le dissocier du maréchal Pétain, alors que ce dernier vient à nouveau de l'investir solennellement de toute sa confiance. Les speakers de Londres, stigmatisés chaque jour par Vichy, n'en font pas davantage. Or, Bardanne, que l'on a sous la main, dont on connaît très bien le repaire marseillais, après six mois de gaullisme virulent, n'est toujours par sous les verrous.

Le sieur Pomaret, ministre et ami de Paul Reynaud, y avait tenu quelque temps. Mais cétait un cachot provisoire, comme le séquestre où l'on consigne les collégiens chahuteurs, puisqu'on n'a pas tardé à l'élargir. Résultat : M. Pomaret est, à Marseille, l'âme d'un petit cénacle du plus pur esprit Front populaire, où brillent entre autres le sénateur Bon, secrétaire général de l'ancienne S.F.I.O., le sénateur franc-maçon Vincent Delpuech, toujours directeur de deux journaux du pays. Vous devinez l'ardeur que ces messieurs peuvent mettre à servir la Révolution nationale.

Pour un régime nouveau, fatalement aux prises avec des adversaires plus ou moins déclarés, l'instrument essentiel est assurément une police bien en main. Celle de Marseille, placée cependant à un poste capital, est gaullisante aux trois quarts. Les officiers du Bureau de renseignements ne perdent jamais une occasion de manifester leurs sympathies, leurs espoirs anglophiles. Ceci est de notoriété publique dans toute la ville.

Il existe bien une minorité de policiers qui font leur métier honnêtement. Mais ils ne reçoivent aucun encouragement. Au contraire. Ainsi, un grand armateur de Marseille a eu successivement plusieurs de ses bateaux arraisonnés et saisis au même point par la marine anglaise. L'anglophilie de cet armateur est affichée. Les bateaux sont assurés à Londres. Tout porte à croire que cet homme livre au prix fort sa flotte à l'Angleterre qui cherche tous les expédients pour compenser ses tonnages coulés. Un des inspecteurs de police marseillais, national irréprochable, s'était attaché à cette affaire, avait établi de troublants recoupements. Son rapport a été étouffé par ses supérieurs hiérarchiques.

D'autres fonctionnaires, dont le souci de servir consciencieusement n'a pas, semble-t-il, à être mis en doute, font preuve d'une naïveté désarmante. Le jour de la fameuse manifestation pro-serbe, on s'étonnait auprès du préfet de Marseille qu'il ne sévît point comme d'aussi dangereux agitateurs. Lui-même s'affligeait de leur turbulence, et ajoutait : « J'ai pourtant pris des mesures. La radio de Londres leur a ordonné de déposer des bouquets et des couronnes sur la dalle. J'ai fait fermer les fleuristes. »

La Légion des combattants possède la confiance entière du gouvernement. Elle est, en quelque sorte, chargée par lui de jouer le rôle du parti unique, du parti d'Etat sur lequel un régime de principes autoritaires doit nécessairement s'appuyer. Comment admettre que, dans ces conditions, les rangs de la Légion soient grands ouverts aux ennemis juifs, à ces Hébreux de tous âges et de tous poils, à ces youtres sexagénaires, ne sachant pas cent mots de français, qui étaient encore, il n'y a pas dix ans, fourreurs à Prague, et qui vous toisent en exhibant l'écusson tricolore au casque gaulois aussi bien que les briscards de Verdun?

A Marseille, le cortège légionnaire du 1er mai, farci de Juifs et de communistes hilares de ce bon tour, évoquait à s'y méprendre, aux dires des témoins, les chienlits rouges de 1936.

Après un an du nouveau régime, la seule répression qui soit vraiment active et efficace est celle des militants antisémites. Ceux-là, fichtre! on ne les rate pas. Nos camarades du Parti populaire français forment le seul mouvement, en zone libre, qui s'oppose avec vigueur à l'insolence juive, qui fasse sentir à Israël notre volonté nationale. Je ne le dis pas pour m'acquitter d'un devoir d'amitié. Ou plutôt, ma sympathie pour eux tient à ce qu'ils sont. Or leurs démêlés avec la police rappellent les beaux temps des Blum, des Dormoy, des Marchandeau. Ils avaient pris un peu partout l'initiative de ces avertissements, inscriptions, bris de vitrines juives hors desquels il n'y a point d'antisémitisme véritable, parce que c'est le seul langage que le youtre comprenne, le signal qui réveille sa peur séculaire, lui inspire la prudence et le goût de la fuite.

Ces petites expéditions, raisonnables, politiques, ont été poursuivies avec la dernière rigueur. Ces patriotes fournissent depuis un an un tableau d'honneur paradoxalement chargé d'arrestations, de passages à tabac, de comparutions en correctionnelle, d'amendes, de jours de prison. L'un d'eux, à Marseille, a dû tirer cinq mois à l'ombre, davantage que Pomaret et Salomon Grumbach. A Nice, après quelques manifestations devant les boutiques juives, deux des chefs P.P.F., Bouchon et Cannobio, ont été envoyés huit jours en résidence forcée.

Dans tout le Sud-Est, à la moindre incartade, la police de la ville est mobilisée pour la défense des boutiquiers juifs.

On sait que les passeports de nationalité polonaise et tchécoslovaque ne sont plus valables à partir d'une certaine date. Mais la préfecture de Marseille continue à distribuer de ces passeports, antidatés, qui ont permis à des douzaines de gros Juifs de prendre le large.

On sait encore que l'établissemnt de nouveaux commerçants n'est plus possible qu'avec l'autorisation, très rare, des chambres de commerce. Les Juifs, à Marseille, sont seuls à bénéficier de ces autorisations.

Lucien Rebatet

Le Pilori s'acharne sur le commissaire aux Affaires juives. Selon Méricourt, Xavier Vallat n'est rien d'autre que l'homme des Juifs.

En décembre 1941, Méricourt est enfin satisfait. Darquis remplace Vallat.

FAILLITE DE MAITRE XAVIER VALLAT

— *M. Xavier Vallat, s'il vous plaît?*

— *M. le haut commissaire aux Questions juives est en*

train de déjeuner avec MM. Jacques Péreire et Daniel Dreyfus.

Depuis plus de cinq mois, M. Xavier Vallat est haut commissaire aux Questions juives, nous avons le droit de demander actuellement où en est le règlement de la question juive? Il ne s'agit plus de juger les personnes, mais les résultats, et ceux-ci sont nuls, comme nous le faisions prévoir lors de la nomination de l'avocat-parlementaire Vallat au poste de haut commissaire.

M. X. Vallat est arrivé à Paris le 2 avril, le lendemain il réunissait la presse, mais refusait de recevoir le rédacteur de *Au Pilori.* Il accompagnait ce refus de sous-entendus tendancieux aussi perfides que malveillants.

Le 17 avril, un jury d'honneur était constitué, composé de :

1° M. le général Lavigne-Delville, grand officier de la Légion d'honneur, vice-président de l'Association des décorés au péril de leur vie.

2° M. le colonel Carlin, officier de la Légion d'honneur.

3° M. Oster, capitaine de réserve, officier de la Légion d'honneur.

Si un fondement quelconque existait à ses accusations, M. Vallat aurait été trop heureux d'en montrer les preuves. M. Vallat, pris à son propre piège, s'est tu. Habité aux accusations vagues lancées du haut d'une tribune, il ne put rien montrer qui justifiât ses insinuations et, le 15 mai, un procès-verbal de carence était dressé contre Mᵉ Vallat.

Ce n'est là qu'une affaire particulière, mais qui permet de juger l'ensemble de l'action de ce haut commissaire.

Lorsque M. Vallat nous répondit : « Je suis ici pour faire mon métier », nous ne nous doutions tout de même pas de l'importance que devait prendre ce soi-disant métier. En effet, quel peut être le métier de M. Vallat si ce n'est celui d'avocat-parlementaire? Ainsi, voici un homme qui, de son aveu même, n'a jamais réussi à s'élever au-dessus des basses besognes de la politique vénale qu'il appelle pompeusement « métier ».

Commensal des Rothschild avant guerre, M. Vallat est devenu le protecteur officiel des Juifs. Le haut commissariat est devenu le quartier général, les trafiquants juifs et les camoufleurs aryiens y ont droit de cité.

Mais c'est surtout dans la solution commerciale de la question juive que M. Vallat a fait le plus montre de son mauvais vouloir. Depuis qu'il est à son poste, la question des commissaires-gérants d'entreprises juives n'a fait que s'irriter sans se résoudre.

Là, le scandale est roi.

Avant que n'existe le commissariat, c'était le Service de Contrôle des Commissaires-Gérants qui était chargé du règlement de la question juive. Combattu par nous, il s'était allégé de deux poids lourds qui freinaient son action : MM. Fournier et Vernier. Le Service de Contrôle allait donner des résultats, des Juifs commençaient à avoir peur. Aussitôt M. Vallat fut nommé et tout rentra dans l'ordre.

Le Service de Contrôle est composé de 450 personnes dont la plupart veulent agir, mais leur action est freinée par l'inertie des 25 nullités employées au commissariat. Ces 25 saboteurs étant presque tous des avocats.

Au cabinet, M. Colmet-Daage, avocat un peu fou, submerge le Service de Contrôle de notes signalant de soi-disant brimades exercées par les commissaires-gérants sur les pauvres Juifs.

L'autre service qui se fait remarquer par son zèle pro-juif est le service administratif avec MM. Crateau et Garnier. Ce sont eux qui freinent matériellement l'action du Service de Contrôle en refusant *tous crédits* pour le recrutement d'un personnel plus nombreux. Ils refusent même les crédits pour les chefs de service actuel qui, depuis le mois d'avril, ne sont passés que deux fois à la caisse! Pour eux, une dactylo se paie 1 000 francs par mois et tout à l'avenant.

Si les services des commissaires-gérants sont embouteillés, c'est faute de personnel, et c'est Vallat qui en est cause. Au lieu de 450 personnes, il en faudrait 1 500.

L'opposition idéologique du haut commissaire se sert de

tous les freins possibles, y compris celui d'un budget rétréci.

Au commissariat on ne trouve que des avocats, la plupart du temps ex-parlementaires, dont les intérêts sont liés à ceux des Juifs.

Un seul exemple. Le Juif Péreire, banquier, étant en conflit avec son commissaire-gérant, invita M. Vallat à déjeuner. M. Vallat se rendit aux ordres, acceptant de déjeuner avec deux Juifs : Jacques Péreire et Daniel Dreyfus. Il y a de cela quelques semaines seulement, juste avant son départ pour l'Algérie!

M. Jacques Péreire commença ses plaintes, il cita *Au Pilori,* « persécuteur des Juifs ».

Le haut commissaire aux Affaires juives déjeunant avec deux des principaux Juifs de Paris! Quel beau tableau!

Par contre, le fils de Vacher de Lapouge, le grand anthropologiste français à qui le monde entier rend hommage en tant que précurseur du racisme, fut reçu par M. Vallat qui le prenait pour un commissaire-gérant à qui il répondit textuellement devant la mise au point de Lapouge : « Vacher de Lapouge? C'est la première fois que j'entends ce nom-là. »

Pratiquement, les résultats de ces collusions et de ces complicités sont les suivants : on profite du séjour en Algérie de M. Vallat pour faire des rafles de Juifs à Paris et les envoyer dans des camps de concentration.

On a même arrêté la semaine dernière des Juifs riches et puissants tels que David Veil-Picard; des avocats : Pierre Masse, Théodore Valensi, Wormser et d'autres... En apprenant ces arrestations, M. Vallat a dû prendre le premier bateau en partance pour la France!

Pour résoudre la question juive, une solution s'impose d'urgence : le départ de l'avocat-parlementaire Vallat et de tout son entourage de parleurs qu'il y a attiré. Cette épuration devrait également s'appliquer à la zone non-occupée, où la question des commissaires-gérants n'a jamais été posée. De l'autre côté de la ligne, on répond officiellement aux banquiers juifs qui s'étonnent, malgré tout, de ne pas avoir de commissaire. « Liquidez-vous vous-mêmes! »

Il faut qu'un véritable antisémite soit mis à la tête du commissariat, avec des responsabilités et des moyens financiers suffisants pour lui permettre d'agir avec efficacité. Il faut, en tout cas, que le failli et le carencé Vallat s'en aille.

Le ministère chargé du règlement de la question juive est actuellement le plus important de France. C'est de son action que dépend, pour une bonne part, la signature du traité de paix. Il est incompréhensible que l'on perde ainsi du temps et que l'on laisse se perpétuer une faillite voulue.

Le Juif est un Juif, le baptême n'y fera jamais rien. Au-dessous du Juif, il n'y a rien. Parce qu'au *Pilori* nous sommes trop humains, nous ne demandons pas que les Juifs soient martyrisés, comme les Juifs martyrisèrent les populations non-juives (Russie, Hongrie, Espagne, etc.) quand ils détinrent le pouvoir, nous demandons simplement qu'ils soient mis hors d'état de nuire dans les plus brefs délais.

Seuls des hommes persuadés de ces évidences peuvent être chargés de régler la question juive.

Mais veut-on, oui ou non, agir contre les Juifs?

Jean Méricourt

Méricourt finit par obtenir satisfaction.

NOMINATION DE DARQUIER

... Darquier de Pellepoix vient d'être enfin nommé aux Affaires juives. C'est un de nos compagnons des bagarres d'avant-guerre. Nous connaissons son énergie, ses convictions solides, sa pertinence. Il était admirablement désigné pour la place qu'il occupe. Nos vœux et nos espoirs l'y ont accompagné.

Il sait déjà quels sont nos désirs. Nous voulons que la France participe positivement à la défense aryenne contre les Juifs. Il y va de son prestige, et elle travaillera ainsi à son salut.

Il est une décision qui s'impose de toute urgence : celle d'étendre à tous les Juifs de France l'étoile jaune. Elle est beaucoup plus nécessaire de l'autre côté de l'Allier que dans cette zone. IL N'Y A JAMAIS EU AUTANT DE JUIFS EN FRANCE. Nous avons hérité en dernier lieu de tous les fuyards de Hollande et de Belgique. Ceux qui ont gagné l'Amérique sont en nombre infime. La grande majorité de ces juifs, tous ennemis mortels de la France et de la paix, est en zone libre. Il y a maintenant des Juifs galiciens, bukoviniens, lettons, sub-karpathiques, qui sont devenus les Juifs de la Corrèze, de l'Ardèche, de la Savoie. Il faut leur infliger l'étoile, pour commencer; que le paysan périgourdin ou provençal, que l'ouvrier lyonnais, devant ces pillards et ces provocateurs, sachent à qui ils ont affaire.

Cette mesure est révolutionnaire? C'est possible. Mais enfin, sommes-nous, oui ou non, en révolution?

L'étoile jaune fera gémir certains catholiques, disons même beaucoup de catholiques. Il est facile de leur répondre, d'apaiser l'inquiétude de leurs consciences. L'étoile jaune renoue avec la tradition la plus strictement chrétienne, celle de la rouelle, qui, durant toutes les époques de vraie et solide foi, les grands siècles de pure civilisation catholique, marquait les Juifs du ghetto, avec le chapeau jaune des Juifs d'Avignon, les Juifs du Pape.

Si l'Eglise moderne s'élève contre l'étoile jaune, il lui faut désavouer tous les papes qui l'imaginèrent, puis l'imposèrent.

VI

LA CURÉE

Robert Basillach, rédacteur en chef de Je-Suis-Partout se présente en avril 1938, comme un antisémite non raciste.

LES FRANÇAIS DEVANT LES JUIFS

Premièrement, pas de persécution.

Pas de persécution, pas de pogrom, telle est la première position du nationalisme français devant la question juive.

Nous l'écrivions en tête du numéro du 15 avril 1938 qu'avait composé Lucien Rebatet sur les Juifs à travers le monde : nous accuser de pousser à la guerre civile et à l'assassinat est la première erreur (et la première calomnie) de ceux qui condamnent l'antisémitisme.

Depuis le 15 avril, le temps a passé. L'importance de la question juive est devenue évidente pour tous. Le rôle des Juifs bellicistes est apparu à des esprits aussi peu prévenus que M. Challaye. M. Bergery a déclaré que les Juifs étaient des hommes comme les autres, mais que, lorsque sur dix Français dans une administration, huit étaient juifs, les Juifs n'étaient pas des Français comme les autres. C'est là, en effet, une part importante du problème.

Les humanitaires protestent contre l'idée du « numerus clausus », attentatoire, disent-ils, à la dignité humaine.

Répondons-leur ceci : lorsque les catholiques d'Angleterre, évincés des fonctions publiques par le roi anglican, réclamèrent l'appui moral de Bossuet, le grand évêque leur répliqua qu'il n'y avait pas lieu à protestation, car on n'a pas besoin d'être fonctionnaire pour faire son salut, et le roi était libre dans son gouvernement.

Que sont donc les Juifs?

Ce sont des étrangers.

Et il n'y a aucune raison pour ne pas citer à nouveau notre numéro du 15 avril : « Dans une société bien faite, il ne devrait pas être plus fâcheux d'être un Juif à statut en France, que d'y être un Polonais, un Turc, un Anglais, un Allemand ou un Brésilien. C'est l'assimilation inconsidérée qui fait l'antisémitisme. » Nous n'avons pas changé d'avis.

Les Juifs sont des étrangers.

Qu'on ne nous parle pas des difficultés qu'il peut y avoir à faire les discriminations nécessaires. Cela n'est pas si compliqué : tout le monde sait ce que c'est qu'un Juif.

La France a la chance d'être un des pays où les Juifs se sont le moins mêlés au reste de la population (exception faite de quelques unions « aristocratiques » ou de haute bourgeoisie). Les lois allemandes ont été obligées d'autoriser un Juif sur quatre grands-parents pour les emplois subalternes, car plus de sévérité aurait été excessive dans un pays où les empereurs avaient favorisé les mariages mixtes. En France, la quasi-unanimité des habitants justifierait d'ancêtres tous chrétiens, aussi loin qu'on puisse remonter. Ceux qui ont un ancêtre juif le savent. Qu'on retire la qualité de citoyen à tout Juifs, demi-Juif, quart-de-Juif. C'est une mesure simple, juste, et qui n'a rien d'offensant : le peuple juif est une nation.

Qu'on ne nous parle pas des anciens combattants. Nous répéterons ce que nous avons dit : d'après les chiffres officiels de la Synagogue, il y a eu 1 700 Juifs de France tués sur le champ de bataille (plus les Juifs d'Algérie), — et nous nous souvenons qu'il y a eu 5 000 prêtres et religieux. Honneur aux 1 700 Juifs morts! Honneur aux anciens combattants! Les lois Goge, en Roumanie, donnaient le titre de citoyen aux anciens combattants, ou aux fils des tués. Admirable mesure. Mais cette citoyenneté n'était pas héréditaire, car on ne sait ce que deviendra la race. Et cela aussi est très juste. Les Allemands admettent des « Aryens d'honneur », auxquels il faudrait aussi imposer cette limitation.

Nous n'avons aucun préjugé, et nous ne sommes pas racistes. Si un Juif est un grand médecin, pourquoi n'utiliserions-nous pas ses découvertes pour le bien commun de l'humanité, comme nous utilisons celles d'un Anglais ou d'un Italien? Nous nous accordons le droit d'applaudir au cinéma Charlie Chaplin, demi-Juif; d'admirer Proust, demi-Juif; d'applaudir Yehudi Menuhin, Juif; et la parole du Führer est portée par les ondes hertziennes, ainsi nommées du Juif Hertz. Nous remercions même tout particulièrement les Juifs qui s'attachent à mettre en valeur notre patrimoine français, qu'il s'agisse de la musique classique ou des poèmes du Moyen Age. Mais comme nous remercions le Danois Nyrop d'avoir écrit la plus savante grammaire française. C'est que nous saluons les étrangers francophiles et que nous ne sommes pas xénophobes.

La règle d'or : « Les Juifs sont des étrangers » doit comporter ses conséquences, et toutes ses conséquences. Elles n'ont rien de terrible ni de vexant. C'est là-dessus qu'on doit édifier un statut juif, et les persécutions ont toujours été le fait de peuples anarchiques et mal assurés dans leur puissance. Nous nous rappellerons par expérience que ces étrangers sont d'une espèce particulière : ils s'appuient très volontiers entre eux, ils refusent de se désolidariser de la lie de leur peuple, et alors qu'un Français ne se sent rien de commun avec Landru, le Juif le plus intelligent et le plus fin est toujours gêné si l'on dit devant lui du mal de Bela-Kun. Une méfiance supplémentaire est donc requise envers ce peuple dans son ensemble, et c'est pourquoi la neutralisation ne pourrait, par exemple, leur être assurée que dans des cas extrêmement rares, et toujours révocables. Encore une fois, cela n'implique ni persécution, ni méconnaissance des qualités juives. C'est une simple réaction de défense.

Lucien Rebatet, et avec lui Pierre-A. Cousteau et Alain

Laubreaux, montrent, dans ce numéro, ce qu'a été l'histoire des Juifs en France depuis les origines. L'antisémitisme n'est pas une invention allemande, c'est la tradition française. Nous sommes loin de réclamer des mesures aussi sévères que celles qu'ont connues nos rudes ancêtres. Notre conclusion sera la même que l'an dernier : « Considérer les Juifs ressortissants de nations étrangères comme des étrangers, et opposer à leur naturalisation le barrage le plus sévère — considérer l'ensemble des Juifs établis depuis longtemps comme une minorité à statut, qui les protège en même temps qu'elle nous en protège, — ne jamais oublier les services rendus, — ce sont les seuls moyens d'assurer sans violence la paix nationale et l'indépendance absolue du sol français. »

Robert Brasillach

En 1939, le décret Marchandeau, qui punit l'antisémitisme inspire à Brasillach cette « Lettre à une Provinciale ».

LA QUESTION SINGE

Il nous faut organiser un « antisémitisme » de raison et d'Etat

M. Marchandeau étant prêt à interdire que l'on s'attache à des collectivités, ma chère Angèle, nous nous soumettons par avance à ses désirs. Je ne vous dirai donc pas ce que je pense des erreurs accumulées au cours de semaines si précieuses. Je ne vous dirai pas que la vieille anglophobie qui sommeille au cœur de tout Français vient de se réveiller chez les plus lucides, lorsqu'ils se sont aperçus que les

Anglais étaient fermement décidés à nous considérer comme leurs soldats, sans faire un geste par eux-mêmes. On ne perd pas si facilement l'habitude de faire battre les autres et de comprendre son propre intérêt seulement le 5 août. Je ne vous dirai pas davantage que ceux qui faisaient fond sur le roi de Roumanie se sont aperçus que ce Hohenzollern n'attaquerait pas l'Allemagne, et que ceux qui pleuraient d'amour devant M. Staline, auraient dû s'apercevoir que son seul nom faisait prendre un air subitement très lointain aux Polonais, aux Roumains, etc. Depuis huit jours, sauf votre respect, ma chère Angèle, nous sommes largement « coïonats », comme on dit dans mon pays (je ne traduis pas). Je comprends que M. de Kerillis, qui a l'habitude de cet état, le trouve tout à fait naturel. Permettez-nous de ne pas partager son euphorie.

En outre, nous ne pourrons donc plus rien dire, si ce qu'on appelle déjà « la loi Je Suis Partout » est signée par feu (ou presque) M. Lebrun. C'est entendu, ma chère Angèle, nous ne parlerons donc plus des... enfin, de qui vous savez. Mais je suppose qu'on nous permettra bien de parler des SINGES.

Quel tribunal, en effet, oserait nous condamner (même en s'appuyant sur la loi Grammont) si nous dénonçons l'envahissement extraordinaire de Paris et de la France par les singes? Vous n'êtes pas sans avoir remarqué que jadis les singes étaient cantonnés dans certaines régions, voire dans certains jardins d'acclimatation. Aujourd'hui, on en voit partout. Certes, nous ne violerons pas la loi Grammont, et nous ne demandons aucun excès : mais il faut reconnaître qu'il se développe dans le public un assez vif complexe anti-singe. On va au théâtre? La salle est remplie de singes, ils s'accrochent partout, aux balcons, aux avant-scènes. Dans l'autobus, dans le métro? des singes. Je m'assieds innocemment au café? A ma droite, à ma gauche, deux ou trois singes prennent place. Chez mon horloger, la première créature que je rencontre est un singe. En province, dans les marchés, les foires, des stands entiers sont occupés par des singes, avec un grand fracas de casseroles en solde et d'étoffes prises à des faillites. Leur habileté à imiter les gestes des hommes fait que parfois nous ne les reconnaissons pas tout de suite. Les guenons qui les accompagnent ont chapardé des fourrures, des colliers de perles, et elles minaudent d'une manière presque humaine. Mais, avouons que les spectacles auxquels nous assistons chaque jour finissent par créer une sorte de malaise. Si l'on en croit certains, les singes auraient réussi à s'introduire dans les musées, les administrations, les maisons de commerce. On avait longtemps appelé par métaphore M. Sarraut un gorille. Mais il paraît que deux singes authentiques se seraient introduits au ministère. Quelle en est la raison? Pourquoi une telle défaillance des pouvoirs publics et des services d'hygiène? Mystère. Il en vient de tous les pays, d'Allemagne, de Bohême, d'Italie, de Hongrie, de Roumanie, de Pologne, de Russie. Les autres nations prennent des mesures pour arrêter l'extraordinaire prolifération du singe. Comme ces animaux sont assez malins, ils viennent chez nous, où ils se sentent à l'abri pour l'exercice de leur chapardage, de leur lubricité.

Voilà la situation. En l'exposant, nous sommes sûrs de n'aller à l'encontre d'aucune loi présente ou future. Ce que nous appellerons l'antisimiétisme (veuillez bien lire, je vous prie), devient chaque jour une nécessité plus urgente. Ne dit-on pas que des unions contre nature entre Français et guenons, entre Françaises et singes, auraient déjà donné naissance à une race hybride, heureusement peu nombreuse? Il est tout à fait fâcheux que l'on puisse en arriver à une pareille perversion. Nous sommes sûrs d'aller au-devant des désirs du gouvernement en dénonçant de telles pratiques. On sait d'ailleurs qu'il est assez difficile d'utiliser les singes pour la défense nationale. Les pigeons, les chiens, rendent de grands services. Les singes, sauf exceptions heureuses, possèdent malheureusement une extrême mobilité — opposée pour leur compte personnel à toute mobilisation. En un moment où nous avons besoin de toutes nos forces, la réaction antisimiesque est donc parfaitement compréhensible. On me dit que, par malheur, certains journaux disent qu'il faut s'entendre avec les singes, que les singes sont bien vus en Amérique (où on les préfère aux noirs), que les singes sont le sel de la terre et la force d'une nation, etc. Il y a même un organe spécialement destiné à la défense de cette race, le « Droit de Singe », dirigé par un certain Bernard Lemacache; une association, la Ligue internationale contre l'Antisimiétisme ou LICA.

Décidés à rester dans les limites de ce que nous permet la loi, nous abandonnons donc volontiers les luttes secondaires pour dénoncer les maux dont les singes se sont rendus coupables. La question singe n'est pas la seule question d'aujourd'hui, mais c'est assurément l'une des plus importantes. Si le décret de M. Marchandeau est voté, nous n'emploierons plus d'autre expression, et nous sommes bien sûrs, ma chère Angèle, qu'aucune juridiction n'oserait détourner les textes pour nous condamner.

Robert Brasillach

En pleine drôle de guerre, Brasillach réussit une manière d'exploit : les Juifs allemands vivant à l'étranger, démontre-t-il, sont des agents de la Cinquième Colonne.

LES EMIGRES ET LA PROPAGANDE ALLEMANDE

Nous avons parlé récemment de M. Frédéric Sieburg, qui fut la coqueluche des dames briandistes, et qui continue calmement à Paris sa besogne d'organisateur allemand. Nous rappellerons toujours, en parlant de ce personnage, que son fameux livre *Dieu est-il français?* ne fut pas publié chez nous dans une traduction exacte, et qu'en particulier le texte allemand comparaît la France au « Mexique avant Cortez ». Amabilité restée inconnue aux Français, — sauf pour ceux qui ont bien voulu lire l'article que j'ai été LE SEUL à écrire dans la presse voici neuf ans, brillants débuts dans « l'hitlérisme ». Pour justifier la présence de Sieburg à Paris, on nous a souvent dit qu'il était en relations avec les seuls émigrés allemands, et en disgrâce à Berlin.

C'est là une bonne blague dont il faut tout de même faire justice. *L'Action française* est la seule à avoir soutenu mordicus, depuis des années, que les émigrés présentaient à la propogande allemande le meilleur terrain. Sans aucun doute, il y a des irréductibles, et il y a aussi des Juifs et des communistes qui ne portent pas M. Hitler dans leur cœur, et font même la plus indécente propagande belliciste. Mais croit-on que ces gens-là en soient moins allemands?

Il a paru dans le journal juif *l'Aurore,* au Caire, un article très significatif où il était dit que les Juifs exilés d'Allemagne ou d'Italie « resteront, dans l'avenir, fidèles, malgré tout, à leur ingrate patrie, comme ils l'ont été dans le passé, et qu'ils sont toujours prêts à travailler pour sa gloire, au besoin à mourir pour « elle », dès que le Führer et le Duce auront atténué leur rigueur à leur égard ».

Ce texte a été reproduit par *le Jour* de Beyrouth du 25 février 1939, journal qui, depuis, a publié un article de l'intelligent M. de Kerillis, baptisé pour l'occasion, EXPERT DE LA POLITIQUE ETRANGERE. Il est également cité dans un livre très intéressant de Bernard Vernier : *la Politique islamique de l'Allemagne;* il démontre, par ailleurs, que le personnel consulaire allemand de Jérusalem est juif, afin de faciliter les rapports avec la population.

Il faut être naïf comme un démocrate libéral pour croire que l'Allemagne n'a pas de moyen de pression sur ses émigrés, et que ceux-ci, malgré les persécutions, ne gardent pas l'espoir de retrouver leur pays.

1° En cas de guerre et de chute d'Hitler, les émigrés constituent automatiquement une « cinquième colonne » prête à tout pour l'Allemagne.

2° Dès à présent, les Juifs émigrés, tout au moins parmi les plus riches, n'ont aucunement perdu leurs relations avec

Berlin. On parle de banquiers, des avocats, parfois d'amis de personnalités françaises, qui sont en relations constantes avec Berlin, et d'ailleurs en même temps avec les Soviets. Chacun sait, d'autre part, ou devrait savoir, comme nous l'avons déjà dit, que le grand trust chimique allemand, l'I. G. Farben, est encore aux mains des Juifs. Les persécutions n'arrêtent pas les relations.

3° Il est tout à fait compréhensible que le gouvernement allemand fasse miroiter aux yeux de ses émigrés (qui peuvent être autant d'espions possibles) le pardon et le retour. Qu'il tienne ou non sa parole n'a pas d'importance : nous ne voulons parler que du moyen de pression.

4° Les *Dernières Nouvelles de Strasbourg* ont, récemment, annoncé l'arrestation d'émigrés juifs allemands qui se livraient en France à la contrebande au profit du commerce allemand. Et ne dit-on pas qu'on a récemment arrêté pour espionnage deux émigrés? On pense avec une certaine ironie aux naïfs qui s'imaginent que tous les ponts sont coupés.

Nous énumérons ici de petits faits, aisément vérifiables. On imagine, on espère, que le gouvernement en connaît d'autres, plus importants encore. Qu'on ne nous raconte donc plus que la France est remplie de respectables étrangers, battus et pas contents, ennemis de l'Allemagne. Ils ne le sont que jusqu'à un certain point. Les choses ne sont jamais aussi simples que se l'imaginent les pauvres idéologues, et les réalités sont toujours plus fortes que les opinions. Aussi je me méfie toujours quand on me raconte qu'un monsieur est en relations avec les émigrés, ou que l'Allemagne les fait surveiller. Elle les fait surveiller, pour arrêter leur activité contre le Reich, certes. Mais peut-être aussi pour les séduire, les aider, les payer, en tirer des renseignements. Et les bons zozos des salons, des journaux et de la politique sont refaits une fois de plus.

Robert Brasillach

A l'occasion du procès de Riom qui s'ouvre fin 1941, Brasillach, en s'attaquant pour la centième fois à Léon Blum, redéveloppe son leit-motiv préféré : judaïsme et République ne font qu'un.

« MON PROCES EST CELUI DE LA REPUBLIQUE »
a dit justement Léon Blum

M. Georges Suarez, dans un de ses remarquables éditoriaux du journal *Aujourd'hui,* cite une lettre de Léon Blum, adressée de Bourrassol, le 20 octobre 1941, aux juges de la Cour suprême. L'affreux Juif y écrivait : « Mon procès est celui de la République et je suis fier de le soutenir. » Voilà un beau pavé de l'ours dans la mare démocratique où pataugent tant de canards. Car cet aveu nous est révélé à l'instant précis où la conjuration antifasciste dont nous parlions la semaine dernière prend une audace de plus en plus suffocante. A l'instant précis où les collaborateurs du Juif commencent à traiter publiquement d'hitléro-fascistes, comme aux bons temps du Front Populaire, ceux qui sont coupables de partager sur la démocratie les avis de MM. Hitler, Mussolini, Salazar, Franco, sans parler de ces autres « vendus » que furent dans le passé Balzac, Baudelaire, Edgar Poe, Bonald et saint Louis. A l'instant enfin où Stavisky trouve des défenseurs, et les fusilleurs du 6 février des amis et des souteneurs. Tout est dans l'ordre. Qui défend Blum défend la République, qui défend la République défend Blum.

Il y a des gens qui passent le plus clair de leur temps à élever vers le gouvernement de Vichy des hululements assez hébraïques, et qui ensuite, tout tranquillement, se mettent à faire une besogne dont le moins qu'on puisse dire est qu'elle ressemble fort à ce que précisément ils blâment de l'autre côté de l'Allier.

Pour nous, nous avons assez marqué nos craintes et nos

blâmes à l'égard des uns comme des autres pour demander quelque crédit. Mais pour demander aussi quelque honnêteté dans la discussion. On blâme le maintien de M. Peyrouton, franc-maçon et gendre de Malvy, dans le haut poste qui est le sien, alors que de pauvres bougres, qui furent francs-maçons par sottise, sont mis à pied? D'accord, mais pourquoi alors défendre la Maçonnerie « en soi », les Loges en tant que Loges, comme on le voit faire en ce moment par des gens qui semblent oublier que la Maçonnerie a été interdite en Allemagne, en Italie, en Espagne, comme nocive à tout essai de rénovation nationale? On se plaint que les mesures contre les Juifs ne soient pas assez efficaces? Très bien, mais on fait l'apologie des gouvernements de Front populaire dont le chef, si je ne me trompe, était le Juif Léon Blum.

Le Juif est malin, pour une fois. Le Juif a d'ailleurs presque toujours été malin dans ce domaine. Il sait très bien qu'en liant son sort à celui du régime, il va se susciter aussitôt des défenseurs, qui auraient peut-être rechigné par pudeur à se battre en son nom, mais qui ne peuvent refuser une identification aussi évidente. Ceux qui, à l'époque, parlaient sur « le fascisme et les moyens de le prévenir », les penseurs dont le marxisme imprégnait fortement les cellules cérébro-spinaliennes, les complices des assassins de février dont le dos cuit encore de frottées trop peu décisives, les précurseurs et les aminches de Pierre Cot, les amateurs d'urnes et de bulletins, les antifascistes et les philosémites de toujours, quels que soient leurs déguisements, ils sont là, au moment où s'annonce le procès de Riom, et la coïncidence est au moins troublante. Ils brandissent leurs foudres sur les militaires, et nous n'avons pas envie de défendre les gâteux d'état-major, les matamores d'Ecole de guerre et la flagrante imbécillité de ceux qui avaient en charge la force armée de notre pays. Seulement, au-delà des militaires, il y avait les dirigeants, et rien ne peut faire que ces dirigeants ne soient les serviteurs de la République et du Juif.

Soyez honnêtes, messieurs! Vous avez reproché — avec raison — au Second Empire d'avoir amené le désastre de 1870. Quelles qu'aient pu être les circonstances atténuantes qu'ils aient pu avoir, vous avez d'abord tenu pour coupables l'Empereur et même l'Impératrice. C'est l'avantage des régimes personnels, ils montrent à la foule des responsables. Aussi Maurras avançait-il que la royauté était tempérée par le régicide. La Démocratie essaie toujours de s'échapper par quelques biais : ce n'est pas juste, car la Démocratie porte des noms. Ces noms sont aujourd'hui ceux de Daladier, de Blum et quelques autres. S'il y avait eu un Roi avec un beau numéro, il n'y aurait pas assez de cris sur lui. Marianne, il faut payer!

C'est pour cela, et appuyés désormais sur la sentence fulgurante de Blum, que nous ne cesserons d'insister. Si le chancelier Hitler a dénoncé, encore tout récemment, alors que les naïfs peuvent la croire abattue, la puissance judéo-démocratique encore à l'affût, nous devons répéter, pour nous et pour les nôtres, que cette même puissance, chez nous, habilement camouflée, se sert d'instruments parfois inconscients afin de défendre sa peau. Notre ami Henri Lebre, dans le *Cri du Peuple,* a justement dit et redit que nous ne tenions pour suspecte aucune conversion sincère, et que nous étions prêts à accepter tous ceux qui travailleront au bien de la patrie, mais que nous écoutions monter avec effarement le concert chaque jour plus fourni des « fanfarons de la vérole ». Car il n'y a aucune fierté à tirer du fait qu'on a appartenu aux ministères de Blum ou de Daladier, aucune gloire à avoir été démocrate et républicain.

Si le procès de Blum est le procès de la République, il faut en convenir franchement et désavouer à la fois l'un et l'autre. Toutes ces vieilleries, auxquelles on a honte de s'attarder, ne doivent plus encombrer notre chemin. Sous d'extravagants prétextes de technicité, on fait appel, à Vichy ou ailleurs, à des hommes tarés et d'ailleurs ignares, qui n'ont jamais fait preuve que de leur ignorance. En haut comme en bas, dans les hauts postes comme dans les petits, dans le légalisme comme dans l'opposition, on veut sauver les pantins et les pitres. On garde les professeurs d'Université gaullistes, on réserve la place des Juifs, on fait parler un Maurice Bourdet à la Radio Nationale, on emploie des créatures de Mandel et des rescapés du Front populaire. A tout péché miséricorde? Certes. Encore faut-il qu'il y ait repentir. Partout se trame le vaste complot antifasciste dont les ficelles sont à Londres, à Moscou et à Jérusalem. Nous ne nous laisserons pas berner par ces gens-là. Nulle part.

Aurait-on vu certains capituler, les journalistes traiter, il y a quinze jours encore, Roosevelt de héros, les évêques marier le goupillon et le sécateur, les mercantis trafiquer avec les communistes des lots d'explosifs du Génie et de l'Intendance, si la Révolution nationale était faite et si l'on ne brimait pas ceux qui veulent la faire? Verrait-on la jeunesse mortellementl déçue, et peut-être à jamais déçue, si les démocrates-chrétiens et les surréalistes n'avaient pas été chargés officiellement de la régir? Y aurait-il aujourd'hui un seul Français molesté à Alger si l'on avait fait savoir que pour un cheveu arraché à un nationaliste dix Juifs seraient abattus sur la Côte d'Azur? Le temps des négociations est passé. Le temps des conciliations est mort. Le temps des conciliateurs aussi. Nous sommes dans le temps des chefs.

Robert Brasillach

Le 7 février 1942, Robert Brasillach écrit, sous le titre « la conjuration antifasciste au service du Juif ».

... La Juiverie capitaliste et bolchevique a plus d'un tour dans son sac.

Certains lecteurs naïfs ont pu être étonnés de l'importance que lui accordait dans son dernier discours le chancelier Hitler : c'est que le problème est là et que le Juif sait très bien se souvenir de ses anciens alliés, serviteurs et amis, pour les faire agir comme il convient, et tirer les ficelles les plus surprenantes...

... En finira-t-on avec les relents de pourriture parfumée qu'exhale encore la vieille putain agonisante, la garce vérolée fleurant le patchouli et la perte blanche, la République toujours debout sur son trottoir? Elle est toujours là, la mal blanchie, elle est toujours là la craquelée, la lézardée, sur le pas de sa porte entourée de ses michés et de ses petits jeunots aussi acharnés que les vieux. Elle les a tant servis, elle leur a tant rapporté de billets dans ses jarretelles : comment auraient-ils le cœur de l'abandonner, malgré les blennorragies et les chancres?...

... Disons les choses comme elles sont : tant que l'antifascisme restera la seule passion dont le politicien français soit capable, tant qu'il aura le loisir d'exprimer librement cette passion, tant qu'il servira le Juif par des moyens plus ou moins détournés, tant qu'on vénérera la démocratie qui protège le Juif, tant que le légalisme le plus absurde servira de paravent aux entreprises déterminées de corruption, il n'y aura rien à espérer...

Je suis Partout

Marcel Déat, au contraire de Doriot, ne fait pas de l'antisémitisme son idéologie de base. Attaqué sur ce chapitre par les autres partis fascistes (P.P.F. Francisme, etc.) Déat, en février 1942, publie l'article suivant.

VERS UN ETAT JUIF?

La question juive, on le sait, ne s'est pas posée dans tous les pays d'Europe avec la même acuité apparente. Et cela pour des raisons très diverses. C'est ainsi que beaucoup de Français de bonne foi ont peu à peu découvert le problème, depuis la guerre. Le rôle d'une propagande objective et convaincante est précisément d'aider à cette prise de conscience. Un progrès certain a été accompli, mais il reste à dissiper beaucoup de malentendus et à surmonter beaucoup de préjugés.

Rien n'était plus éloigné de la pensée raciste que la mentalité française moyenne. Il reste un très gros effort à faire pour infléchir la réflexion de nos compatriotes vers des notions pour lesquelles ils ont une sorte de répugnance, non pas instinctive, mais apprise. Car ils ont puisé dans l'enseignement, dans la littérature, dans l'atmosphère politique du dernier demi-siècle, un lot de concepts et de jugements dont il leur est difficile de se débarrasser. Aussi bien ne faut-il pas compter que la majorité soit assez courageuse pour opérer, surtout dans l'âge mûr, une révision philosophique. La sclérose s'ajoute ici à la paresse, et une fois de plus il faut compter sur les jeunes, sur les très jeunes. A condition que leur formation ne soit pas abandonnée aux hasards d'expériences contradictoires, et jusqu'ici plutôt incohérentes.

Il ne doit cependant pas être impossible, ni même très difficile, d'expliquer aux Français, à travers l'exemple juif lui-même, ce que c'est qu'une race. Ils sont certainement moins sensibles à l'intégrité de leur sang que les Juifs, et moins soucieux de se garder des mélanges réputés impurs. Il ne doit pas non plus être très compliqué, en s'aidant, par exemple, des vues ingénieuses et pénétrantes de H.-S. Chamberlain, de concilier la notion biologique de la race avec la réalité historique du cadre national. Autant les Allemands sont fondés à rechercher les sources de leur race en deçà de l'histoire, autant les Français ont le droit de faire intervenir les données politiques et géographiques.

L'Allemagne, forte de son peuple, a toujours ignoré les frontières « naturelles », dont le mythe a sans cesse hanté les Français, et que d'ailleurs la lecture de la carte suggérait si facilement. La doctrine nationale-socialiste a donc pris appui sur le *Volk,* et a toujours conçu les limites territoriales comme flottantes et élastiques. Les Français, selon l'expression d'un auteur contemporain, ne pensent pas leur collectivité comme une lignée, à la manière allemande, mais comme une population, assurément apparentée, mais plus encore cantonnée sur un sol nettement délimité. Il est vrai que l'ethnie française a connu de vastes mélanges et d'intenses brassages. Il est exact que nous sommes des métis, mais, comme je le disais un jour, *des métis aryens.* Ce qui est une autre affaire. Et cette ethnie s'est consolidée, a pris et maintenu ses caractères dans le cadre historique français.

Ces idées simples et conformes au vrai sont fort importantes, à mon sens, parce qu'elles rapprochent de la donnée biologique la définition traditionnelle de la nation, telle que Renan ou Fustel de Coulanges l'ont enseigné à des générations. Cela posé, notre richesse raciale est à maintenir, à sauver, la race française est un bien d'avenir, plus encore qu'elle n'est un legs du passé. D'où la nécessité et l'urgence d'une politique intelligente et vigoureuse de la natalité, de l'eugénique, de l'élevage, si l'on ose dire, en donnant à ce mot son sens plein, qui va du physique au moral. Et c'est alors que les Français les plus prévenus, ou les plus obstinés, commencent à apercevoir la nécessité de garder des contaminations, ce fonds irremplaçable du peuple, sans quoi rien n'est possible. Le minimum de précautions est toujours assuré quand il s'agit des animaux : il n'y a que la reproduction des hommes qui soit livrée aux pires accidents. Nous savons bien qu'ici l'obstacle est grand : il y a tant de fausse pudeur dans les mots, tant d'hypocrisie dans les mœurs, que nous faisons l'effet d'entrer par effraction dans le domaine des tabous et des refoulements. Comptons, là aussi, sur une lente éducation.

La corde la plus sensible que l'on ait pu faire vibrer chez les Français est évidemment celle de la pitié pour les éternels « persécutés ». On sait, du reste, que toute une propagande catholique va dans le même sens. Il faut donc démontrer à cette opinion hésitante ou rétive deux vérités importantes : la première, que les nations décidées à renaître et à faire leur révolution véritable ont toutes les raisons de se défier des Juifs, d'être en défense contre eux et de les tenir à l'écart. La seconde, que ces précautions n'ont rien à voir avec une haine systématique, qu'elles ne témoignent d'aucun fanatisme, d'aucune frénésie, et que personne ne rêve de tortures et de pogromes.

Sur le premier point, les documents et les preuves ne manquent certes pas, et il est inutile d'y insister. Quant aux perspectives qui s'ouvrent à propos du traitement que l'on peut prévoir pour les Juifs, il est à la fois nécessaire et facile de s'en expliquer. Toutes les mesures qui ont été prises ou envisagées jusqu'à présent visent à la protection de la communauté nationale contre des influences « étrangères », au sens fort du terme. Non pas simplement étrangères, parce que provenant de non-nationaux, mais parce que manifestement des réactions, des tendances, des instincts, qui sont à contre-sens des nôtres.

Tout se passe comme si les Juifs, dispersés à travers le monde, n'avaient jamais cessé de mettre leur vraie nationalité, celle qui procède de la communauté d'origine raciale, au-dessus des patries d'adoption. Tout se passe comme si ces terres choisies à dessein ou au hasard n'étaient qu'un champ d'expansion de leurs énergies. Et l'on sait dans quel sens celles-ci se déploient spontanément : richesse et puissance sont les deux objectifs essentiels. Et tout Israël, d'un bout du monde à l'autre bout, conspire spontanément avec chacun de ses représentants, où qu'il soit. Comment des Français y résisteraient-ils, malgré une intelligence indéniable, et parfois une habileté qui tient en échec les pires manœuvres? Il n'y a pas en France que des Normands ou des Auvergnats. Et puis notre économie a autre chose à faire qu'à se protéger contre les empiétements juifs, de même que notre vie politique, notre presse et nos professions libérales. C'est donc affaire à l'Etat que de procéder aux épurations indispensables.

Les pouvoirs publics n'ont pas à apporter dans cette action méthodique la moindre trace de haine, ils n'ont pas à exercer une persécution. Ils ont à mettre chacun à sa place. Aussi bien, tout ce qu'on a pu faire jusqu'ici est-il fragmentaire et souvent empirique. Il y a des décalages entre pays voisins, il y en a même, en France, d'une zone à l'autre. Ce qui ne laisse pas d'être fâcheux. Et c'est pourquoi, de plus en plus, on a compris et affirmé que le problème juif dépassait les Etats pris un à un, et ne trouverait sa solution que dans le cadre européen. La récente déclaration du docteur Goebels ne laisse à cet égard aucun doute, et elle est d'une importance capitale.

La grande « persécution » que l'Europe médite contre les Juifs de tous les pays consistera, après la guerre, à leur offrir un territoire et à leur demander de constituer, s'ils en sont capables, un Etat, comme tous les autres peuples de la planète. Ceux qui s'obstineront à voir là un geste barbare et un acte hautement inhumain apparaîtront comme des intoxiqués inguérissables, ou simplement comme des hypocrites fieffés. Depuis des siècles, les Juifs, demeurés une race, restés un peuple, sont installés comme des parasites dans tous les pays. La diaspora a été déplorée en Israël comme un affreux châtiment, mais il faut reconnaître qu'il s'en est passablement accommodé. Au point d'inspirer, parallèlement, le bolchevisme russe et la ploutocratie anglo-saxonne.

Le plus remarquable est que les « démocraties », qui luttent pour la vengeance d'Israël persécuté, affectent aussi de promettre une patrie aux Juifs. Mais ne soyons pas dupes des apparences : il s'agit-là, si nous osons ce mot, d'une manière de Vatican israélite, d'une patrie symbolique, suffisante pour détenir une souveraineté et pour servir de refuge aux capitaux vagabonds. Cependant que les succursales continueraient à fonctionner en tous pays et sous toutes les latitudes. Ce serait, à peu de frais, un considérable accroissement de puissance, et rien ne serait changé à rien. Sauf que, cette fois, chaque Juif aurait en somme deux nationalités, très officiellement. Il va de soi que la solution

Je vous hais. *Brochure sortie par l'équipe du* « Cahier jaune » *le 15 avril 1944. Cette équipe était constituée de Maurice Ivan Sicard, Jehan Teisseire, Henri Coston, du professeur Montandon, du professeur Bernardini, etc.*

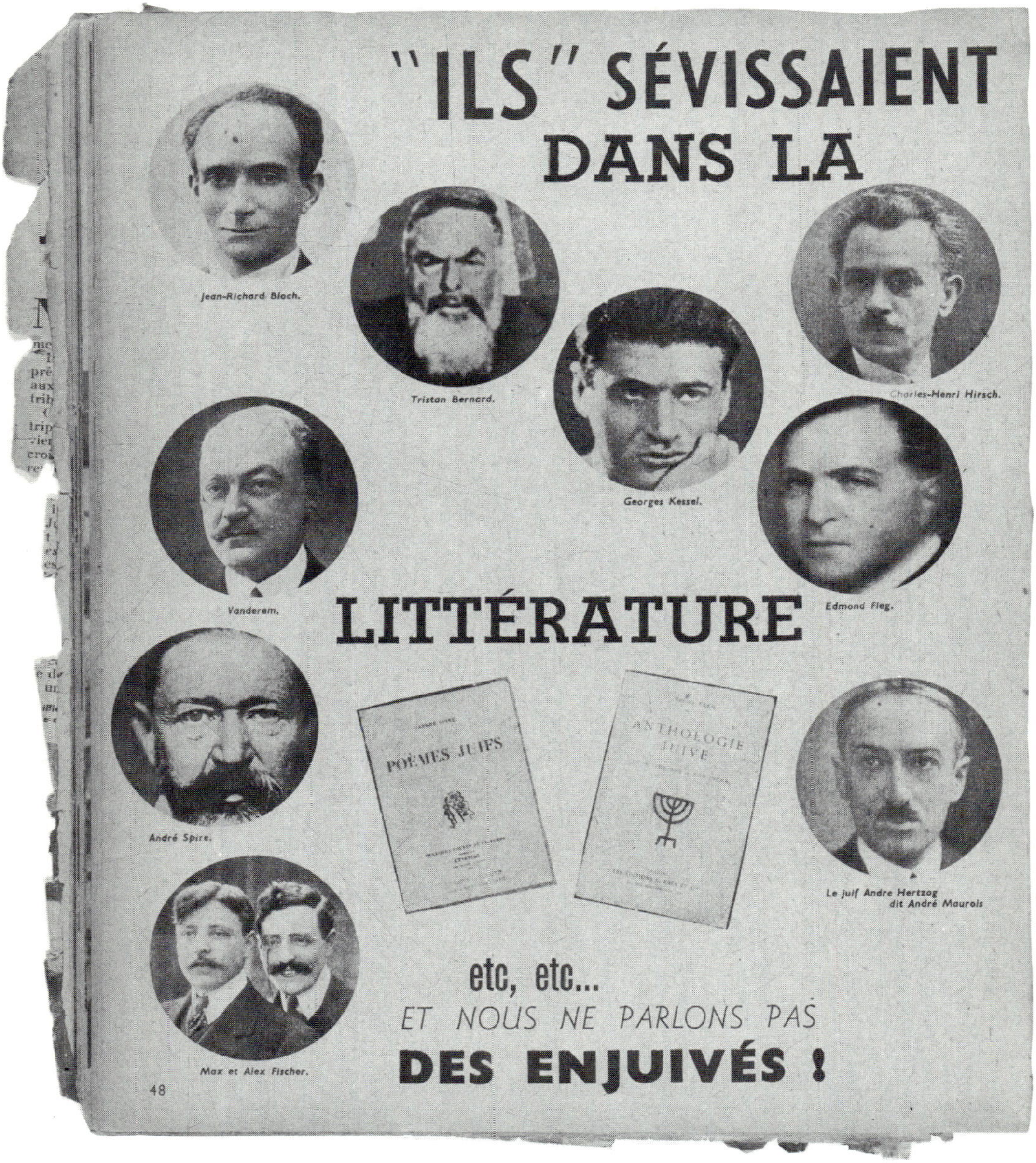

Je vous hais, *page 48*.

Je vous hais, *page 7*.

LES JUIFS contrôlaient

Alexandre Korda — Henry Klarifeld — Emile Tanenzaft — Simon Schaffnis

le CINEMA

Le juif Jean-Pierre Aumont vendant le « Pourri-Soir » de Prouvost et la prose du juif Lazareff.

Les juifs dans le cinéma d'après un panneau de l'exposition antijuive de 1941.

Armand Bernard ou le crétin intégral.

29

Je vous hais, *page 29*.

Je vous hais, *page 17*.

L'ART JUIF
expression morbide de la
DÉGÉNÉRESCENCE OU
DE L'IMBÉCILLITÉ

La Juive Mae West
vue par un autre Juif.

Un tableau de Marc Chazal : Anniversaire

Je vous hais, *page 32*.

Je vous hais, *page 33.*

Je vous hais, *page 84*.

EN TOUS GENRES

De " Bébert les cheveux d'ange," fournisseur de maisons closes, au Rabbin de Brooklyn, grossiste en stupéfiants

L'HOMME DE LA RUE ne connaît généralement de la « traite des blanches », que ce que certaines publications d'avant guerre, mi-obscènes, mi-policières, ont bien voulu lui conter. Il a aperçu, dans certains quartiers de Paris, ou dans quelques bars louches de Marseille, le traditionnel « marlou » à l'élégance voyante et à la démarche en chaloupée, et cela suffit à le convaincre que le trafic se borne là.

Erreur : la *traite des blanches* est une industrie florissante et parfaitement organisée, dont les rouages essentiels sont généralement contrôlés par des Juifs. On ne pourra nous taxer d'exagération, puisque ce sont les Israélites eux-mêmes qui l'ont formellement reconnu, dans *L'Opinion juive* du 15 mai 1930 :

La femme seule et pauvre n'a à compter que sur elle-même pour se « débrouiller » et gagner sa vie... Perdue dans ce grand Paris, écrasée par l'indifférence affairée de tout le monde, effrayée par les difficultés innombrables de l'existence, crain-

Les trafics les plus ignobles, s'ils rapportent gros voilà ce qui intéresse les youtres. Voici un maquereau algérien, Abraham Sicsic, qui fut arrêté alors qu'il se livrait à la traite des blanches et au détournement de mineures.

Vol à main armée, tentative d'assassinat, escroquerie. L'activité du juif Samuel Salzmann était diverse et fructueuse. Elle fut arrêtée brusquement par la police.

85

Je vous hais, *page 85.*

LE T

A Potelle, près d'Avesnes, cinq communistes armés ont attaqué la ferme de M. Delfosse. Après avoir torturé le fermier et sa femme, âgés l'un et l'autre de 72 ans, avec des torches de papier enflammé qu'ils leur ont appliqué sur les jambes, les bandits sont partis en emportant 90.000 francs.

A Reims, le docteur Jolicœur est assassiné par un terroriste alors qu'il était en train de rédiger une ordonnance pour ce bandit qui s'était fait passer pour un malade.

A Varennes-le-Grand, à la suite d'un acte de sabotage sur la voie ferrée, un train de voyageurs déraille : 59 morts, 136 blessés.

Etc., etc.

Le terrorisme est devenu, aujourd'hui, un fait courant. Les quotidiens tiennent maintenant une rubrique des assassinats et des pillages communistes comme ils tenaient jadis une rubrique de « chiens écrasés ».

On aurait tort cependant de croire que le terrorisme est un phénomène récent. En fait, il est d'importation bolchevique, d'importation juive.

Bien avant 1900, alors que Lénine et ses amis n'étaient que des révolutionnaires professionnels illégaux, déjà le terrorisme sévissait en Russie. Pour faire vivre les cercles clandestins, pour assurer à ces illégaux l'argent qui leur était nécessaire, pour imprimer des tracts, des journaux et des livres, pour acheter des armes et des explosifs, les communistes tiraient et pillaient déjà.

Point n'est besoin d'évoquer l'exemple d'un des plus célèbre terroristes bolcheviques, Semeno Archakovitch Ter-Petrossian, alias Senko, alias prince Tzulukidzé, alias Mirski, alias Kamo qui, dès l'âge de quinze ans, entre en relation avec Gori Djougachvili, communiste géorgien qui dirigeait alors le « Naoulazadevi », nid révolutionnaire de Tiflis, avant d'être plus connu sous le nom de Staline et comme dictateur sanglant de toutes les Russies.

Kamo est l'un des auteurs du vol de 200.000 roubles à la trésorerie de Kviril, vol devant servir à acheter des armes, puis est l'un des dirigeants des groupes de partisans qui fonctionnaient déjà en Russie à cette époque.

Il fait la guerre des partisans sur l'ordre de Lénine, cette guerre qui comme l'avouait déjà Vladimir Illitch Oulïanov « rapprochait le prolétariat conscient des bas-fonds, des gueux, des ivrognes » (1) mais qu'il avait néanmoins organisée.

En 1907, Kamo organise à Koutaïs une expédition où il pille 15.000 roubles. Or, peu de temps après il dirige l'attaque contre un train où l'on transportait de l'argent pour l'armée russe, puis à Tiflis, le 23 juin 1917, l'attaque à main armée et à la bombe contre le caissier de la banque d'Etat Kourdu-

(1) Lénine, *Œuvres complètes*, tome X, pages 135 à 137.

« Ils » levaient le poing en attendant de lancer la bombe.

Le chef de bande, l'Arménien Manouchian qui dirigea un grand nombre d'attentats.

EST L'ARME

98

Je vous hais, *page 98*.

Je vous hais, *page 99*.

Le Crime rituel chez

« Celui qui fait couler le sang des non-juifs offre un sacrifice agréable à Dieu. »
(LE TALMUD.)

DANS son Dictionnaire philosophique, *VOLTAIRE, qui ne peut être soupçonné* d'hitlérisme *s'adressant aux Juifs, déclare :*

« Je vous dis que vos pères ont immolé leurs enfants et j'appelle en témoignage vos prophètes. Isaïe leur reproche ce crime de cannibales. »

Le philosophe fait allusion à ce passage du Livre de la Sagesse *(ch. 12), où le Prophète, maudissant les forfaits des Hébreux, s'écrie :*

« V. 5. — Tuant sans pitié leurs propres enfants, mangeant des entrailles d'hommes et dévorant leur sang, initiés qu'ils étaient à d'exécrables mystères. »

Après la diaspora, *les Juifs, dispersés parmi les autres peuples, reportèrent sur leurs hôtes la haine qui les animaient. A la veille de Pâques, ils égorgeaient quelques jeunes chrétiens selon un rite particulier, et recueillaient le sang des martyrs, pour l'utiliser lors de la confection des fameux azymes* (1).

Voici en quels termes l'auteur de la DISSERTAZIONE APOLOGETICA *rapporte le sacrifice impie de la Pâque juive :*

« Le sang chrétien était mêlé au vin et servait à pétrir le pain pascal, qui, par l'addition de cet ingrédient, devenait le vrai pain de bénédiction. Le père de famille en mettait plus ou moins dans la pâte : la quantité d'un grain de lentille suffisait. Si ceux qui pétrissaient étaient juifs, la mixtion se faisait en leur présence ; sinon, elle avait lieu à leur insu. Le sang chrétien servait aussi à une cérémonie qui précédait la cène pascale. »

(1) *Les azymes sont des petits pains sans levain fabriqués par les Juifs à l'occasion des fêtes.*

Il n'entre pas dans nos vues, aujourd'hui, de traiter à fond la question du meurtre rituel juif. *Ceux que la question pourrait intéresser n'auront qu'à se reporter à l'ouvrage de M. Albert MONNIOT :* LE CRIME RITUEL CHEZ LES JUIFS (2). *Nous voulons simplement faire ressortir, avec documents à l'appui, que le crime* rituel, *répudié avec horreur de nos jours par la majorité des Juifs dits* « assimilés », *constitue une très vieille pratique, dont les origines se perdent dans la nuit des temps et qui fit, parmi les non-juifs, de trop nombreuses victimes.*

Pour se défendre contre l'accusation de meurtre rituel, les Juifs invoquent à leur décharge le témoignage de certains papes, tels Innocent IV, Grégoire X et Paul III qui, pour éviter un massacre général des Juifs, crurent prudent d'affirmer que ce crime était une légende. Mais Israël se garde bien, par contre, de parler de Benoit XIV qui, dans sa bulle célèbre « Beatus Andreas », *mettait en garde la Chrétienté tout entière contre les instincts sanguinaires des Israélites.*

Cette pièce, que les Juifs n'ont pu contester, met les choses au point. Elle ne fait que confirmer ce que les poètes font dire à la « douce Esther », l'héroïne juive, fêtée lors du Pourim :

Prêtresse de vengeance, impitoyable et forte,
J'ai soudain soif de sang et de meurtre...
. . . . .
. . . . .
Il faut une vengeance ouvrant ses ailes grandes,
Planant sur chaque toit, frappant à chaque seuil,
Digne de ta grandeur, digne de ton orgueil,
Et de tout le passé dont je suis héritière.

Voici d'ailleurs, d'après le Livre d'Esther, *ce qu'est cette fête du Pourim, cette fête du sang :*

« Et puis les Juifs furent maîtres de ceux qui les haïssaient. Et nul ne put tenir devant eux parce que la frayeur qu'on avait d'eux avait saisi tous les peuples.

« Les Juifs donc tuèrent tous leurs ennemis à coups d'épée et en firent un grand carnage, de sorte qu'ils disposèrent à leur gré de ceux qui les haïssaient.

« Et ils eurent du repos de leurs ennemis, et ils tuèrent soixante-quinze mille hommes de ceux qui les haïssaient.

« Et ils ordonnèrent que la mémoire de ces jours serait célébrée et solennisée dans chaque âge, famille, province, ville et que la mémoire de ces jours ne s'effacerait point de leur postérité. »

L'instinct sanguinaire des Juifs est probant. Le sang des goym, répandu dans les guerres et les révolutions fomentées par les Sages de Sion, fleure bon au nez d'Israël...

« Israël, fils de Samuel, ayant été interrogé aux fins de connaître la vérité, répond : que dans la semaine de la Pâque juive se trouvant avec Moïse, Samuel, Ange, Tobby et Mohar

(2) *Téqui, éditeur, Paris,* 1914.

La mise en croix d'un jeune chrétien, à l'occasion de la Pâque juive, d'après une gravure ancienne.

Je vous hais, *page 110.*

les JUIFS

à la synagogue, et une fois les offices terminés, il fut dit entre eux qu'il n'y avait pas moyen de faire les azymes qu'ils mangent le jour de leur fête... et ceci parce que nul d'entre eux n'avait de sang provenant d'un enfant chrétien... et ainsi il fut décidé de donner cent ducats à quiconque livrerait un enfant chrétien de qui l'on pourrait extraire le sang ainsi que cela a été expliqué ci-dessus... »

Ainsi s'expriment les actes du procès (3) qui eut lieu à Trente à la suite du meurtre du Bienheureux Simon qui fut tué par les Juifs le 24 mars 1475, dans sa troisième année.

La liste est longue des crimes perpétrés par Israël à des fins rituelles. La voici telle que nous l'avons pu établir d'après les faits que l'Histoire mentionne en de nombreux auteurs :

Meurtre d'un bambin, en 1345, à Munich.

DATE	LOCALITÉ	LES VICTIMES
418	IMM (Syrie)	
1071	BLOIS	
1144	NORWICH	Guillaume, 12 ans : crucifié.
1160	GLOUCESTER	Un enfant : crucifié.
1171	BLOIS	Un enfant : crucifié.
1179	PONTOISE	Richard, 12 ans : crucifié.
1180	LONDRES	
1181	LONDRES	Rodbert : crucifié.
1192	BRAISME	..... : crucifié.
1220	WISSEMBOURG	Saint Henri.
1225	MUNICH	
1235	NORWICH	Un enfant : crucifié.
1236	FULDE	
1240	NORWICH	
1244	LONDRES	Un enfant.
1247	VALREAS	Meilla, fille de 2 ans : martyrisée.
1250	SARAGOSSE	Dom. Del Vieil, 7 a.: cloué, côté percé.
1255	LINCOLN	Hugues, 8 ans : séquestré.
1257	LONDRES	Un enfant : immolé.
1260	WISSEMBOURG	
1261	PFORZEIM	Fille de 7 ans : saignée et noyée.
1279	NORTHAMPTON	Un enfant.
1282	MUNICH	
1283	MAYENCE	Un enfant : livré par sa nourrice et tué.
1285	MUNICH	Un enfant.
1286	OBERWESEL	Saint Wernber : crucifié.
1287	BERNE	Rodolphe : égorgé.
1289	SOUABE	
1292	COLMAR	Enfant.
1292	CONSTANCE	
1293	CRENES	Enfant : tué.
1294	BERNE	Enfant.
1302	REMKEN	

(3) *Les pièces originales de ce procès sont déposées aux archives du Vatican.*

DATE	LOCALITÉ	LES VICTIMES
1303	WEISSENSE	Conrad, écolier : saigné.
1305	PRAGUE	Enfant : crucifié.
1320	LE PUY	Enfant : assassiné.
1321	ANNECY	Clerc : tué.
1331	WBERHINSEN	Enfant : jeté dans un puits.
1345	MUNICH	Henri de Munich : saigné.
1347	MESSINE	Enfant : crucifié.
1347	COLOGNE	Jean : percé.
1380	HAGENBACK	Enfant : immolé.
1401	DISSENHOFEN	Albert Habeki, 4 ans : saigné.
1407	CRACOVIE	
1413	TONGRES	
1429	RAVENSBOURG	Louis Van Bruck : torturé.
1430	RATISBONNE	
1494	TYRNAU	
1452	SAVONA	
1453	BRESLAU	Enfant.
1454	CASTILLE	
1457	TORO	
1462	RINN	André : saigné.
1468	SEPULVEDA	Une vieille femme : immolée.
1475	TRENTE	Saint Simon, 3 ans : immolé.

111

Je vous hais, *page 111.*

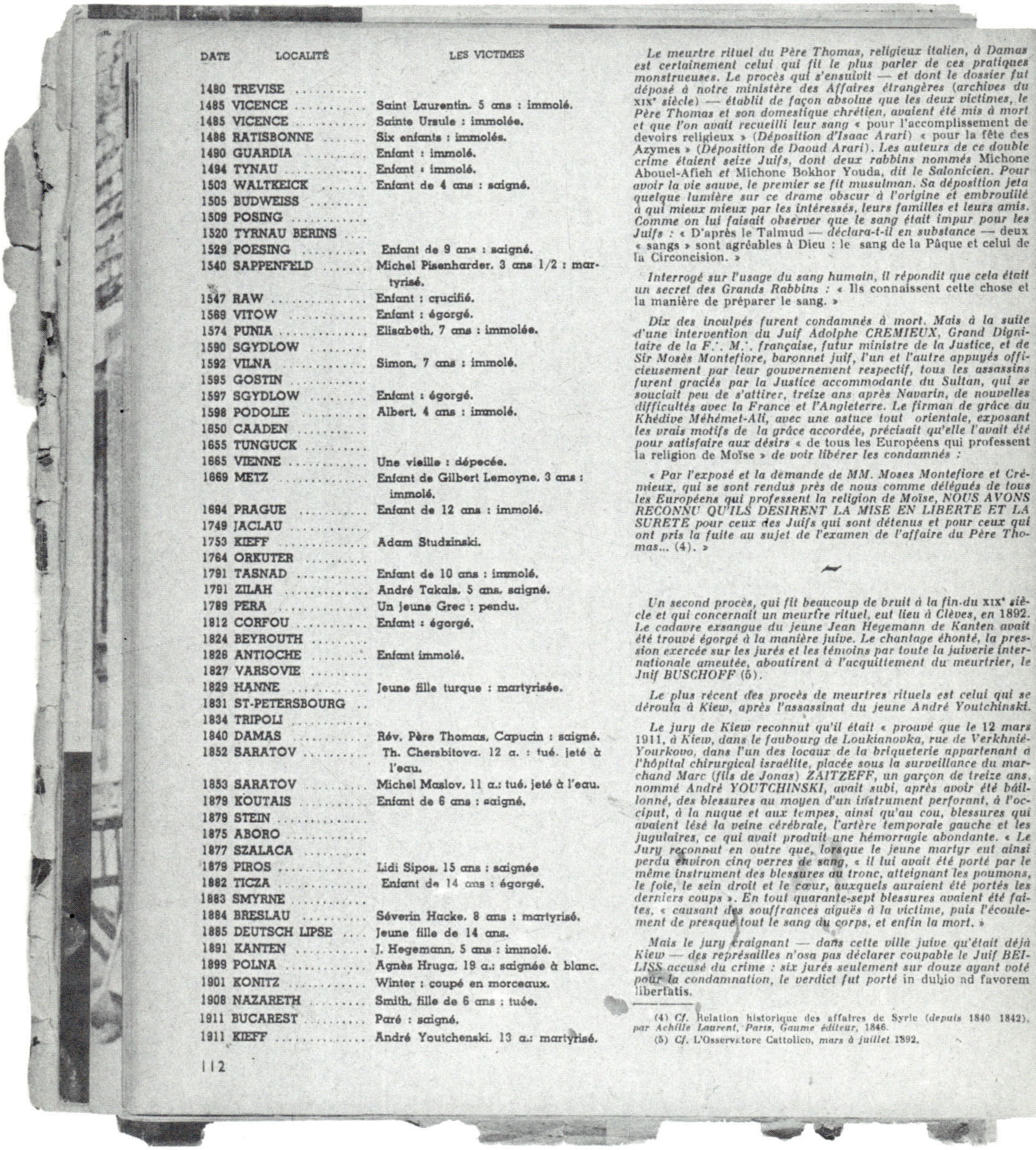

DATE	LOCALITÉ	LES VICTIMES
1480	TREVISE	
1485	VICENCE	Saint Laurentin. 5 ans : immolé.
1485	VICENCE	Sainte Ursule : immolée.
1486	RATISBONNE	Six enfants : immolés.
1490	GUARDIA	Enfant : immolé.
1494	TYNAU	Enfant : immolé.
1503	WALTKEICK	Enfant de 4 ans : saigné.
1505	BUDWEISS	
1509	POSING	
1520	TYRNAU BERINS	
1529	POESING	Enfant de 9 ans : saigné.
1540	SAPPENFELD	Michel Pisenharder. 3 ans 1/2 : martyrisé.
1547	RAW	Enfant : crucifié.
1569	VITOW	Enfant : égorgé.
1574	PUNIA	Elisabeth. 7 ans : immolée.
1590	SGYDLOW	
1592	VILNA	Simon. 7 ans : immolé.
1595	GOSTIN	
1597	SGYDLOW	Enfant : égorgé.
1598	PODOLIE	Albert. 4 ans : immolé.
1650	CAADEN	
1655	TUNGUCK	
1665	VIENNE	Une vieille : dépecée.
1669	METZ	Enfant de Gilbert Lemoyne. 3 ans : immolé.
1694	PRAGUE	Enfant de 12 ans : immolé.
1749	JACLAU	
1753	KIEFF	Adam Studzinski.
1764	ORKUTER	
1791	TASNAD	Enfant de 10 ans : immolé.
1791	ZILAH	André Takals. 5 ans. saigné.
1789	PERA	Un jeune Grec : pendu.
1812	CORFOU	Enfant : égorgé.
1824	BEYROUTH	
1826	ANTIOCHE	Enfant immolé.
1827	VARSOVIE	
1829	HANNE	Jeune fille turque : martyrisée.
1831	ST-PETERSBOURG	
1834	TRIPOLI	
1840	DAMAS	Rév. Père Thomas, Capucin : saigné.
1852	SARATOV	Th. Chersbitova. 12 a. : tué. jeté à l'eau.
1853	SARATOV	Michel Maslov. 11 a.: tué. jeté à l'eau.
1879	KOUTAIS	Enfant de 6 ans : saigné.
1879	STEIN	
1875	ABORO	
1877	SZALACA	
1879	PIROS	Lidi Sipos. 15 ans : saignée
1882	TICZA	Enfant de 14 ans : égorgé.
1883	SMYRNE	
1884	BRESLAU	Séverin Hacke. 8 ans : martyrisé.
1885	DEUTSCH LIPSE	Jeune fille de 14 ans.
1891	KANTEN	J. Hegemann. 5 ans : immolé.
1899	POLNA	Agnès Hruga. 19 a.: saignée à blanc.
1901	KONITZ	Winter : coupé en morceaux.
1908	NAZARETH	Smith. fille de 6 ans : tuée.
1911	BUCAREST	Paré : saigné.
1911	KIEFF	André Youtchenski. 13 a.: martyrisé.

Le meurtre rituel du Père Thomas, religieux italien, à Damas est certainement celui qui fit le plus parler de ces pratiques monstrueuses. Le procès qui s'ensuivit — et dont le dossier fut déposé à notre ministère des Affaires étrangères (archives du XIXe *siècle) — établit de façon absolue que les deux victimes, le Père Thomas et son domestique chrétien, avaient été mis à mort et que l'on avait recueilli leur sang* « pour l'accomplissement de devoirs religieux » (*Déposition d'Isaac Arari*) « pour la fête des Azymes » (*Déposition de Daoud Arari*). *Les auteurs de ce double crime étaient seize Juifs, dont deux rabbins nommés* Michone Abouel-Afieh *et* Michone Bokhor Youda, *dit le Salonicien. Pour avoir la vie sauve, le premier se fit musulman. Sa déposition jeta quelque lumière sur ce drame obscur à l'origine et embrouillé à qui mieux mieux par les intéressés, leurs familles et leurs amis. Comme on lui faisait observer que le sang était impur pour les Juifs :* « D'après le Talmud — *déclara-t-il en substance* — deux « sangs » sont agréables à Dieu : le sang de la Pâque et celui de la Circoncision. »

Interrogé sur l'usage du sang humain, il répondit que cela était un secret des Grands Rabbins : « Ils connaissent cette chose et la manière de préparer le sang. »

Dix des inculpés furent condamnés à mort. Mais à la suite d'une intervention du Juif Adolphe CREMIEUX, Grand Dignitaire de la F.·. M.·. française, futur ministre de la Justice, et de Sir Mosès Montefiore, baronnet juif, l'un et l'autre appuyés officieusement par leur gouvernement respectif, tous les assassins furent graciés par la Justice accommodante du Sultan, qui se souciait peu de s'attirer, treize ans après Navarin, de nouvelles difficultés avec la France et l'Angleterre. Le firman de grâce du Khédive Méhémet-Ali, avec une astuce tout orientale, exposant les vrais motifs de la grâce accordée, précisait qu'elle l'avait été pour satisfaire aux désirs « de tous les Européens qui professent la religion de Moïse » *de voir libérer les condamnés :*

« Par l'exposé et la demande de MM. Moses Montefiore et Crémieux, qui se sont rendus près de nous comme délégués de tous les Européens qui professent la religion de Moïse, NOUS AVONS RECONNU QU'ILS DESIRENT LA MISE EN LIBERTE ET LA SURETE pour ceux des Juifs qui sont détenus et pour ceux qui ont pris la fuite au sujet de l'examen de l'affaire du Père Thomas... (4). »

Un second procès, qui fit beaucoup de bruit à la fin du XIXe *siècle et qui concernait un meurtre rituel, eut lieu à Clèves, en* 1892. *Le cadavre exsangue du jeune Jean Hegemann de Kanten avait été trouvé égorgé à la manière juive. Le chantage éhonté, la pression exercée sur les jurés et les témoins par toute la juiverie internationale ameutée, aboutirent à l'acquittement du meurtrier, le Juif BUSCHOFF* (5).

Le plus récent des procès de meurtres rituels est celui qui se déroula à Kiew, après l'assassinat du jeune André Youtchinski.

Le jury de Kiew reconnut qu'il était « prouvé que le 12 *mars* 1911, *à Kiew, dans le faubourg de Loukianovka, rue de Verkhnié-Yourkovo, dans l'un des locaux de la briqueterie appartenant à l'hôpital chirurgical israélite, placée sous la surveillance du marchand Marc (fils de Jonas) ZAITZEFF, un garçon de treize ans, nommé André* YOUTCHINSKI, *avait subi, après avoir été bâillonné, des blessures au moyen d'un instrument perforant, à l'occiput, à la nuque et aux tempes, ainsi qu'au cou, blessures qui avaient lésé la veine cérébrale, l'artère temporale gauche et les jugulaires, ce qui avait produit une hémorragie abondante. « Le Jury reconnut en outre que, lorsque le jeune martyr eut ainsi perdu environ cinq verres de sang, « il lui avait été porté par le même instrument des blessures au tronc, atteignant les poumons, le foie, le sein droit et le cœur, auxquels auraient été portés les derniers coups ». En tout quarante-sept blessures avaient été faites, « causant des souffrances aiguës à la victime, puis l'écoulement de presque tout le sang du corps, et enfin la mort. »*

Mais le jury craignant — dans cette ville juive qu'était déjà Kiew — des représailles n'osa pas déclarer coupable le Juif BEILISS accusé du crime : six jurés seulement sur douze ayant voté pour la condamnation, le verdict fut porté in dubio ad favorem libertatis.

(4) *Cf.* Relation historique des affaires de Syrie (*depuis* 1840 1842), *par Achille Laurent, Paris, Gaume éditeur,* 1846.

(5) *Cf.* L'Osservatore Cattolico, *mars à juillet* 1892.

112

Je vous hais, *page 112.*

Le crime rituel du jeune YOUTCHINSKI est le dernier assassinat mentionné dans les annales du meurtre rituel juif.

Cependant, il semble bien que les Juifs n'aient pas renoncé à ces pratiques ignobles. Deux coupures de presse, datant l'une de 1924, l'autre de 1933, nous incitent à croire que, si les crimes restent impunis et insoupçonnés, ils n'en sont pas moins fréquents.

Le 31 janvier 1924, LE JOURNAL publiait l'entrefilet suivant :

« Madrid, 30 janvier. — La semaine dernière, on trouvait sur les bords du canal de San José, à Saragosse, le cadavre d'un enfant de quatre ans, qui portait à la gorge deux profondes incisions faites avec la pointe d'un couteau et partageant la jugulaire AFIN QUE LE SANG COULAT GOUTTE A GOUTTE.

« Cet infanticide, commis dans des conditions aussi monstrueuses, démontre qu'il y a en Aragon des buveurs de sang. »

Et comme le meurtre d'André YOUTCHINSKI pouvait avoir laissé quelques souvenirs chez certains, le chef des Informations (Juif ou enjuivé) du « JOURNAL » s'empressait de conclure, pour détourner l'attention :

« Le cas n'est pas unique en Espagne. A plusieurs reprises on a eu la preuve que le sang chaud d'un enfant égorgé vivant avait servi de breuvage à des tuberculeux. »

Les tuberculeux ont bon dos !...

Le 15 juillet 1933, LA LIBRE PAROLE reproduisait cette information tirée des journaux espagnols de l'époque :

« On annonce que le petit village de Joda a été le théâtre d'un crime effroyable. Un enfant de deux ans a été sauvagement assassiné.

« Quelques heures avant la découverte du petit corps exsangue, des témoins ont vu l'enfant en compagnie d'un jeune homme de dix-sept ans. Ce dernier, arrêté peu de temps après, a fait des aveux troublants à notre avis.

« Des voisins lui auraient demandé de leur amener un enfant de bas âge, afin de lui extraire le sang pour le faire boire à un malade. Le cadavre de l'enfant porte une quantité de blessures profondes, qui dénotent chez les assassins quelques connaissances de l'anatomie. La victime a perdu tout son sang. »

Ce meurtre horrible était signé.

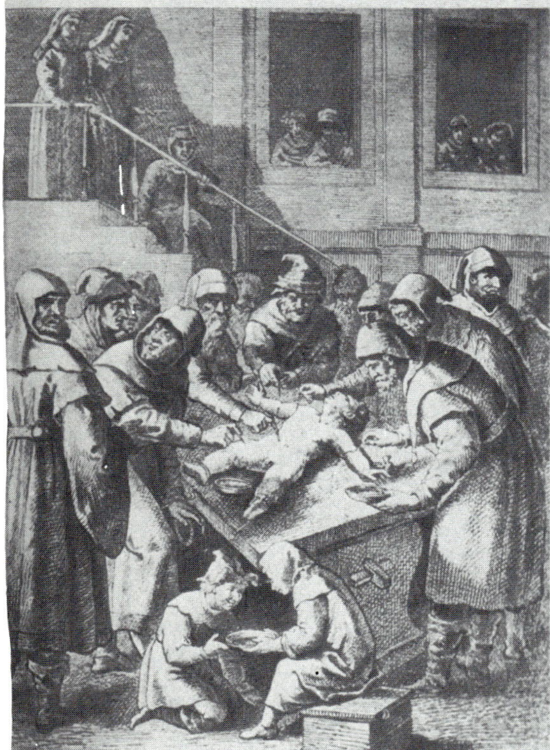

Pourquoi tous ces crimes? Quels en sont les véritables motifs? Un livre paru en Moldavie en 1833, sous le titre « Le Sang Chrétien dans les rites juifs de la Synagogue moderne : révélation d'un néophyte ex-rabbin » *(traduit en italien et publié par Prato Giachetti, 1883) nous donne une explication :*

« Les rabbins pensent que Jésus, fils de Marie de Nazareth, pourrait être le Messie attendu par nos ancêtres. Donc, disent-ils, nous nous sauverons par le sang des Chrétiens (c'est-à-dire du Christ, page 37) que nous mettons à mort, et nous éviterons ainsi la damnation éternelle. »

Il ajoute que le sang des victimes était employé à l'insu de la presque totalité des Juifs et par les soins d'un cercle très fermé de rabbins fanatiques dans la confection des « aficonen », azymes spéciaux destinés à être rompus et mangés à la fin des repas de la Pâque, suivant un rite duquel il n'existe aucune trace avant le Talmud.

Cette explication est-elle la bonne? Nous n'osons l'affirmer, mais elle est plausible. Quoi qu'il en soit, que les Juifs l'aient pratiqué pour leur salut éternel ou par perversion sanguinaire, le meurtre rituel juif est prouvé par l'histoire.

Il n'est pas le fait de sectes fanatiques ou d'individualités isolées, comme le laissent entendre les dirigeants du judaïsme contemporain; il procède de la tradition talmudique, de cette tradition millénaire qu'Israël ne peut renier sous peine de voir s'écrouler la pierre d'assise sur laquelle repose sa puissance et son orgueil.

Edouard DRUMONT l'a dit :

« L'existence du peuple d'Israël n'est qu'une lutte constante contre l'instinct de la race, l'instinct sémitique qui attire les Hébreux vers Moloch, le dieu mangeur d'enfants, vers les monstrueuses idoles phéniciennes. »

Une race d'hommes qui professe de tels sentiments, qui obéit à de telles lois, doit être mise hors d'état de nuire.

Ce sera là l'une des tâches de notre Révolution.

H. C.

Meurtre d'un bambin à Munich (1285).

113

Je vous hais, *page 113.*

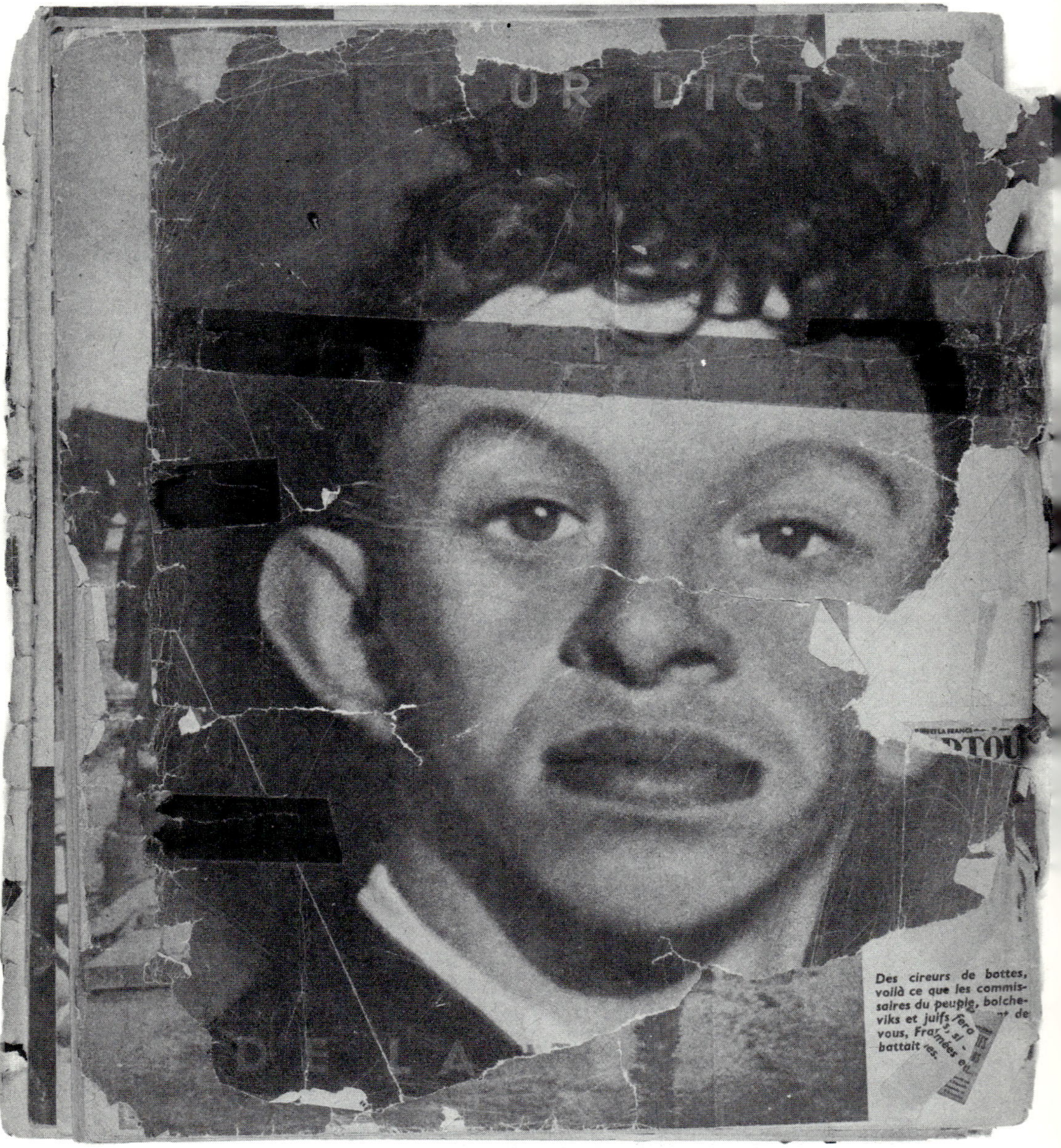

Je vous hais, *dernière page de couverture.*

envisagée par les protecteurs du sionisme ne se rejoint pas avec les anticipations du national-socialisme.

Un territoire, un Etat, une nation, voilà le magnifique cadeau que l'Europe se déclare prête à offrir aux Juifs. Mais à une condition, c'est qu'ils soient tous résidents et domiciliés effectifs en ce territoire. C'est que les douze tribus s'y retrouvent au grand complet, avec tous les rameaux subséquents. Et que s'il reste de-ci, de-là des Juifs en divers secteurs du monde, ils y soient exactement comme les autres étrangers, et soumis aux mêmes règles. Etant entendu que l'Europe aura à établir sa loi commune à l'égard des non-Européens.

Ce sera un spectacle passionnément curieux que de voir s'ériger cette petite tour de Babel politico-sociale. Que de voir, en particulier, s'opérer un vrai retour à la terre et à l'usine, que d'assister à la différenciation nécessaire des professions. Il n'est pas exclu que les Juifs nouveau style deviennent antisémites, en ce sens que les travailleurs authentiques exigeront les mesures les plus draconiennes contre les intermédiaires et les parasites de toute nature. Lesquels pulluleront, cela va sans dire.

Là-dessus on nous dira peut-être : « Tout cela est bel et bon. Mais où les mettra-t-on? » Nous n'en savons rien, et nous n'avons pas de proposition à faire. Que chacun consulte un planisphère et se livre au jeu des pronostics. Ce sera au moins aussi instructif que d'ouïr la radio anglaise. Mais qu'on se dise bien que l'idée du futur Etat juif n'a pas été exprimée à la légère, qu'elle s'inscrit désormais dans les buts de guerre de l'Europe, en même temps que dans ses plans de révolution et d'organisation continentales. Ce qui signifie que chaque nation, élaborant pour l'heure des statuts provisoires, est d'avance exonérée des mesures définitives. Et celles-ci seront ce qu'elles doivent être, de la part d'une Europe enfin unie, et maîtresse de ses destins : sans faiblesse et sans crainte, sans haine et sans cruauté. Ce qui ne leur enlève évidemment rien de leur caractère définitif et radical.

Il nous paraît que la question juive, envisagée sous cet angle, devient perceptible à l'esprit français. C'est probablement l'étape décisive. Il me souvient de l'avoir franchie pour mon compte dans un discours public, en juillet 1942, et d'avoir provoqué du même coup quelques remous d'hostilité et d'incompréhension. Je mesure avec satisfaction le chemin parcouru, et je me trouve, en somme, en nombreuse et forte compagnie. Tout au moins en Europe. Mais, maintenant, les Français peuvent suivre.

Marcel Déat

Le 10 juillet 1942, P.A. Cousteau imagine de faire vivre les Juifs dans les mêmes conditions que les prisonniers de guerre en Allemagne.

POUR UNE SOLUTION PROVISOIRE DU PROBLEME JUIF

Les Juifs ont voulu cette guerre. Pas tous, évidemment, avec une égale intensité, avec une égale franchise. Il y eut des nuances dans le bellicisme juif. Il y eut même quelques Juifs qui comprirent qu'ils seraient sans doute les premières victimes d'une débâcle française. M. Emmanuel Berl, notamment, demeura obstinément « munichois », mais il dut convenir dans une lettre au bourreur de crânes professionnel Galtier-Boissière que le judaïsme politiquement organisé était « tout entier d'un seul côté : du côté de la guerre ».

C'est l'évidence même. Nous l'avons tous constaté, nous en avons mille preuves, mille témoignages. Et pouvait-il en être autrement? Dès que Hitler est arrivé au pouvoir, le peuple juif est automatiquement entré en guerre avec l'Allemagne. Il avait une revanche à prendre, des places à reconquérir, il s'efforçait, de son mieux, de dresser une coalition contre son ennemi. Rien de plus normal, rien de plus légitime. Lorsqu'on fait la guerre, on prend ses alliés où on peut. Je comprends parfaitement que les Juifs aient tout fait pour nous précipiter contre le IIIe Reich. Je comprends moins que nous ayons été assez stupides — nous qui n'avions aucune querelle avec nos voisins — pour nous laisser faire, pour nous transformer bénévolement en soldats d'Israël.

Mais il est inutile de récriminer. Ce qui est fait est fait. Seulement, maintenant, il faut régler nos comptes. Tous les Français ont été appelés au combat, la mort les a fauchés avec une dédaigneuse indifférence (125 000 soldats, 80 000 civils), le malheur de nos armes a réduit un million et demi de nos camarades en captivité, des villes ont été anéanties, des centaines de milliers de maisons ont été saccagées, le pays a été ruiné, aujourd'hui encore tout le monde supporte plus ou moins le poids de la défaite. Terrible cataclysme qui atteint sans distinction les bons et les mauvais, les fascistes et les antifascistes, les pacifiques et les bellicistes. C'est la France, toute la France, qui est punie et qui souffre. Ainsi le veut la dure loi de la guerre et si l'on doit s'efforcer par tous nos moyens de limiter les effets de la débâcle, — on oublie trop souvent qu'elle aurait pu être infiniment plus tragique si Pétain n'avait pas signé l'armistice et amorcé la collaboration avec le vainqueur, — il faut avoir l'élémentaire bonne foi d'admettre que l'effondrement de la France ne pouvait pas ne pas avoir des conséquences dramatiques ou désagréables pour tous les Français et que le châtiment ne pouvait s'abattre qu'au hasard, les plus durement frappés étant le plus souvent ceux qui méritaient le moins de l'être.

Lorsqu'il s'agit des Français, on semble se consoler allégrement de ces injustices souvent inévitables [1]. C'est la guerre, n'est-ce pas?... Alors pourquoi diable fait-on des

1. Souvent, mais pas toujours. Rien n'empêchait de coller au mur Mandel, Blum et Reynaud et de les mettre aussi à égalité avec les pauvres gars qui sont tombés pendant la campagne de France et qui, eux, n'étaient certainement pas responsables de cette guerre criminelle.

mines effarouchées dès qu'il s'agit des Juifs et prétend-on établir de subtiles distinctions, séparer les « bons » des « mauvais », les baptisés des talmudiques, les anciens combattants des non-combattants, les « assimilés » des non-assimilés?

En tant que nation, répétons-le, les Juifs ont fanatiquement désiré cette guerre. Pris individuellement, ils ont tous, ou presque, travaillé de toutes leurs forces à provoquer le conflit, usé de tout leur crédit, de toutes leurs influences, pour entretenir les préjugés antifascistes, pour exciter les Français contre leurs voisins.

Et puis, il n'y a pas que le passé. Il y a le présent. Depuis le 25 juin 1940, le combat a cessé entre la France et l'Allemagne; depuis l'entrevue de Montoire, la France est invitée à reprendre dignement sa place dans l'Europe fasciste; depuis le 22 juin 1941, la France est devenue, qu'on le veuille ou non, solidaire des armées qui défendent la civilisation contre la barbarie soviétique. Les agressions anglo-saxonnes contre notre Empire ont achevé ce renversement des alliances dont on peut déplorer que les gens de Vichy n'aient pas pris l'initiative, mais qui est désormais inscrit dans notre destin, qui nous est littéralement imposé non par nos vainqueurs, mais par les circonstances. La France vaincra avec l'Europe ou elle disparaîtra avec l'Europe.

Or, de même que le peuple juif était en guerre avec l'Allemagne bien avant septembre 39, il continue, après que nous avons déposé les armes, à lutter par tous les moyens contre le Reich et ses alliés. Le peuple juif est tout entier dans le camp des adversaires de l'Europe fasciste. Ce faisant, il se trouve en état de guerre CONTRE NOUS AUSSI. Il ne s'agit pas seulement de faire expier aux Juifs leur complot contre la paix et leurs méfaits de jadis. Il s'agit surtout d'assurer notre sécurité et l'avenir de notre pays. Les Juifs sont nos ennemis. Traitons-les sans haine, sans plus de haine que des ressortissants malheureux d'un nation vaincue. Mais traitons-les en ennemis.

Pendant ma captivité, privé comme je l'étais d'informations, j'avais cru, je l'avoue, que la question juive était réglée et même qu'il était inélégant de s'acharner ainsi que le faisaient certains journalistes parisiens sur des gens qu'un statut draconien — sur le papier seulement, hélas! — avait retranchés de notre communauté. Mais quelle désillusion en rentrant...

C'est surtout en zone dite libre, en « zone juive », que le scandale est criant. Il faut avoir vu les Juifs de Lyon, de Marseille, de Nice et de Cannes. Lucien Rebatet les a longuement décrits ici même l'an dernier, mais si je ne les avais contemplés de mes yeux, j'aurais pu croire — que notre cher Lucien m'excuse — qu'il exagérait. Ces Juifs-là, ce n'est pas dans les soupes populaires qu'il faut aller les chercher. C'est dans les boîtes élégantes où l'on a le billet de mille facile et des accommodements avec le marché noir. Ils sont gras et luisants, plus cossus que jamais, plus arrogants, plus sûrs d'eux-mêmes qu'ils ne l'ont jamais été. Ils sont plus libres de trafiquer, libres aussi de continuer à saboter la paix et la révolution nationale, libres de répandre les mots d'ordre de De Gaulle et d'afficher leurs sympathies pour les assassins de Mers-el-Kébir et de Billancourt.

Et je pensais, en visitant tous les Cintra de zone nono, tous ces ghettos parfumés et encombrés de ploutocrates crépus et lippus, à mes pauvres camarades des Stalags. Je ne pensais qu'à eux. J'étais obsédé par le souvenir de nos durs travaux et de nos maigres pitances.

Etait-ce possible qu'un million et demi de Français supportassent de façon si directe et si pénible les conséquences de notre défaite pendant qu'un million de Juifs continuaient à coucher dans leurs lits et à boire des cocktails? Etait-il donc inévitable que les innocents payassent en masse compacte pour les coupables?

J'ignore quelle solution sera donnée après la guerre au problème juif. Mais je sais qu'on pourrait lui donner une solution provisoire qui rétablirait sans attendre un peu d'équité dans cette France à l'envers où la Révolution nationale n'est pas encore esquissée.

Il suffirait de décider purement et simplement que jusqu'au retour du dernier de nos captifs, une Juif ne peut avoir, sous aucun prétexte, une situation morale et matérielle supérieure à celle d'un prisonnier de guerre français.

La situation des prisonniers de guerre est rude mais elle est supportable. En imposant à Lévy et à Bloch de manger ce que mangent le K.G. Dupont ou le K.G. Durand, de coucher dans des baraques semblables à celles du K.G. Moreau ou du K.G. Villette, de remuer chaque jour autant de mètres cubes de terre que le K.G. Brossard ou le K.G. Le Breton, la France ne pourrait être accusée d'inhumanité.

Donc, tous les Juifs adultes, sans exception, sans passe-droit, sans protection possible, derrière des barbelés et gardés militairement. Il ne s'agit pas, je le répète, d'être cruel ou de se venger aveuglément. Il s'agit d'une mesure de justice et de légitime défense. Il s'agit aussi d'utiliser une main-d'œuvre, médiocre certes, mais abondante et à bon marché pour exécuter de grands travaux dont notre pays a besoin, pour déblayer la neige l'hiver, pour aider les paysans l'été. Avec de bons contremaîtres inflexibles et vigilants, des novices arrivent très rapidement à un rendement très acceptable. J'en parle en connaissance de cause : mon kommando de Thuringe n'était composé que d'intellectuels et nous étions stupéfaits nous-mêmes de la besogne que nous réussissions à abattre après quelques mois d'entraînement. Pourquoi les Juifs n'auraient-ils pas à leur tour des ampoules aux mains?

Pour dix heures de travail, les prisonniers de guerre juifs recevraient un salaire fixe de 14 francs par jour qui leur permettrait de se procurer un certain nombre d'objets non contingentés, crayons, pâte dentifrice, limonade, miroirs de poche, etc. Ils auraient droit à deux lettres et à deux cartes par mois. Ils recevraient des soins médicaux gratuits. Ils auraient toute facilité pour organiser entre eux, le jour du sabbat, de petites réunions artistiques ou musicales.

Naturellement, l'Etat français prendrait soin de leurs

femmes. Celles-ci seraient autorisées à prélever sur leur fortune personnelle des sommes qui ne pourraient excéder en aucun cas l'allocation versée aux femmes de nos prisonniers de guerre, le surplus étant saisi en faveur du Secours national et servant en partie à payer des allocations aux femmes de P.G. juifs absolument privées de ressources.

Après la signature de la paix, mais seulement après le retour du dernier de nos prisonniers, on pourrait envisager une libération progressive de nos ennemis et leur exportation massive vers d'autres terres. Mais pour l'instant tout autre statut que celui de prisonnier de guerre est choquant. C'est une insulte à nos morts et à nos captifs. D'ailleurs, les Juifs qui envisagèrent avec tant de sérénité de faire massacrer des millions de Français devraient s'estimer heureux de s'en tirer à si bon compte. Il vaut mieux, après tout, remuer de la terre dix heures par jour que d'avoir six pieds de terre sur le ventre comme les victimes de la guerre juive.

Evidemment, si l'ont réalisait ce projet dont je n'hésite pas à dire qu'il est plein de modération et d'humanité, la Conscience Universelle, si indifférente aux malheurs des Aryens, pousserait des hurlements horrifiés.

Est-il besoin de dire que nous nous fichons éperdument de la Conscience Universelle?

P. A. Cousteau

Les Juifs sont partout. Tout le monde est juif. Y compris le roi d'Angleterre et, pour le coulissier de l'Appel, Joseph Staline.

LE SANG JUIF DE STALINE

Souvent, les communistes ont essayé de nous faire croire que Staline n'était pas Juif; que, s'il avait autour de lui de nombreux membres de la tribu de Juda, son sang était parfaitement aryen.

Voilà encore un mensonge. Car la vérité est tout autre. Le Géorgien Imam Raguza, auteur d'une biographie de Staline, dont les sources d'information ont été vraisemblablement fournies par les milieux du Kremlin, écrit textuellement : « Le père de la mère de Staline, un brocanteur juif originaire des montagnes de Kuthaissi, possédait une petite boutique d'articles de mode. »

Et le Russe Georgier Robakidze, auteur du livre *les Martyrs,* affirme clairement qu'une partie de sang juif coule dans les veines du « petit père » des bolcheviks. D'ailleurs, on sait que Staline a épousé en secondes noces la fille du Juif Kaganovitch nommée l' « Esther de l'Union Soviétique ». Cela explique bien des choses, et il vaut mieux ne pas l'oublier.

Pour Henri Poulain envoyé, dans l'été 1942, en reportage au camp de concentration de Pithiviers, les juifs incarcérés se portent très bien.

DU SECATEUR AUX BARBELES
Pithiviers-les-Juifs

Point besoin non plus d'être expert en musardise pour se demander sur le quai de la gare si, à défaut de la langue, les Juifs ne connaissent pas le folklore français, car, sitôt débarqué à Paris, le plus crasseux des youpins d'Europe Centrale pratiquait à l'égard de l'indigène une politique copiée du gentil refrain : « Alouette, je te plumerai », occupation qui ne finit point par des « apothéoses », écrivait déjà Hugo en veine de pudeur, mais qui mène à la boucherie, pâtés et pâtée.

Or, à défaut de pâtés d'alouettes, à croire qu'ils se sont

envolés, le destin offre à Pithiviers, en remplacement de ses fantoches politiciens, un camp de Juifs triés sur le volet parmi les plus indésirables. Autant dire le moyen d'étudier commodément la question, la science à portée de la main, l'instruction à domicile. Comment n'être pas curieux de recueillir l'avis autorisé des Pithivériens? D'autant que tout ça n'empêche pas les sentiments, car ici où Israël dans ses œuvres a été dénoncé aux jours triomphants du Front Popu, un voyage chez les Juifs au dressage ne s'entreprend point dans l'indifférence. L'allégresse sied, une allégresse toute raisonnable... et pas trop d'illusions.

L'occasion était trop belle de lui couper le sifflet, mais un gendarme se venge en fermant les issues. Ainsi, portières closes, l'atmosphère devint lourde, pourtant personne ne posa au youpin réjoui la question de la reine d'Aragon au rabbin Zéchiel sur les raisons de la puanteur naturelle aux Juifs.

Au terme du voyage, le gendarme aida son client à descendre et, dans une bourrade amicale, jeta à la cantonade :

— Te voilà rendu, mon gars. C'est un mauvais moment à passer. J'espère bien que ça ne durera pas et que tu reviendras nous voir à Troyes.

Pas besoin de visiter le camp pour être fixé rapidement sur l'activité des Juifs internés. Ils sont, à Pithiviers, un peu plus de mille, répartis dans des baraques de bois dont nous reparlerons, gardés par des gendarmes qu'aident des sous-officiers de l'armée mués en police auxiliaire. L'administration matérielle du camp relève d'un gestionnaire, le commandement d'un capitaine de gendarmerie. Celui-ci a sans doute mieux à faire, le dimanche des Rameaux, que de croupir à Pithiviers, mais, après de laborieuses recherches, le planton de service dénicha son remplaçant, modeste adjudant dont la doctrine se résumait dans la formule reposante : pas d'initiative, pas d'histoire.

A l'heure de la grand-messe, les premières corvées sortent du camp et, poussant une voiture à bras, des groupes de six

Juifs s'acheminent chez le boulanger ou le boucher. A ne vous rien cacher, ils ont bonne mine, comme disaient les civils sous le règne de Gamelin : ces youpins arborent le pantalon de golf et les escarpins acajou, ou bien la tenue de skieur; d'autres assurent le ravitaillement quotidien, en pardessus agrémenté d'un foulard de soie blanche. Le cheveu long mais dégoulinant de brillantine. Bref, l'allure de personnages habitués à brasser de fructueuses affaires dans la bonne lignée du commerce juif. Peut-être, pour les missions à l'extérieur, le capitaine de gendarmerie ne choisit-il que ses pensionnaires les plus élégants, car le Tout-Pithiviers s'accorde à proclamer la crasse sordide où se plaît à vivre Israël dès qu'il se rapproche du ghetto ancestral? Et l'ordonnateur du cortège s'y entend en dignité, car les Juifs circulent à pas lents sur l'avenue de la République qui mène au cœur de la petite cité. Gueules effroyables de Levantins, rebut d'Europe, rebut d'Asie, ils baragouinent dans leur jargon et font plus de bruit qu'une compagnie de troupiers en marche. Ceux qui ont quelque lueur du français traversent la ville en conversant avec leurs gardiens, en toute cordialité, et leur distribuent des cigarettes.

Un indigène qui regardait le défilé me glissait à l'oreille le plus sérieusement du monde :

— Ce sont des Juifs. Si c'est pas malheureux, monsieur, de voir ça! Les humains sont retombés aux horreurs des guerres de religion. Remarquez que les Juifs sont peut-être néfastes, mais les voir ainsi avec des gendarmes, ça en fait des victimes dignes de pitié.

Brave cornichon pithivérien! Il était prêt à faire le porteur de pain, peut-être à payer aux fils d'Israël une femme de ménage! Il avait si peu souci du grand nombre de nécessiteux que dans la répartition de l'humaine pitié, il atteignait à l'habileté d'un intendant. Je n'avais point fini d'évoquer devant lui d'autres prisonniers, de notre sang ceux-là, prisonniers d'Allemagne, prisonniers retenus au Gabon par l'Anglais, que, sa mission terminée, la corvée de pain redescendait vers la gare. Tout naturellement, la voiture à bras s'arrêta au coin de la rue Prudhomme, devant une pâtisserie. Comme un seul homme, les Juifs prirent leur tour dans la file d'attente des amateurs de pain d'épice. Peut-être touchent-ils des tickets de pain supplémentaires? On se demande même pourquoi les youpins de Pithiviers n'ont pas encore une carte de priorité valable dans les limites du département? Leurs geôliers prenaient patience sur le trottoir. Dans quelques semaines, quand la saison sera plus clémente, Juifs et gendarmes pourront trinquer de compagnie à la terrasse des bistrots. A notre bonne santé.

Le train de Paris emmène chaque matin un demi-wagon de colis à destination du camp. Un Juif préside à la réception des envois, tout à fait chez lui dans les locaux du chef de gare; il ouvre les portes, serre les mains des employés, jette un regard complaisant sur leurs écritures et sort dignement sur le quai en serrant son nœud de cravate papillon. De bien beaux colis, ma foi, et de belle taille! Les femmes de nos prisonniers voudraient pouvoir en confectionner de pareils! Un cheminot m'a donné la recette :

— Leurs femmes sont à Paris pour la plupart et leurs stocks de sardines, de thon et de foie gras ne s'épuiseront pas demain. Et puis, Paris n'est pas loin; alors les Juifs reçoivent des rôtis, des gigots tout cuits, des poulets rôtis. Eux, ils savent se dém...!

Ainsi s'explique le propos d'une blonde aryenne fort jolie qui proclamait à l'hôtel des Touristes :

— Je ne crois pas qu'*ils* soient trop malheureux. Celui que je viens voir n'est là que depuis sept mois et il a grossi de quinze kilos.

Si vous connaissez un Aryen qui, dans le même temps, ait battu ce record, je m'engage à lui offrir, à titre de prime, les œuvres complètes de José Germain, reliées en plein veau bien entendu.

« La conscience universelle » ne s'est jamais émue des massacres saisonniers du siècle, depuis ceux du boucher Staline jusqu'à la saignée des curés espagnols. Par contre, dès qu'en Europe il fut marché sur le pied d'un Juif, la radio, la presse, les gouvernements au service d'Israël déclenchaient un hourvari d'écorchés. M. Roosevelt, ce délicat protecteur des nègres à l'enseigne du Ku-Klux-Klan, dénoncerait, s'il n'avait pas d'autres soucis pressants, la « barbarie » raciste du camp de Pithiviers. Or, dans ce camp en tout cas, les Juifs se lèvent et se couchent selon l'horaire établi par leur seul bon plaisir, ils ne sont astreints à aucun travail et leur cantine est un des établissements commerciaux les mieux achalandés et les plus prospères de la région parisienne. Il ne leur manque ni un médecin ni un rabbin. Parfois, certains des internés consentent à travailler hors du camp, expérience qui ne dure généralement pas, car, me répétait un paysan, pour les Juifs, la terre est trop basse. Par contre, m'affirme-t-on, la mairie de Pithiviers emploie à titre d'auxiliaires gratuits six ou huit youpins capables de comprendre le français; côté salaire, rassurez-vous, ceux-là se débrouillent toujours, soit au rayon cartes d'identité, soit plus modestement en feuilles de tickets.

Les plus frileux préféraient leurs barbelés, car les baraquements ont été chauffés tout l'hiver et on y commence actuellement la toilette printanière des plafonds et des murs. Peintres et plâtriers de ce vieux pays gallo-romain s'affairent et turbinent pendant que les Juifs discutent allongés ou jouent au ballon. Avec la sérénité imbécile de l'homme qui reçoit les gifles, un entrepreneur me disait :

— Oui, monsieur, on repeint et les Juifs ne sont pas contents. Pourquoi? Ils ont fini par donner leurs raisons. Ils interpellaient mes ouvriers en ces termes : « Tas de pauvres c..., vous croyez peut-être que nous serons encore là l'hiver prochain? Roosevelt et Staline auront rétabli l'ordre bien avant : les comptes seront réglés. »

Et l'indigène encaisse sans sourciller. Rien ne l'étonne, rien ne le choque pourvu que l'injure vienne du Juif, pourvu que la faveur profite au Juif. A croire vraiment que le Français est définitivement judaïsé, maladie qui ne pardonne pas. Le même gars du bâtiment m'affirmait que les épouses des internés touchaient une allocation quotidienne de 25 francs, nouvelle incroyable entre toutes (je ne la crois pas) mais qui ne le scandalisait point. Pensez donc, la femme d'un prisonnier français, la femme d'un tué de 1940 reçoivent bien de la générosité de l'Etat 12 ou 14 francs par jour! Alors, de quoi se plaindrait-on, nom de Blum!

Autour des camps d'Israël, l'amateur de scandales n'aurait qu'à se baisser pour faire sa cueillette. Roi dans l'art de corrompre, le Juif utilise, on s'en doute, la jobardise ou la complicité de ses prétendus bourreaux. Les relais de poste clandestins fonctionnent à merveille, les officines d'évasion aussi. Au restaurant, d'une table à l'autre, on vous propose, par exemple, « de faire passer un mot » au pauvre prisonnier.

Il y a mieux : le registre des « présents » s'accommode de disparitions momentanées : huit jours par-ci, une fin de semaine par-là. Que diantre! il faut bien que le youpin veille sur ses affaires et sur sa femelle abandonnée! Un cadeau remis à qui de droit fait fondre les barbelés : un manteau de fourrure, par exemple, vaut au généreux donateur quinze jours de permission et certaines femmes apportent la rançon dans leur valise... à tout hasard.

Rebecca profitait de son expédition chez le pauvre Jacob captif pour rentrer à Paris avec des provisions. Le résultat est simple : à Pithiviers et à vingt kilomètres à la ronde, il ne restait rien à vendre, Israël raflait tout à n'importe quel prix. L'ampleur de la razzia a obligé l'autorité à prendre certaines mesures. Désormais, dans la petite gare, à chaque arrivée de train, les gendarmes demandent, en principe, leurs papiers aux voyageurs, mais toujours grand-père Lévy et belle-maman Cohen parviennent à franchir le barrage. Peut-être ne pourront-ils pas parler à leur « martyr », mais ils ne dédaignent pas la consolation et les profits qu'apportent un jambon, une motte de beurre ou deux dindons acquis à bon compte dans une ferme.

Pithiviers? Un grouillement de reptiles autour d'un camp. A l'intérieur, les Juifs se jalousent, se pillent, se lamentent, se dénoncent selon les traditions de la race. Tous envient Jean Zay, coupable d'une vétille définie par le code « désertion en présence de l'ennemi », favorisé, lui, par le sort, puisque, chaque jour, à la prison de Clermont-Ferrand, « M. le Ministre » prend ses repas en famille. La race élue ne peut tout de même pas casser des cailloux dans le Sud Tunisien comme de vulgaires natifs de Pantin ou de Belleville.

Le petit-fils de Gobineau participe lui aussi à la curée. Voici ce qu'il écrit dans l'Appel en juillet 1942.

LES ANTIJUIFS NON RACISTES SONT DANGEREUX

Le hasard de la destinée m'a mis au premier poste d'observation des manœuvres juives. A la suite de circonstances qu'il est inutile de rappeler, je me suis donné la mission d'organiser les rééditions de l'œuvre de Gobineau, mon grand-père, dont la vogue grandissait en France vers la fin de la grande guerre. En 1905, déjà, il y avait eu un mouvement gobiniste en France, car il semblait difficile de laisser passer inaperçu l'effort du professeur Schemann en Allemagne en faveur de la gloire de Gobineau. Il était un Français découvert par les Allemands : quel beau sujet d'enquêtes, d'articles, de conférences. Or il se trouve que ce fut un Juif, Robert Dreyfus, qui se montra à cette époque le gobiniste le plus fervent; il fut intelligent et surtout habile. Il appuya sur les conceptions pessimistes de l'auteur qui concluait à l'irrémédiable confusion des races et à leur déchéance; il se gardait bien de signaler que Gobineau ne connaissait pas la loi de Mendel, lequel avait vécu à la même époque que lui et dont les travaux remarquables avaient été, maçonniquement, passés sous silence ou minimisés. Car des lois de Mendel, on pouvait conclure que la race se défendait, que l'hybride par instinct de survie optait pour un des éléments, le plus pur de son ascendance. Et cela confirmait les lois d'élevage, en particulier l'œuvre admirable des sociétés de courses et des éleveurs pour retrouver et fixer la race chevaline du pur-sang.

Dreyfus, dès lors, mettait au premier plan la race juive relativement pure, en cachant qu'elle fût inférieure à la race aryenne dans ses capacités productrices; par là, il participait à la grande œuvre juive qui consiste à nier les lois raciales tout en pratiquant le racisme sans l'avouer.

A la suite de Dreyfus, apparurent en France les gobinistes nationalistes de tendance maurrassiennes, très troubles et inquétants, qui prônèrent le talent littéraire de Gobineau pour déprécier son œuvre d'ethnologue et ses vues étonnantes sur l'histoire universelle. Ceux-ci parlaient du bon et du mauvais Gobineau, le mauvais étant le raciste.

J'étais fort jeune à l'époque des premières agitations autour de l'œuvre de mon grand-père, mais les faits les plus précis, les écrits et les paroles les plus représentatives me reviennent à la mémoire et je me suis toujours servi de ce don pour le bon combat.

Les Francs-maçons ont toujours marqué une nervosité inquiétante à l'évocation du problème de race; Renan, qui fut un des familiers de Gobineau, lui écrivait que son livre n'aurait pas de succès en France où le fait race n'apparaissait pas, et un jour, chez Louise Weiss, alors qu'on parlait de Gobineau dans un groupe, un maçon prototype, qui ne me connaisasit pas, déclara : « En voilà un que Dreyfus aurait bien dû laisser dans l'ombre! » Mais Dreyfus croyait bien réussir à aiguiller les doctrines gobiniennes vers le service d'Israël. Ce fut probablement d'ailleurs ce dessein secret qui porta nombre d'autres Juifs à se faire les thuriféraires de Gobineau.

Tout cela me paraissait curieux et bizarre; je n'avais pas encore perçu la manœuvre; j'avoue que ce n'est qu'à force d'observations et de travail persévérant, en révisant perpétuellement mes opinions secondaires au profit d'une idée maîtresse, que j'ai réussi à éclaircir tous ces mystères et à être, j'en suis convaincu maintenant, éclairé de mille lumières sur les combinaisons maçonniques et la question juive.

Vint, en 1933, le triomphe, en Allemagne, du national-socialisme. Je me souviens encore de la phrase d'un de nos ministres, fanatique de Gobineau : « Maintenant, les ponts sont coupés avec l'Allemagne. » A l'époque, je fus étonné; à présent, j'ai compris : consigne maçonnique. Avec quelques mois de retard, on fêta en Sorbonne, quasi officiellement, le cinquantenaire de la naissance de Gobineau; ceci se passait en février 1933; pour rétablir les ponts entre l'Allemagne dite de Goethe (style ∴), l'Allemagne intellectuelle (autre expression ∴), on fit venir de Prague, où il travaillait à la biographie de Masaryk, le Juif super-gonflé Emil Ludwig, qui parla du rapprochement franco-allemand, de la paix selon Briand et la S.D.N. et présenta Gobineau comme un grand Européen à sa façon, en concluant à la fin des fascismes.

Clément Serpeille de Gobineau

Dès la fin de 1941, Méricourt dans Le Pilori réclame le port de l'étoile jaune en zone non occupée. Cependant que Desax dans l'Appel du 7 juin 1942 se réjouit de ce que les sinistrés des bombardements soient indemnisés avec les biens juifs.

LES JUIFS VONT PAYER

Comme le maréchal Pétain, les autorités d'occupation ont dissocié le peuple français des auteurs des assassinats commis sur notre territoire. Les judéo-bolcheviks ont été démasqués, ce sont eux qui vont payer.

Les bolcheviks ne sont que des agents de l'Union des Républiques socialistes, union dans laquelle certains voudraient comprendre la France. Tout socialiste non national est un internationaliste dangereux. Cette simple constatation prouve bien que les nationaux-socialistes de tous les pays n'ont pas de pires ennemis que les socialistes d'hier.

Leurs alliés, leurs complices et leurs maîtres, les Juifs, sont également démasqués et frappés d'une amende d'un milliard. Regrettons simplement que cette sanction n'ait pas été prise par le haut-commissariat aux Questions juives. C'est un organisme qui aurait dû agir, c'est sa carence qui oblige les autorités d'occupation à intervenir dans cette question. Vallat se révèle de plus en plus comme le protecteur des Juifs. Cette situation devrait avoir assez duré.

Un Commissaire agissant aurait un arrêté à signer : ce serait un décret condamnant les Juifs de zone non occupée à verser également un milliard au Secours National.

En effet, la communauté juive n'a jamais été séparée par la ligne de démarcation; les va-et-vient d'affaires et de famille sont nombreux, les Juifs de Paris ne peuvent être séparés de ceux de Marseille. Ils ont tous poussé à leur guerre, ils sont tous responsables de notre défaite et de notre avilissement, ils doivent tous payer. Ils seront encore trop heureux de s'en tirer à si bon compte, car ils ont, malgré tout, conscience de leur indignité. Cette somme permettrait de soulager bien des souffrances, surtout parmi les femmes de prisonniers.

Entre un Juif et un Français il n'y a rien de commun. La différence de mentalité est irréductible puisque d'origine biologique. Il faut que les Juifs comprennent que les Français ne veulent plus être leurs victimes; il faut leur faire entrer cela dans la tête par tous les moyens. Les Juifs sont venus chez nous, ils nous ont ruinés; si nous ne les éliminons pas, ils achèveront de nous détruire.

Il faut impitoyablement chasser le Juif et éloigner tout ce qui est chez nous contaminé et pourri. Il faut exterminer la race juive, et ce faisant, jamais les Aryens n'arriveront à égaler la cruauté et le sadisme des Juifs lorsque ceux-ci étaient au pouvoir et persécutaient les autochtones du pays où ils s'étaient implantés.

Mort aux Juifs!

Les Juifs ont commencé à payer, ils doivent payer encore dans leurs intérêts et dans leur vie. Les biens juifs doivent être vendus au profit des œuvres de secours social de l'Etat.

Les Juifs doivent payer dans leur personne. Il est inadmissible qu'ils aient encore le droit de circuler. Des quartiers doivent leur être assignés.

Les Juifs doivent porter un signe distinctif, comme ils le portent déjà dans la plupart des pays européens. Aussi longtemps qu'ils ne seront pas signalés par une étoile verte ou un brassard, aussi longtemps ils seront nuisibles à la France.

Le temps n'est pas loin où, comme je le disais la semaine dernière, des Juifs se balanceront aux maîtresses branches de certains arbres.

Il est répugnant pour un Aryen d'exécuter un Juif, mais il faudra pourtant en arriver là, si cela est indispensable, pour les extirper de notre vie nationale, dans laquelle ils persistent à s'accrocher.

Assez de faiblesses, de tergiversations, de compromis, d'exceptions de bons Juifs, de Juifs français, de Juifs aryens, de Juifs évolués. Il n'y a qu'une race. C'est la race juive, et si cette race doit disparaître pour que la France vive, alors :

Mort aux Juifs et à leurs protecteurs.

Et vive la France!

Jean Méricourt

LES JUIFS COMMENCENT A PAYER

Le 3 mars, la R.A.F. effectuait sur la banlieue parisienne un criminel bombardement. En quelques heures, hommes, femmes, enfants perdaient un foyer, créé et embelli par des années d'un labeur ininterrompu et tenace, se trouvaient jetés à la rue, sans maison, sans travail, sans argent, ayant le plus souvent perdu des êtres chers.

Quelques jours plus tard, M. le ministre allemand Rahm remettait à la France 100 millions et des meubles, capitaux juifs pris à notre pays par des Juifs, et rendus par l'Allemagne aux travailleurs sinistrés français.

J'ai voulu voir quelques-uns de ceux qui, grâce au geste généreux de nos vainqueurs, ont retrouvé l'indispensable, et souvent même un intérieur charmant. Dans une vaste et belle demeure, entourée d'un splendide jardin (c'était, au temps jadis, une école juive), ont été accumulés les meubles et les objets les plus divers, qui sont répartis à la population retrouvée par les soins du Comité Ouvrier de Secours Immédiat. J'ai visité chaque pièce de cette grande maison où s'enchevêtrent tables, commodes, armoires, lits et divans, vaisselle, appareils de chauffage, objets indispensables, objets d'art aussi comme les tableaux, dont la signature ou le sujet ne laissent aucun doute sur les origines de leurs ex-propriétaires; objets de valeur souvent, mais qui vont permettre à de nombreux foyers de revivre. De ces pièces désertes, de ces choses inutilisées et peu à peu envahies par la poussière, de ce silence coupé seulement par les notes grêles d'une boîte à musique, relayée au grenier, se dégage une impression de passé. Passé, en effet, que toutes ces choses évocatrices d'un luxe scandaleux où se complaisaient ceux qui ont mené la France au péril, ceux qui, aujourd'hui réfugiés en Angleterre ou aux Etats-Unis, envoient sur les civils et travailleurs français leurs engins de destruction et de mort. Et mon plaisir fut intense de voir un brave homme du peuple remettre une table sur ses quatre roulettes et partir ravi, avec son fardeau.

Le Comité Ouvrier a, hélas! une lourde tâche : il faut diriger les secours vers toutes les localités bombardées. 2 500 francs sont accordés immédiatement aux sinistrés les plus éprouvés, en même temps que les objets de première nécessité. J'ai visité plusieurs de ces familles ouvrières qui ont tout perdu en quelques minutes : « *Heureusement,* disent-elles, *que nous avons eu les biens juifs.* »

Tous estiment, en se voyant distribuer les capitaux et les biens juifs, que c'est justice. Aux questions que je posais, tous m'ont répondu : « *Ils nous en ont assez pris, et jamais ils ne paieront assez. Quant à ceux qui protestent, tous ces gaullistes, qui, comme but de promenade, sont venus voir nos maisons effondrées en soupirant :* « *Que voulez-vous? Il le faut bien, et c'est du beau travail* », *nous n'osons pas leur souhaiter une infortune semblable à la nôtre.* »

Et, peu à peu, après deux mois d'une vie de campement, chacun reprend le goût de « sa » maison. J'ai visité le logis propre et coquet que Mme B... perfectionne chaque jour avec amour. De son appartement, il ne reste rien, la maison fut rasée jusqu'au premier étage. Descendue dans la cave, quelques instants avant la catastrophe, elle a mis au monde prématurément un délicieux petit garçon.

Il a fallu tout improviser, et cela ne fut pas chose commode, car à ce moment-là aucune layette n'était prévue pour les enfants nés après ou pendant le bombardement. Heureusement, langes et couches purent être tirés de quelques armoires juives, le moïse de cretonne rose, lui aussi, vient du Comité Ouvrier de Secours Immédiat, comme tous les meubles réunis dans l'unique pièce qui sert désormais d'appartement. Et près du berceau, la famille B... est de nouveau heureuse, pleine de courage et d'espoir.

La petite Françoise D..., 9 ans, qui a perdu son père et sa mère dans la catastrophe, ensevelie sous les décombres, fut miraculeusement sauvée par sa tante, qui, aidant elle-même au déblaiement dans l'espoir de retrouver l'enfant, aperçut, surgissant des ruines, la petite main cherchée. Françoise, comme tous les enfants de son âge, ne comprend pas encore très bien la gravité de la situation, et elle m'a dit sa joie et son plaisir de la ravissante petite chambre qui lui a été destinée; puis, bien vite, elle est repartie jouer.

Quel que soit leur âge, quelle que soit leur situation, le

Comité Ouvrier de Secours Immédiat a réparti entre les sinistrés les biens juifs que les autorités allemandes lui avaient remis. Félicitons-le de son œuvre et espérons que d'autres familles encore vont être secourues, vite, très vite. Un secours rapide, même minime, est souvent plus efficace qu'un secours plus important, mais dépendant d'une administration routinière. C'est cela que le Comité Ouvrier a cherché à réaliser.

Quant à la décision qui a permis que ces biens juifs soient remis à nos malheureux compatriotes, nous l'applaudissons de tout cœur.

Ce sont les juifs qui ont voulu mener la France à la défaite et à la ruine.

Ce sont les Juifs qui, aujourd'hui, tuent et massacrent nos populations civiles, coulent nos bateaux, volent notre Empire, commettent chaque jour un nouvel attentat contre une France meurtrie et incapable de se défendre. Il est juste que ces ennemis de la France paient leurs crimes et leurs trahisons. Le geste symbolique, accompli par les autorités allemandes, est un pas vers le jour du châtiment, en même temps qu'un magnifique geste de solidarité européenne.

F. Desax

En août 1941, s'ouvre à Paris l'exposition antijuive. Commentaire du « Franciste », en date du 13 août.

A l'exposition antijuive.

... Autant de talent et d'ingéniosité ont été dépensés dans la réalisation du film documentaire projeté en permanence dans l'ancienne salle de l'Auto.

Il y a, dans ce film, une brochette de têtes de Youpins de toute beauté (?). Le film commence au ghetto avec son grouillement de Juifs crasseux, barbus, chevelus et gesticulants, pointant à tous les vents d'énormes nez indécents, plantés au-dessus de lèvres lippues et auxquels une vieille ficelle de cinéma, exploitée ici avec un rare bonheur, substitue une multitude de rats qui déferlent sur l'écran dans une nauséabonde galopade. Il en sort de partout, des grilles d'égout, des recoins ténébreux, des murs visqueux, c'est une floraison, une explosion, un cataclysme, une averse de rats, un déluge! On frémit à la pensée que ce film eût pu être doté des derniers perfectionnements de la photographie en relief, c'eut été l'affolement dans la salle, la ruée vers la sortie des spectateurs menacés de cette immonde marée. Je parie un paquet de Gauloises contre un ticket de métro poinçonné qu'il n'est pas une personne ayant vu cette scène qui n'associe maintenant, dans un même sentiment de répulsion, le Juif et le rat. Mais ce n'est pas fini, et les amateurs de sensations fortes sont gâtés à rendre jaloux les animateurs du Grand-Guignol eux-mêmes, car on assiste au sacrifice des bêtes de boucherie promises au régal des délicats estomacs de la gent youpine. Ce n'est pas beau, à proprement parler c'est répugnant, on se sent soulevé d'une insupportable nausée à la vue du malheureux bœuf dont la gorge tranchée par le sabre d'abattis du boucher yiddish vomit des torrents de sang et qui s'échappe en titubant pour s'écrouler enfin en meuglant désespérément.

Pas beau à voir! Non plus que les sales gueules des tortionnaires qui assistent à cette atroce agonie en se faisant une pinte de bon sang, de ce sang dans lequel ils pataugent. Ici encore, un rapprochement s'impose : les Juifs rigolant, les mains rouges, les pieds dans le raisiné tandis que leur victime, la gorge ouverte, laisse échapper sa vie à gros bouillons, c'est toute notre histoire...

Et ça se passe au XXe siècle, chez nous, à la Villette, au temps de la Ligue protectrice des animaux et de l'amélioration de la race chevaline patronnée par les Rothschild.

La dernière partie du film a charge de détendre les nerfs mis à rude épreuve par ces scènes pénibles, scènes qui auraient pu avoir de fâcheuses répercussions pour les représentants de la race élue qui, à deux pas, sur les boulevards, font les lézards dans les fauteuils en rotin des terrasses ultrachic. On assiste à l'édification de la fortune des Rothschild, depuis l'aïeul de Francfort, vieux Tartuffe qui la connaissait dans les coins, jusqu'à la réalisation de son rêve, la mainmise sur le monde par le truchement de ses banques. Là encore, on a employé un vieux truc mais tellement éloquent. Un planismètre sombre du monde entier, un point blanc, deux, trois, quatre, cinq, ce sont les principales villes au monde où s'est fondée une banque Rothschild. Partant de là, des vermiculaires filent comme des dards, s'élancent, se muent, s'entrecroisent, se chevauchent, traçant en une fulgurante arabesque la toile sous laquelle va bientôt étouffer, haleter, râler et mourir, si l'on n'y prend garde, le monde entier des goïm, des gentils, des infidèles.

Il était temps! Il était moins cinq. Franciste, et toi aussi lecteur occasionnel de ce journal, il faut aller à l'exposition antijuive, toi franciste, pour te confirmer que tu es dans la bonne voie en luttant contre le péril juif, toi qui n'es pas des nôtres, pour te mettre en face d'un problème auquel, jusqu'à présent, tu n'as pas daigné accorder assez d'importance.

Lepotvin

Le 12 juin 1941, l'Appel *s'adresse au préfet de police.*

Une rafle S.V.P. M. le Préfet!

Les 5 000 Juifs étrangers, « ramassés » à Paris il y a un mois et internés dans ces camps de travail, ne formaient qu'une minime partie, on s'en doute, de la horde sémitique campée dans la capitale. Il en reste bien davantage, pour la plupart inoccupés. C'est ainsi que chaque jour, du matin au soir, ils sont quelques douzaines, en permanence, au coin du faubourg Poissonnière et de la rue d'Enghien. Ceux qui n'encombrent pas le trottoir, obligeant les passants à descendre sur la chaussée, sont installés aux deux débits qui se font face : « Ma chope » et le café-tabac. Ils consomment un seul café à cinq ou six au cours de la demi-journée, en discutant dans toutes les langues de l'Europe centrale et orientale, ou en yiddish. On n'en trouverait guère dans la quantité pour s'exprimer en français. Les habitants du quartier, ainsi que les travailleurs qui y ont leurs occupations, vous demandent une bonne petite rafle, s'il vous plaît Monsieur le préfet de police.

Pas un fléau, pas une calamité sociale auxquels le Juif soit étranger. Jusqu'à la dénatalité. Cet article parut dans le Franciste *le 21 mars 1942.*

La dénatalité et les Juifs.

Si l'on examine la courbe de la natalité française, il apparaît clairement que la régression de cette dernière est en corrélation étroite avec l'ascension du peuple élu en France jusqu'à ces derniers temps. Il y a là une corrélation digne du plus grand intérêt qui amène à conclure à la responsabilité du Juif dans cet affaiblissement de la nature française et le désigne comme le principal facteur de la crise de la dénatalité.

Chacun sait que la décadence du pays où s'établit la race juive, est pour celle-ci la condition *sine qua non* de toute implantation durable comme de tout établissement solide et définitif de sa puissance. Aussi les Juifs de France ont-ils tout mis en œuvre pour parvenir à une dégénérescence de la nation telle qu'elle rendît tout redressement improbable si non impossible par l'amoindrissement physique, racial et moral des individus. D'où la nécessité de corrompre, de détruire la société dans son principe : la famille, gardienne de la race, des traditions ancestrales et des idées nationales.

N'est-ce pas le Juif en effet qui, pour tuer l'Aryen, a corrompu le peuple de Français par l'alcool, les drogues, les plaisirs immodérés, la prostitution et leurs désastreuses conséquences? N'est-ce pas lui qui mit à l'honneur les mariages entre Aryens et individus juifs ou quelque autre race inférieure, remplaçant ainsi la vieille souche franque et celtique par des bâtards plus ou moins sémitisés, rejetons dégénérés physiquement et psychiquement, complètement étrangers au véritable esprit de la France? On sait combien le mauvais état de santé des conjoints est un facteur de dénatalité; on connaît ces époux qui, après avoir épuisé leur jeunesse par des excès « à la juive », se marient sur le tard et ne peuvent procréer que des êtres chétifs...

N'est-ce pas encore le Juif qui se retrouve à la base des autres facteurs de la dénatalité? Le travail des femmes, l'abandon des compagnes datent de l'avènement du peuple juif, vous essaierez de définir ce qui fait la beauté des deux premiers actes de la pièce.

Quel beau sujet de morale, n'est-ce pas pour des jeunes filles françaises! Quel exemple splendide que cette Esther pour de futures épouses et mères de famille. Réellement, c'est se moquer un peu trop visiblement des consignes données au corps enseignant! Il est vrai « qu'Esther » figure toujours au programme littéraire... comme au temps où le Juif Jean Zay présidait à l'Education nationale de nos enfants.

Les camps de concentration sont pour le Franciste (16. 01.43) *d'intolérables lieux de plaisir pour les Juifs.*

Beaume-la-Rolande.

De nombreux youtres ont été parqués en camp de concentration. Ce n'est pas suffisant. Nous demandons qu'un terme soit mis à leur arrogance.

Parce qu'en réalité dans « les camps de concentration » on fait une nouba effrénée. Certes il y a des barbelés, mais il y a aussi une complicité gaulliste venant des services du ravitaillement, complétée par une complicité gaullo-communiste venant des gardes chargés de la surveillance. Des faits? En voici qui confirment nos accusations. Nous espérons que les autorités compétentes comprendront, sinon nous saurons exiger que des mesures soient prises.

Par exemple : maître Furache, avocat youpin, a eu le culot de réveillonner dans les bureaux mêmes de la gestion, en compagnie de deux dames (dames?) elles aussi youpines internées.

Par quel miracle cette engeance de ghetto a-t-elle le droit de cuver son vin dans les bureaux de la gestion? Et sachez-le, pendant que le soir du réveillon nous nous serrions la ceinture d'un cran, les youtres s'empiffraient de la dinde. Leurs noms? Les voici. Le gros banquier Lazarre, le docteur Haas, le pharmacien Lévy. Car ces internés sont riches, très riches. Avec les poches bourrées de billets, l'internement a du bon.

Le voilà bien le premier travail de notre « Chambre des reprises ». Saisir l'argent que les youtres des camps portent sur eux car cet argent provient surtout de l'exploitation des travailleurs français.

Maintenant voici deux menus comparatifs. Examinez-les attentivement.

MENU JUIF INTERNE	MENU DES GARDIENS DU MEME CAMP
Petit déjeuner :	Petit déjeuner :
Chocolat au lait	Rien
Déjeuner :	Déjeuner :
Thon à l'huile (grosse ration)	Soupe
Rosbif	Pâtes
Pommes frites	Confiture
Fromage blanc	
Pommes (3 par personnes)	
Café	
1/4 de vin	

N'est-ce pas révoltant? Et n'est-il pas inconcevable que de pauvres abrutis se lamentent sur les malheurs d'Israël, alors que les Juifs jouissent d'un régime alimentaire dont nous avons perdu jusqu'au souvenir?

Le soir, au camp, le youtre Vitterbo (ex-directeur de l'Empire) organise un spectacle. On joue *Esther*. Au cours de l'entracte, on distribue à chaque spectateur crème chocolat et petits gâteaux. A la nuit, une femme revêtue d'une pèlerine de douanier essayait de pénétrer dans le camp. Nous demandons qu'une enquête soit faite à ce sujet. Et pour aider les enquêteurs, précisons qu'il s'agissait de la femme Wumberg, dont le mari est interné, et qui réside à Chaingray (Loiret). Nous exigeons que cesse ce scandale. Les chefs de camp n'ont pas le droit d'ignorer ce qui se passe chez eux. Nous réclamons des sanctions. Quant à nous, Francistes, nous revendiquons l'honneur d'être postés derrière les mitrailleuses qui finiront bien un jour par être placées aux quatre coins du camp. Et gare aux youtres qui essaieront de trafiquer derrière les barbelés.

VII

LE DÉLIRE

Dans le Cahier Jaune, *juillet 1942, un certain Dauven tente de démontrer que les Juifs ne sont pas doués pour le sport.*

Sainement pratiqué, hors de l'atteinte des trafiquants, le sport, c'est l'effort pour l'effort; c'est se dépenser pour la beauté du coup, sans espoir de profit.

Cela seul indique que ce ne sera que tout à fait par exception, par accident, méprise et dégénérescence qu'on verra un Juif fourvoyé s'exténuer sur le stade à des exercices dont ni la répétition, ni l'intensité ne provoquent l'ouverture d'un tiroir-caisse ou l'arrondissement du gousset.

Aussi dans les sports athlétiques, les vrais, inutile de se fatiguer la vue à fouiller les palmarès pour y repérer les Juifs qui ont possédé quelque qualité. Il n'y en a pas.

A l'appui de cette règle, deux exceptions : le coureur à pied Abrahams, vainqueur du cent mètres aux Jeux Olympiques de Paris en 1924, et l'escrimeuse Héléna Mayer, championne en 1932.

Ajoutons-y, si l'on veut, le nageur constantinois Artem Nakache, autour duquel les exilés de zone non occupée se rallient pour le voir vaincre les Aryens, dans les piscines de Toulouse, Nice, Marseille et autres lieux. Ils chantent ses exploits et leurs espoirs, vocifèrent leurs encouragements et célèbrent ses triomphes comme un cantique à la gloire d'Israël, impérissable malgré ses tribulations et toujours présent grâce à la Fédération de Natation, malgré les lois, les guerres... et ses propres méfaits. Nakache, tout compte fait, est moins à blâmer que ceux qui tolèrent ces exhibitions, vengeresses au gré des étoilés, pitoyables à notre sens.

Trois athlètes de classe en dix générations au moins — car il faut bien compter cela depuis la renaissance du sport — et cela pour le monde entier, c'est vraiment piteux, et même si d'aventure on en retrouvait, au coin de quelque annuaire, encore autant, ce n'est pas encore cela qui donnerait de la race élue une bien brillante idée.

Jean Dauven

Le 27 juin 1942 Je suis Partout *suggère ce jeu ignoble à ses lecteurs.*

SAVEZ-VOUS JOUER AU TENNIS-JUIF?

Après l'autre guerre, on jouait au « tennis-barbe ». On y jouait furieusement.

Hélas! les belles barbes républicaines, démocratiques et laïques (de Gambetta à Jaurès et à Landru, la République fut farouchement barbue) ne résistèrent pas à l'Exposition des Arts Déco, et sans doute faut-il voir là un intersigne. Plus de barbe, plus de République. M. Albert Sarraut lui-même arborait un visage glabre. Les temps du fascisme étaient proches.

Impraticable en dehors des congrès radicaux et des couloirs du Palais-Bourbon, le « tennis-barbe » s'éteignit doucement.

Et voici que ce vieux sport bien français renaît de ses cendres. Car — même les lecteurs de M. Spinasse n'ont pas pu ne pas le remarquer — des milliers d'étoiles viennent d'éclore, spontanément, au firmament des complets vestons parisiens. Des étoiles jaunes. De jolies petites étoiles que rien ne nous interdit de substituer, dans notre ardeur sportive, aux défuntes vieilles barbes de la démocratie. Et plus nombreuses, ces étoiles, que jamais les barbes ne le furent sous la Troisième.

Mais peut-être convient-il, pour ceux de nos lecteurs qui étaient trop jeunes à l'époque du « tennis-barbe » ou qui ignorent tout du véritable lawn-tennis, de donner ici quelques précisions techniques.

Le « tennis-juif » se joue à deux. Les partenaires peuvent être du même sexe ou d'un sexe opposé. L'âge est indifférent. Aucune servitude vestimentaire. On peut jouer en short, en canadienne, en salopette ou en smoking. Généralement la partie se dispute au cours d'une promenade que les joueurs font de conserve. Mais rien ne s'oppose à ce que le match s'engage à une terrasse de café, dans une file d'attente, dans le hall d'une perception, à la pelouse de Longchamp ou à la sortie de la messe.

Le jeu consiste à apercevoir un Juif avant son partenaire et à l'annoncer. Le vainqueur est celui qui a distingué, le premier, le plus grand nombre de Juifs.

Les points se comptent comme au tennis. Certes, nous déplorons que l'on cède encore, dans ce domaine, à l'anglomanie. Les Anglais ont pris l'habitude de compter les choses les plus simples, les poids, les distances, les monnaie et les résultats sportifs selon une arithmétique dont l'absurdité est incomparable. Il y a douze pence dans un shilling, vingt et un shillings dans une guinée et trois pieds dans un yard. De même, un jeu est gagné, en tennis, non lorsqu'on a marqué quatre points, mais lorsqu'on a annoncé successivement quinze, trente, quarante et jeu.

Donc, lorsqu'un joueur aperçoit un Juif, il s'écrie de façon bien distincte :

— Quinze pour moi.

Si, à son tour, l'autre partenaire aperçoit un fils d'Israël, il proclame :

— Quinze partout.

Et ainsi de suite jusqu'à ce que l'un des joueurs gagne un jeu. Cependant, si les deux partenaires ont aperçu chacun trois Juifs et que le score soit « quarante partout », la découvert d'un seul Juif ne suffit pas à assurer le gain du jeu. Ce Juif ne procure qu'un « avantage » qui peut être détruit si l'adversaire égalise. A « quarante partout », il faut deux Juifs consécutifs pour enlever le jeu.

Le vainqueur de six jeux a gagné un « set » (à condition d'avoir au moins deux jeux de plus que son adversaire).

Les débutants, les demoiselles et ceux qui opèrent dans un quartier désert jouent la partie en trois sets (deux manches et la belle). Les grands matches de championnat se disputent toujours en cinq sets.

Nous nous excusons de ces explications un peu fastidieuses. Elles sont indispensables à la diffusion de ce joli sport qui, entre autres avantages, entretient le coup d'œil, éduque les réflexes, et développe l'agilité d'esprit. Car il ne s'agit pas de crier victoire lorsqu'on a l'étoile jaune sous le nez. Pour accumuler des points, il faut être exercé à dépister le Juif à distance, à la repérer à son allure générale, à sa démarche. Il faut également n'annoncer qu'à bon escient. Le joueur qui prétend marquer un point, alors que le promeneur désigné ne porte pas d'étoile, est aussitôt pénalisé (comme pour une faute de pied), et c'est son adversaire qui en reçoit le bénéfice.

Aux débutants, nous conseillons de jouer quelques parties d'entraînement sur les grands boulevards, le dimanche après-midi, entre la République et l'Opéra. Là, les étoiles sont si denses qu'on se croirait sur la voie lactée. Les points crépitent. Les jeux sont rondement enlevés, et un match en cinq sets, quelque acharnement qu'on y apporte, ne dure guère plus d'une demi-heure.

Les vrais champions dédaignent ce parcours un peu trop

facile. Ils dédaignent aussi les Champs-Elysées, la rue de la Faisanderie, la rue des Rosiers et le village « suisse » du Champ-de-Mars. Ils préfèrent les quartiers réputés aryens, ceux que l'on croyait réservés aux indigènes, et l'on s'aperçoit qu'il y a pourtant matière à de furieuses parties de « tennis-juif ».

Enfin les grands as ont inventé une variante pour rendre les matches plus difficiles. Ils en sont arrivés à ne marquer des points qu'en apercevant des Juifs synthétiques. Mais comment reconnaître un Juif synthétique? Autrefois, l'insigne du parti S.F.I.O. suffisait. Aujourd'hui, la lecture du *Bicolore* est un indice certain. Seulement, tous les Juifs synthétiques ne brandissent pas ostensiblement l'hebdomadaire bicolore. Cette variante du « tennis-juif » entraîne trop de contestations. Nous le déconseillons.

Le mieux est de s'en tenir aux étoiles. Tout le monde s'est aperçu qu'il y en avait beaucoup, infiniment plus qu'on ne le pensait, compte tenu de tous les Juifs qui se débrouillent pour ne pas être étiquetés et de ceux, infiniment plus nombreux, qui ont franchi la ligne et qui se chauffent au soleil de la Méditerranée. Le « tennis-juif » présente cet avantage certain d'obliger les joueurs à s'évader des généralités (« ils sont trop! ») et à compter réellement les étoiles.

Alors seulement, lorsqu'on s'est livré à ce petit sport, on se rend physiquement compte de l'énormité de l'invasion. On se rend compte aussi que, pour des persécutés, les porteurs d'étoiles n'ont pas l'air trop misérables. Encore, répétons-le, ne voyons-nous ici que les Juifs les moins doués, le dessous du panier. Les « caïds » sont dans les Cintras de la zone non occupée, parfaitement libres de continuer leurs petites intrigues, leurs petites combines, leur petite propagande gaullo-stalinienne, de spéculer s'ils appartiennent à la Banque Worms, ou de se faire applaudir s'ils s'appellent Samson Fainsilber.

L'étoile, alors, prend toute sa signification. C'est une mesure indispensable dont nous ne nous lasserons pas d'exiger l'application aux Juifs nonos, mais ça n'est pas une solution. L'étoile de Sion pose le problème. Elle ne le résout pas.

A un ami qui lui demandait pourquoi il ne s'engageait pas dans la Légion antibolchevique, notre cher Louis-Ferdinand Céline répondait, il y a quelques mois :

— Parce que, mon pote, je ne veux pas que Lévy vienne danser sur ma tombe.

Les Aryens de France auxquels on demande de faire un effort, de payer de leur personne, soit en allant se battre contre les rouges, soit en allant dans les usines d'Allemagne assurer la relève des prisonniers, soit, s'ils sont K.G., en s'armant de patience, pourraient faire la même réponse, et beaucoup ne se gênent pas pour le faire.

Les Juifs ont voulu cette guerre, et ils en veulent aujourd'hui la prolongation jusqu'à l'anéantissement de l'Europe.

Qu'a-t-on fait pour les châtier?

A-t-on fusillé Mandel, Blum et Zay?

A-t-on exproprié tous les capitalistes hébreux?

A-t-on réduit, comme nous le demandions, tous les Juifs sans exception à la condition de prisonniers de guerre? Les a-t-on mis, au moins, à égalité avec nos malheureux camarades des Stalags?

Les a-t-on rejetés vers le ghetto? Leur a-t-on interdit — comme le réclame le P.P.F. — les piscines, les stades, les cafés, les promenades, où ils se prélassent, l'étoile en bataille, avec des allures de conquérants?

Les condamne-t-on à mort lorsqu'ils souillent la race avec des femmes françaises?

Non, n'est-ce pas? Les Juifs de la zone occupée ont sur la poitrine un morceau d'étoffe jaune qui leur permet de jouer sans dommage aux martyrs. Et ceux de la zone non occupée n'ont rien du tout. Même pas ça!

Certes, la Révolution nationale ne dépend pas seulement de la solution qui sera donnée au problème juif. Il faudra ensuite faire le fascisme français et refaire la France. Mais faute d'avoir résolu d'abord, avant toutes choses, le problème juif, faute d'avoir impitoyablement éliminé les Juifs de la vie nationale, les plus ingénieuses tentatives de redressement sont vouées à un échec certain.

Et cela, nous ne le voulons pas. C'est très amusant de jouer au « tennis-juif ». Mais il faut que l'étoile serve à autre chose.

P. A. Cousteau

Dans le Cahier jaune *de novembre 1942, l'éditeur Denoël, mort mystérieusement à la Libération, présente L.-F. Céline.*

LOUIS-FERDINAND CELINE
Le contemporain capital

Voilà bientôt dix ans que je connais l'auteur du *Voyage au bout de la nuit.* Dix ans que j'admire en lui l'écrivain révolutionnaire, l'homme de génie, le créateur de langage, celui qui possède au plus haut degré le sens de la langue française et de son rythme vivant, dix ans que je tiens Louis-Ferdinand Céline pour le seul poète lyrique de notre époque.

... Lorsqu'en décembre 1937, il m'apporta *Bagatelles pour un massacre,* je fus terriblement secoué.

Certes, je connaissais la littérature antisémite, j'avais lu Drumont, Toussenel et les autres : leurs ouvrages m'avaient éclairé sur la question, mais les études considérables n'émettaient plus qu'une lumière usée par le temps. Le livre de Céline illuminait des ténèbres savamment amassées. Une clarté fulgurante étalait à cru l'effroyable purulence, la hideuse décomposition d'un monde possédé, pourri, liquéfié par plus d'un siècle de domination juive. C'était si grand dans la haine, si féroce et si beau dans l'expression, si complet, si magistral que je craignis un instant de voir l'ouvrage étouffé.

... Et, en effet, la grande presse fit un silence énorme sur le prodigieux bouquin. Mais les journaux d'opinion se gardèrent de l'imiter; les dithyrambes alternaient avec les injures les plus basses, les menaces avec les louanges enthousiastes. On s'amusait en somme. Durant ce temps, *Bagatelles* gagnait tous les jours de nouvelles couches de lecteurs.

Le public se jetait en masse sur ce livre, le seul livre qui dépiautait le Juif d'aujourd'hui et le Juif de tous les temps, qui le montrait du dedans et du dehors, corrompu et corrupteur, prêt à tout pour dominer le goy masochiste, naïf ou abruti.

L'Ecole des cadavres, c'était l'application à la France de la théorie du Juif. Si jamais il y eut livre prophétique, ce fut bien celui-là. Tout y est dit, tout y est nommé, prévu, écrit, annoncé dans les termes les plus clairs. C'était le grand cri d'alarme, le « holà » terrible qui aurait dû arrêter tous les Français sur la pente de la guerre. Il ne fut entendu que par les Juifs. Et vivement, le Gouvernement fit une loi pour la protection des Juifs. Et l'on nous mijota à Céline et à moi un procès en correctionnelle. Et, comme de bien entendu, nous fûmes condamnés. *Bagatelles* et *l'Ecole des cadavres* étaient interdits...

Quelques mois plus tard, la guerre éclatait.

Au début de cette année, stupéfait de voir que la France n'avait pas encore compris, Céline tirait la leçon des événements dans un dernier volume : *les Beaux Draps*. Encore un livre de cette verve emportée, de ce ton magnifique qui décourage les imitateurs, deux cent vingt-cinq pages bourrées de substance, éclatantes et lucides, deux cent vingt-cinq pages assénées, virulentes, définitives. Mais cette fois Céline est moins noir, moins amer. Il voit poindre une lueur d'espoir, une toute petite lumière encore bien pâle, bien fragile. L'enfance, c'est à l'enfance qu'il veut croire, à la gaieté, à la danse, au chant de l'alouette. Fassent aux Dieux!

Et maintenant il a épuisé le sujet. Ses trois livres contiennent l'enseignement capital. Si l'on veut redresser la France, on trouvera là de sages conseils, d'utiles réflexions, la bonne méthode. Tout y est. Vous n'avez qu'à prendre.

Robert Denoël

Le 4 décembre 1941, Céline écrit à Costantini, directeur de L'Appel.

« Mon cher Costantini,

Je vous signale que Péguy n'a jamais rien compris à rien, et qu'il fut à la fois dreyfusard, monarchiste et cabotin.

Voici bien des titres, certes, à l'enthousiasme de la jeune Française, si niaise, si enjuivée. Le jeune Français catéchumène, rageur, ratatiné, bougon, découvreur de lune, ce Péguy, représente admirablement le jeune Français selon tous les vœux de la juiverie. Une parfaite « assurance tout risque ». L'abruti à mort.

Vous vous souvenez peut-être, en mai 1939, de cette « Quinzaine Péguy » à la Comédie-Française?... Le dernier spectacle de ce théâtre avant la catastrophe... et signé : Huisman, Mandel.

Que vous faut-il?...

Et mon enquête?... Tombée à l'eau?... L'on se fout énormément, cher Costantini, de savoir si les balbutiements de tel auteur aux langes relevaient déjà du génie. Mais on voudrait, ô combien, connaître l'opinion de nos plus tumultueuses élites sur la question juive, sur le problème délicat du racisme?...

Oh! comme elles se font prier nos élites!... Quelle discrétion soudaine...

Comme toute cette témérité, tant de fois proclamée, se gerce, se glace devant l'abîme. Il faut s'y jeter pourtant ou tout perdre.

Mais quels risques après tout... Le Jeanfoutre est de nos jours beaucoup mieux vu que le brave.

Retourner sa veste pose un homme.

C'est en 1941 qu'il faudra, je crois, pour l'histoire, situer le triomphe éclatant de la Jeanfoutrerie, l'apothéose définitive, cosmique, de Jeanfoutre.

A vous, bien cordialement.

L.-F. Céline

P. S. — De tous les écrivains français revenus récemment d'Allemagne, un seul nous a-t-il donné quelques impressions sur le problème juif en Allemagne 1941?... Ils ont tous ergoté, tergiversé autour du pot.

Les mêmes n'apercevaient même pas les Juifs en Amérique avant 1939... C'est une manie, ils ne les voient jamais, nulle part. Au fond, il n'y a que le chancelier Hitler pour parler des Juifs. D'ailleurs, ses propos, de plus en plus fermes, je le note, sur ce chapitre, ne sont rapportés qu'avec gêne par notre grande presse (la plus rapprochiste) minimisés au possible, alambiqués, à contre-cœur...

L'embarras est grand. C'est le côté que l'on aime le moins, le seul au fond que l'on redoute, chez le chancelier Hitler, de toute évidence. C'est celui que j'aime le plus. Je l'écrivais déjà en 1937, sous Blum.

Et voici une lettre non datée à Jacques Doriot.

« Mon cher Jacques Doriot,

Pendant que vous êtes aux Armées, il se passe de bien vilaines choses. Entre nous, en toute franchise, nous assistons en ce moment à un bien répugnant travail; le sabotage systématique du racisme en France par les antisémites eux-mêmes. Ils n'arrivent pas à s'entendre. Spectacle bien français. Combien sommes-nous d'antisémites en tout et pour tout, sur notre sol? Je ne parle pas des badauds. A peine une petite préfecture!... et, parmi ces émoustillés, combien de chefs? valables, armés, présentables? Une douzaine...

En ce moment décisif, inspiré, mystique, à quelle tâche les voyons-nous passionnément s'adonner? A se tirer dans les pattes!

Ne parlons pas de la troupe, un seul souci : éliminer, dénigrer, exclure, reléguer au second plan le rival possible! Moi! moi! moi! envers et contre tout... La maladie du crapaud. Jalousie! Chacun vedette! et seul en scène! au palmarès! au micro! à l'Elysée!

Et merde donc pour l'équipe! Et crève l'antisémitisme! Et crèvent tous les cons d'Aryens! Tel est le mot d'ordre profond! Voici au fond le résumé, le résultat simple et sinistre de la rage aryenne en action, le dénigrement démentiel, la passion délirante du « Soi ». La cause est perdue.

Elle finit même, à tout prendre, par vous écœurer un petit peu, cette cause aryenne impossible.

Puisque nous sommes si pourris, tellement indécrottables, si bêtes, disparaissons donc, charogne!

L'histoire Vercingétorix sur un autre plan recommence, identique. Tout est écrit.

Qui jubile? lampionne? se régale? Le Juif, parbleu! Quelle aubaine! Mettez-vous un peu à sa place!

A lui les belles infiltrations, les travaux de sape tout cuits! Les fontes de bastions, citadelles! toutes offertes par leurs défenseurs! des traîtres comme s'il en pleuvait! La ville! l'Etat! le corps! l'âme! tout! l'Eglise!

Le monde, une affaire permanente, pour le Juif, en somme.

Quelle résistance un peu sérieuse? Aucune, pardi! Quelques grimaces...

Tout tombe dans la main du Juif, par discorde et dénigrement. Il n'a qu'à saisir. On le prie. On le supplie. Pourtant, la tâche serait facile, enfantine, avec un peu de volonté...

Volatiliser sa juiverie serait l'affaire d'une semaine pour une nation bien décidée.

D'où détiennent-ils, ces fameux Juifs, tout leur pouvoir exorbitant? Leur emprise totale? Leur tyrannie indiscutée? De quelque merveilleuse magie?... de prodigieuse intelligence? d'effarant bouleversant génie?

Que non! Vous le savez bien! Rien de plus balourd que le Juif, plus emprunté, gaffeur, plus sot, myope, chassieux panard imbécile, à tous les arts, tous les degrés, tous les états, s'il n'est soutenu par sa clique, choyé, camouflé, conforté, à chaque seconde de sa vie! plus disgracieux, cafouilleux, rustre, risible, chaplinien, seul en piste! Cela crève les yeux! Oui, mais voilà! et c'est le hic! Le Juif n'est jamais seul en piste!

Un Juif, c'est toute la juiverie.

Un Juif seul n'existe pas.

Un termite : toute la termitière. Une punaise, toute la maison.

« Aimez-vous les uns les autres » est une bonne parole de Juif comprise seulement par les Juifs.

Lucien Descaves me disait un jour, me parlant un peu de ces choses : « L'Aryen, voyez-vous, Céline, c'est *Sans famille* »...

Voilà tout l'horrible et notre condamnation.

Notre défaite est morale, elle n'est point d'intelligence.

Nous sommes « antisolidaires » par principe, religion, habitude maudite, et le Juif n'est que cela : le « Solidaire ».

Une seule famille, il est monsieur « Tout-Famille », monsieur « Partouze et Téléphone ».

La solidarité aryenne n'existe pas, sauf chez les « maçons », et seulement pour l'usage « maçon », et dans le sens juif.

Une équipe où chacun ne joue que pour soi est une équipe battue d'avance.

A quoi ressemble, je vous demande, sur l'actuel plan politique ces cinq, six partis nationaux? Nanan prodigieux pour les Juifs! Sages de Sion! Cafouillage, division, camouflage, travail de bisbille. J'en vois bien cinq à fusiller de ces partis, peut-être six. Pourquoi plus d'un seul parti? L'Aryen Socialiste Français, avec Commissaires du Peuple, très délicats sur la doctrine, idoines et armés? Tout le reste n'est que trahison, de toute évidence, créations de Juifs...

La guerre civile, bavarde, permanente, qui nous a si bien abrutis, est re-toute prête à fonctionner, entièrement juive.

La Démocratie éternelle, le libre jeu des Partis, la « lutte des Idées »!

Si nous étions solidaires, l'antisémitisme déferlerait tout seul à travers la France. On n'en parlerait même plus. Tout se passerait instinctivement dans le calme. Le Juif se trouverait évincé, éliminé, un beau matin, naturellement, comme un caca.

Je ne dis rien de cette « élite » compréhensive, « rapprochiste », qui parle et pérore en tous lieux, sur toute tribune, et qui ne parle jamais des Juifs! 95 pour 100 de l'élite, en vérité! Couci-couça futés félons, sorte de néo-menchevicks, biais mijoteurs de catastrophes. Flore rapprochiste que je connais! de bien trop bonne éducation pour s'encanailler près de nous. Prolixe, verbeuse à tous les coups! Elan du cœur! de la raison! Toute la musique! Glaciale dès qu'il s'agit des youtres! Prudence! « Eh, là! peutt! peutt! La question juive? Vous n'y pensez pas! cher ami! Mais je n'y connais rien du tout Je ne dirais que des bêtises!... »

Jean-foutres!

Torves guignols à fusiller, pour ordre.

Il n'existe qu'une seule question : la Question Juive!

Sans les Juifs, le rapprochement franco-allemand serait chose faite, entendue, accomplie depuis belles lurettes. Vraiment, aucun autre problème.

Méchant babillage, tout le reste.

Et ces antisémites de mots? non racistes? qui sont pour moi pire que des Juifs! Aucune différence à ma toise entre le Maurras et Jean Zay! Péguy de même, si vous voulez! si calotin, si dreyfusard, consacré bientôt saint Péguy, prôné par Mgr Lévy!

Aux heures décisives, tout ce monde s'accorde parfaitement pour nous dépêcher à la pipe! et toujours pour le compte des Juifs! L'absoute par Mgr Gerlier, au nom des plus hautes entités : Patrie! Famille! Culture! Verdun! et le doux Jésus et turlutontaine!

L'essentiel du fin du fin, le tréfonds de toutes ces malices, c'est que disparaissent les Aryens! point d'autre astuce! Cette rage monte du fond des glandes, irrésistible, des épididymes métissés.

Nous n'avons pas encore tout vu!

Un seul souci, toute cette ordure, toute cette chiennerie bâtarde, cette canaille en délire : que se ruent, déferlent bientôt, les noirs, les asiates, nos égorgeurs prédestinés.

Il n'est de jour, d'heure, de nuit, où ne s'adressent mille suppliques, mille vœux à nos assassins, prières excédées, âmes à bout...

Vous n'entendez rien?

Aryens, notre sort est jeté, je le crains fort; nous n'avons pas su nous unir, nous ne nous aimons pas du tout.

Tant pis! Vogue la galère!

L'heure est aux requins!

Que la Mort pavoise!

Nous n'y sommes pour rien!

Congratulons-nous, innocents et désolés!

Nous sommes venus un peu trop tôt pour être nègres, voilà tout!

Au moment où tout pâme swing!

Nous périrons en refusant! Voici, ami, mon dernier mot!

Puisse votre victoire à l'Est bouleverser le cours des choses!

Je voudrais enfin me tromper! Mourir dans l'erreur!

Toujours bien poli, cependant! Jamais un mot qui dépasse! Et votre bien affectueusement, borné, buté.

Serviteur! »

L.-F. Céline

Un extrait des Beaux Draps de Céline, publié en 1941.

LES BEAUX DRAPS
(Extraits)

La présence des Allemands les vexe?
Et la présence des Juifs alors?

Plus de Juifs que jamais dans les rues, plus de Juifs que jamais dans la presse, plus de Juifs que jamais au Barreau, plus de Juifs que jamais en Sorbonne, plus de Juifs que jamais en Médecine, plus de Juifs que jamais au Théâtre, à l'Opéra, aux Français, dans l'industrie, dans les Banques. Paris, la France plus que jamais livrés aux maçons et aux Juifs plus insolents que jamais. Plus de Loges que jamais en coulisse, et plus actives que jamais. Tout ça plus décidé que jamais à ne jamais céder un pouce de ses Fermes, de ses Privilèges de traite des blancs par guerre et paix jusqu'au dernier soubresaut du dernier paumé d'indigène. Et les Français sont bien contents, parfaitement d'accord, enthousiastes. Une telle connerie dépasse l'homme. Une hébétude si fantastique démasque un instinct de mort, une pesanteur au charnier, une perversion mutilante que rien ne saurait expliquer sinon que les temps sont venus, que le Diable nous appréhende, que le Destin s'accomplit.

C'est la présence des Allemands qu'est insupportable. Ils sont bien polis, bien convenables. Ils se tiennent comme des boys-scouts. Pourtant on peut pas les piffer... Pourquoi je vous demande? Ils ont humilié personne... Ils ont repoussé l'armée française qui ne demandait qu'à foutre le camp. Ah! Si c'était une armée juive, alors comment qu'on l'adulerait!

Supposez une armée youpine, qui vienne mettons d'un peu plus loin... Y aurait rien de trop splendide pour elle! Que des extases à plus finir! C'est ça qui manque au Français la férule du Juif, il veut plus en connaître une autre. Il veut en mourir et content, je vais vous dire comment tout à l'heure. Il est maudit, il est voué. Tout le reste c'est que des paroles.

Parlons du fameux « rapprochement » tout de suite devenu un alibi, un bœuf magnifique pour les Juifs et les francs-maçons.

Tous les autres sont éliminés, à quelques individus près, inoffensifs pauvres maniaques, dont moi-même, agitant marottes et pamphlets, mirlitons, grelots. Aux youpins seuls les choses sérieuses!

Parlons des enseignes « maisons juives ». Je connais des goyes qui l'arborent. Leur succès est éclatant. Leur chiffre d'affaires double! triple! Triomphe!

A nous les rutabagas! les graisses de chevaux de bois! les yeux ronds!

Le Communisme c'est le grand dada, c'est le grand cheval de bataille du Juif.

Une seule façon de nous en sortir : lui secouer sa cavale, sauter dessus nous autres, on peut bien.

Le bluffeur juif, sale con, fainéant, il saura même pas quoi en faire du communisme quand il l'aura. Il salopera, bouzillera tout. Il pourra pas s'en empêcher, c'est sa nature. Justice sociale pour le Juif? Lui le faisan, le Pharaon, le jeteur de poudre, le maquereau-né de l'univers, l'hystérique satrape rebut d'Orient, le bâtard de toutes les mystiques, l'incapable de tous les métiers, le parasite de tous les temps, l'imposteur de tous les trafics, le malagaufre tourné canaille? C'est ça l'homme nouveau? Ah pardon! Ça serait drôle, ça serait un miracle, ça serait la première fois au monde qu'on verrait le Juif sortir des phrases, des saloperies, des complots, pour se replier au rang commun, au tapin, régulier, correct, marner comme tout le monde, à égalité. Alors ça jamais! Ça n'existe pas! C'est tout le contraire de sa nature! Chié par Moïse il tient son rang de caque supraluxe, copain qu'avec les autres chiés, en Moïse, en l'Eternel! Il est que pourri, pourrissant. Il a qu'une chose d'authentique au fond de sa substance d'ordure, c'est sa haine pour nous, son mépris, sa rage à nous faire crouler, toujours plus bas en fosse commune. Qu'est-ce qu'il attend du communisme? De nous cintrer encore plus étroit, nous garrotter d'encore plus près dans la prison juive.

Tous ouvriers oui, mais sous lui! Et pour quoi faire? Ses caprices, sa fantaisie, son apothéose de faux nègre. Y a du Louverture dans chaque Juif, je les expédierais tous là-bas, moi, à Saint-Domingue, Caraïbes, ça serait un bon climat pour eux, ils verraient aux Iles ce que ça donne, le communisme entre cousins, puisqu'ils veulent plus de la Palestine.

Si y avait encore un peu de mœlle au fond de la carcasse des Français, ça serait le moment d'essayer, absolument entre nous, ici-même, le fameux gri-gri communiste, la panacée universelle, avant que les Juifs nous l'infligent, sans nous demander notre avis, pour leur triomphe et notre supplice. Ça serait prudence élémentaire, les Juifs absolument exclus, autrement c'est la catastrophe, c'est la culbute aux abîmes, au reptilarium Kabalique, aux gouffres de l'arrière-pensée.

Bouffer du Juif [1] ça suffit pas, je le dis bien, ça tourne en rond, en rigolade, une façon de battre du tambour si on saisit pas leurs ficelles, qu'on les étrangle pas avec. Voilà le travail, voilà l'homme. Tout le reste c'est du rabâchis, ça vous écœure tous les journaux, dits farouchement antisémites, qu'est-ce qu'ils cherchent au fond? On se demande. Qu'est-ce qu'ils veulent? la place des youpins? Carrer là-dedans leurs chères personnes? C'est mince comme programme. Celui qui profite d'une idée c'est déjà une sacrée salope, je veux croire qu'ils sont ainsi. Dans tous les cas, point de méprise, la façon qu'ils jouent de la trompette, ils peuvent s'essouffler sur ce ton, pendant des décades et des siècles, ça fera pas naître un enthousiasme dans la masse française, avancer la question d'un poil. Le Français d'abord il s'en fout, il pense au charbon...

... Plus con que le Français? Vraiment n'est-ce pas c'est impossible? Et surtout l'intellectuel? Littéralement enragé dès qu'il s'agit de déconner dans le sens juif. Un snob masochiste. Et il y a pas de race! Et y a pas de Juif! Et moi par-ci!

1. J'entends par Juif, tout homme qui compte parmi ses grands-parents un Juif. Il suffit.

Je sais ceci! Et peutt-peutti! Et peutt-peutta! Je sais cela! Je suis un as du scepticisme! Ah! Gobineau quel jobard! Ce Montandon quel farceur! Et le Michelet quel vendu! Et que je t'embarque tout détonnant en pleine déconophonerie buse! phénoménal époustouflant à cent mille bords canonnant de cent mille bourdes! et toujours à contre cause, contre les siens, contre son sang, et toujours pour la gloire du Juif, son apothéose, son génie, sa prééminence hors de doute. Toujours un petit Juif là dans le coin, tapi, goguenard, qui se tâtonne... épie le goye en ébullition... maintenant rassuré se rapproche... voyant l'objet si bien en feu... passe la main sur ce joli con!... L'encourage, l'asticote, caresse, lui lisse le poil, l'envers... l'endroit... jubile... Ah! le bon Aryen toujours même, toujours semblable à lui-même, toujours prêt à faire jouir son Juif! Ah! qu'il est franc! Ah! qu'il est voué! Ah! qu'il est juteux à la mort! Et qu'il se remet en action, le joli con, requinqué de si chaude étreinte, d'humanitaire compréhension.

« Ah! Nom de Dieu! Y a pas de race! Y a pas de Juif non plus! Bordel sang! Qu'est-ce que c'est qu'un Juif? Quel bobard! Quelle crasse abomination! Quelle saloperie des fascistes! C'est pas la honte de notre époque de voir des dionausaures pareils? du sang des victimes dégouttants! tout englués de cœurs d'apôtres! foulant, broyant, écartelant la substance même de vérité! la chair lumineuse et musique! »

Le petit Juif s'il en boit! Il se tient plus de violente extase, il en part tout seul dans son froc! de voir comme ça, le si brave homme si bien disant! si bel d'enthousiasme! si épris! à plus reconnaître de ferveur! que ça le transpose, l'enivre fol! d'être positif qu'y a plus de races! Ferré là-dessus, inépuisable, qu'il est dans le triomphe de baver! qu'il peut y aller tire-larigo! caracafouille à perdre l'âme!...

« Moi! voyez-vous! moi! moi! moi! moi je dis que! que! que! et patati et patata! La race-ci!... la race qua! qua! qua! qua!... n'a pas! n'a pas! n'a pas! n'a pas... » qu'il est une race à qui tout seul, une race de « moi! moi! moi! moi! moi! »... Dix-huit millions de cons dans un seul.

O bonheur de qui l'admire, l'écoute et se tait! ne ternit la joie si fragile de se montrer riante à vous, fantastique et frêle comme l'enfance, éternelle, féerique au cœur... C'est la précieuse magie qui monte du sol et des choses et des hommes qui sont nés de là...

Venez ici... Venez là... écoutez ci...

Assommez croassante bêtise! mégère impostière Furie! Virago vinassière puante!

Venez ici... entendez là... alouette filante aux cieux! Gai! Gai! plus haut! droit à l'azur! et preste et vive d'un fin trait! tout enchantante votre jour... libre vaillante allègre fragile... emportée de joie... furtive aux étoiles là-haut... blêmes au matin... Voici de gentille gaîté! plus légère que toutes!... mieux de chez nous... qu'à toutes je préfère... point crispée comme la godon... éclatante comme l'italienne... gaîté d'abord! Gaîté c'est tout!... Je veux des chants et des danses... Je ne me soucie de raison... Qu'ai-je faire d'intelligence, de pertinence? de dessein? n'en ai point! L'univers non plus... César chagrin ne me froisse parlant aux autres de nous! « Ils promettent, ils rient tout est dit. » Tant pis!

Que me fout Mr Ben Montaigne prêchi-prêcha, madré rabbin?... Il n'est point la joie que je cherche, fraîche, coquine, espiègle, émue... Combien à lui je préfère... Couperin du « Coucou »... Christine des virelais... Gervaise des branles!... Je voudrais mourir de rire, mais légèrement... Bellay m'est plus cher que Racine pour deux trois vers... Je veux bien larmoyer un peu mais en dansant... Je suis de la « troupe volage »... Les sanglots d'Iphigénie m'ennuient... Hermione est obscène et s'écoute... Sombres histoires de cul.

Mr Montaigne n'est point lyrique et c'est un grand crime à mes yeux, il fabrique ses sournois Talmuds, ses gros manuels du « Parfait Juivre », à crougnotter dans la tiédeur, dans la dégonflerie captieuse, à cent mille bonnes raisons pour une... L'Horreur!...

Le grand besoin d'être touché... tout divinement allégé... de soi perclus, gris et souci!... emporté tout vif!... à la ronde! sur les nuées qui passent volages!... N'en parlons plus!

Je n'ai point besoin de sermons, mais de délivrance légère et tous ceux de mon sang de même... point ne vaut vivre sans caprices... frivoles et déraisonrants... Méchant qui nous tance! Danser nous voulons! Nul de nous bien apte à raison... mais gentiment bien prompt à rire et danser de même... à musique de notre essor... L'enthousiasme tient à peu de chose... au jet d'une alouette au ciel... à la joie menue qu'elle éprouve... là-haut, tout là-haut pour nous... gaîté vole, vive apeurée... de lourdes hontes survenues... morfondues...

Ah! remportez ces torrents! Ces avalanches de sagesse!... Las!... nous noyons dessous Sçavoir!...

Tout cela nous gâche et nous tue...

Que notre gaîté s'éteigne et les dieux mêmes seront contrits...

Las! les cieux seront lors plus lourds...

Nous voulons vivre sans connaître.. Nous voulons bien mourir de rire... le plus frivolement... si possible...

Que nous hante encore le Destin?... âpres raisons aigres marmonnent...

Le Juif il veut bien tout ce qu'on veut, toujours d'accord avec vous, à une condition :

Que ce soit toujours lui qui commande.

Il est pour la démocratie, le progrès, toutes les lumières, du moment que ça va dans son sens.

Grandes étiquettes et crapulerie.

La formule lui est bien égal, il se débrouille toujours, pourvu que ce soit lui qui commande, en définitive, par personnes interposées, par missions occultes, par les banques, par le suffrage universel, par les semi-juifs, par les maçons, par les mariages dynastiques, tout ce qu'on voudra, et les Soviets, pourvu que ce soit lui qui commande.

Il fabrique aussi bien son beurre dans les monarchies nordiques que dans les Kominterns kalmouks ou dans les Loges du Mexique. Il est à son aise partout pourvu que ce soit lui qui commande, abandonne jamais les ficelles.

Il chante la chanson qu'on voudra, dansera sur toutes les musiques, gigotant avec les singes, hurlant avec les pauvres loups, zigzagant avec les serpents, imitant tous les animaux, toutes les races, tous les passeports, pourvu que ce soit lui qui commande.

C'est un mimétique, un putain, il serait dissous depuis longtemps à force de passer dans les autres, s'il avait pas l'avidité, mais son avidité le sauve, il a fatigué toutes les races, tous les hommes, tous les animaux, la terre est maintenant sur le flanc, rendue par ses tripatouillages, il est pas encore rassasié, il emmerde toujours l'univers, le ciel, le Bon Dieu, les Etoiles, il veut tout, il veut davantage, il veut la Lune, il veut nos os, il veut nos tripes en bigoudis pour installer au Sabbat, pour pavoiser au Carnaval. Il est fol, à lier complètement, c'est qu'un absurde sale con, un faux sapajou hystérique, un imposteur de ménagerie, un emmerdant trémousseux, crochu hybridon à complots. Il nous escorte c'est le malheur, c'est le monstre qui colle, l'Horreur chez soi, il est monté dans la nef à la place d'un vrai animal.

Il veut plus jamais nous quitter du moment que c'est lui qui commande.

On le vire de la barre?... on peut plus... on en a marre d'intervenir... Il hurle trop fort quand on le bouscule... Il a fatigué tout son monde... Il faut que ce soit lui qui commande...

Politique fiction, dans l'Appel du 16 juillet 1942.

14 JUILLET 2142

Le dernier Juif vient de mourir

Fragments du journal d'un Français moyen en l'an de grâce 2142 :

14 juillet 2142. Une nouvelle merveilleuse parcourt les rues de Paris. Les chroniques parlées de la Radiotélévision nationale nous en ont informés.

Le dernier Juif vient de mourir...

Ainsi, c'en est donc fini avec cette race abjecte, dont le dernier représentant vivait, depuis sa naissance, à l'ancien Zoo du Bois de Vincennes, dans une tanière spécialement réservée à son usage, et où nos enfants pouvaient le voir s'ébattre en un semblant de liberté, non pour le plaisir des yeux, mais pour leur édification morale.

Il est mort! Dans le fond c'est mieux ainsi. J'avais personnellement toujours peur qu'il ne s'évade, et Dieu sait tout le mal que peut faire un Juif en liberté. Il restait seul, soit depuis la mort il y a dix ans de sa compagne, laquelle par bonheur était stérile, mais avec cette engeance, on ne sait jamais. Il faudra que j'aille au Zoo, pour m'assurer de la véracité de la nouvelle.

15 juillet 2142. Je suis allé voir la dépouille du Juif. C'est bien lui qui est mort. Ce n'était pas un bobard. Ouf! Je respire... Nous étions, ce matin, plusieurs centaines à être venus aux renseignements. Cela va mieux. Je réprouvais, quant à moi, la mansuétude des pouvoirs publics à l'égard du Juif.

Quel besoin avait-on de garder aussi jalousement un exemplaire, affreux d'ailleurs, d'une race heureusement disparue?

Dieu, qu'il était laid! Les cheveux crépus, jamais peignés, les yeux torves, chassieux, et bordés de jambon, le nez en banane, les lèvres lippues en « rebord de pot de chambre », il ressemblait plus à un singe (pardon! les singes...) qu'à un être humain.

Quand je pense que cette race vile fut sur le point de conquérir le monde et de lui imposer, outre sa domination, ses canons de beauté... J'en frémis rétrospectivement.

18 juillet 2142. D'où est partie l'idée première, l'idée force, l'idée salvatrice? Est-ce Drumont, est-ce Gobineau, ou le génial (c'était avoir du génie vu l'époque...) Céline, qui lança le premier l'idée mirifique. Un seul moyen pour se débarrasser des Juifs, sans massacres, sans pogroms : *les stériliser*. Oui, tous, mâles et femelles. Les enfermer d'abord dans de vastes camps, les prendre un à un, et hop! l'incision; rappel très indiqué de la Circoncision.

Mais où se trouve le miracle, c'est que la chose fut faite. Il y eut de par le monde, après la dernière guerre mondiale en 1939-1945, une entente générale sur le problème juif et ses solutions. La race maudite avait fait trop de mal, déclenché trop de cataclysmes, la coupe débordait et c'était offenser la divinité que de laisser les Juifs sans punition. Cette punition ce fut l'extinction de la race juive par le moyen cité plus haut. LA STERILISATION! Quelle belle chose que ce fut. Aujourd'hui, la terre nourrit deux fois plus d'hommes qu'en 1930. *Il n'y a plus de Juifs pour les affamer.*

20 juillet 2142. Ce fut un beau hourvari dans les camps de Juifs quand le DECRET DE STERILISATION parut. Le mur des Lamentations faillit être submergé par le flot des pleurs du peuple élu.

Le Décret, daté du 25 juin 1950, se présentait comme suit :

Article premier

Tous les Juifs, à quelque sexe, confession ou nationalité qu'ils appartiennent, seront stérilisés.

Article II

Les opérations de stérilisation devront être terminées au plus tard le 25 juin 1953.

Article III

Pour servir à l'édification des générations à venir, il sera conservé trois couples de Juifs, choisis parmi les plus sains.

Article IV

Pour éviter la reproduction rapide de la race, celle-ci étant particulièrement prolifique, les rejetons autres que les aînés seront stérilisés.

Article V

Les trois couples juifs conservés seront installés au Zoo de Vincennes, près Paris, où chacun pourra les voir à sa convenance.

Article VI

Le présent Décret, ayant force de loi, sera mis en vigueur dès sa parution.

22 juillet 2142. A part quelques lacunes, le susdit décret était parfait. Mais, chose plus parfaite encore, il fut appliqué.

Les historiens nous retracent les grandes lignes de ce que furent ces opérations. On tenta même de faire commencer une nouvelle ère, de la date du décret; on compta l'an I de la Stérilisation des Juifs. Certains de ceux-ci offrirent des fortunes aux chirurgiens chargés de les opérer, pour que ceux-ci les laissent en paix; mais comme les praticiens percevaient dix mille francs par Juif stérilisé, argent pris sur la fortune juive mondiale, il n'y eut aucune exception, hormis les six prévus par le législateur.

1er août 2142. A la suite de la mort du dernier Juif, il a été réédité un grand nombre de livres traitant de la question juive. Ils ont un grand succès et le méritent, car ils sont d'un prodigieux intérêt, et l'on comprend, en les lisant, à quel péril horrible le monde a échappé.

Je viens de terminer *la France juive,* de Drumont; je ne l'avais jamais lue intégralement, mais seulement des extraits lorsque j'étais enfant, à l'école, puis au lycée. J'ai lu aussi *Bagatelles pour un massacre,* du génial Céline, ainsi que les *Protocoles des Sages de Sion,* dans lesquels sont dévoilés les plans juifs de domination mondiale.

Le frisson de la petite mort vous saisit, quand vous lisez ce bouquin. Pauvres « Goïm »! Que serions-nous devenus? les esclaves, les ilotes de la nation juive. Nous avons pu frapper les premiers... Dieu soit loué!

Un fait est et reste certain. Depuis le Décret mondial de 1950, il n'y a plus eu de guerre. Le Juif n'étant plus là pour envenimer les frictions entre les nations, tout s'arrange pour le mieux, à l'amiable, entre frères de la même famille humaine. La terre forme maintenant un tout harmonieux; il n'y a plus que très peu de malheureux, et encore sont-ils secourus dès que signalés.

On ne voit plus, comme il était, paraît-il, courant de le voir vers 1930, le blé dénaturé, le café brûlé dans les locomotives, et certaines nations mourir de faim, alors que d'autres regorgeaient de tous les biens terrestres. Le vrai socialisme est né. Un socialisme intelligent, permettant à chacun de faire son chemin suivant ses capacités et son intelligence.

Et puis, les Juifs ne sont plus là pour spéculer sur la vie des hommes, sur leur bien-être, sur leur mort. La race maudite, la race de proie, la fiente, l'excrément de la race humaine n'est plus qu'un mauvais souvenir, qu'un cauchemar dont nous ne nous souviendrons que pour nous féliciter de le savoir terminé.

L'on pourrait épiloguer longuement sur cette fétide engeance. Mais n'est-ce pas déjà en avoir trop parlé? Elle n'est plus. PAIX, non pas à ses cendres, mais à celles des malheureux qui, par la faute des Juifs, ont souffert et sont morts. Quant à leurs âmes, si tant est que les Juifs en aient une, je leur souhaite de brûler *ad vitam aeternam* dans le coin d'enfer le plus chaud qu'il puisse exister, et je prie Satan de les bien retourner afin qu'ils grillent bien de tous les côtés.

J'ose espérer que les Aryens condamnés à l'enfer ne soient pas mélangés aux Juifs dans ce sombre séjour. Si grands que soient leurs crimes, la punition serait trop sévère.

Enfin! Cette race pourrisseuse n'est plus qu'un mauvais souvenir. Les désagrégateurs moraux ne peuvent plus contaminer la belle jeunesse humaine, qui ne risque plus maintenant de se faire casser la gueule pou renrichir quelques misérables hyènes juives avides de charognes, pourvu qu'elles soient aryennes.

Mais c'est assez parlé de cette saleté enfin nettoyée. Continuerai-je mon journal? Montaigne a dit : « Que saisje? »

Je terminerai donc sur cette parole d'un homme dont on dit qu'il fut un demi-Juif...

Jacques Bouvreau

Il s'est trouvé un juriste pour expliquer et justifier au regard du droit les mesures prises par les Allemands et par Vichy. Ce texte est de 1942.

I. La définition du juif. Si da détermination des naturalisés par rapport aux nationaux d'origine ne suscite aucune difficulté (sauf pour les enfants naturels), il n'en est point de même pour la définition des Juifs par rapport aux non-Juifs. Deux systèmes sont possibles à cet égard : la définition par la race ou la définition par la religion. L'un et l'autre présentent d'ailleurs de grandes difficultés. Si l'on adopte le critère religieux, il est à craindre que la plupart des Juifs ne feignent une conversion apparente et ne parviennent ainsi à éluder l'application de la loi. Si l'on adopte le critère racial, il est très difficile de déterminer les caractères qui permettront d'établir l'appartenance ou la non appartenance à la race juive : la définition scientifique de la race, d'après les caractères ethniques, étant impossible à utiliser, on en sera réduit au système de la déclaration, qui ouvre la porte à toutes les contestations

La loi du 3 octobre 1940 avait adopté le système de la détermination par la race, sans préciser d'ailleurs le critère permettant de déterminer l'appartenance à la race juive. Etait considéré comme Juif, aux termes de l'article 1er, toute personne issue de trois grands-parents de race juive, ou de deux grands-parents de la même race, si son conjoint était lui-même Juif (c'est-à-dire issu de trois grands-parents de race juive). La loi ne précisait aucunement de quelle façon devait être faite la détermination de la race juive des ascendants : il semble qu'on se fiait, en pratique, à la déclaration des descendants.

La loi du 2 juin 1941 met fin à cette imprécision. Elle maintient en principe le système de la détermination par la race, mais elle donne cependant une certaine place au système de la détermination par la religion; surtout elle fait désormais de la religion une présomption de race.

1° En principe, la détermination du Juif continue à être faite sur la *base raciale*. Est, en effet, considéré comme Juif, aux termes de l'article 1er, celui ou celle qui est issu de trois grands-parents de race juive, quelle que soit sa religion, et celui ou celle qui est issu de deux grands-parents de race juive et dont le conjoint est lui-même issu de trois grands-parents de race juive, quelle que soit également sa religion et la religion de son conjoint.

2° Mais cette détermination raciale est complétée par la *détermination religieuse.* Est, en effet, également considéré comme Juif celui ou celle qui est issu de deux grands-parents de race juive, et qui appartient à la religion juive, ou qui y appartenait antérieurement au 25 juin 1940. Cette dernière disposition s'explique par le fait que de nombreux Juifs se sont convertis depuis l'armistice, afin de tenter d'échapper à la législation qui les concerne : ce calcul est déjoué par le fait que la loi considère comme ne devant pas être prises en considération toutes les conversions postérieures au 25 juin 1940 [1].

D'autre part, le critère de la non-appartenance à la religion juive est défini de façon très stricte : il faut fournir la preuve de l'adhésion à l'une des autres confessions religieuses reconnues par l'Etat avant la loi du 9 décembre 1905. Le descendant de deux grands-parents juifs qui n'a adhéré à aucune religion est donc considéré comme Juif, en vertu d'une présomption légale non susceptible d'être renversée par la preuve contraire.

3° Enfin, et c'est là une des innovations les plus importantes de la loi du 2 juin 1941, l'appartenance à la religion juive est considérée désormais comme une *présomption* de race. L'article 1er décide en effet « qu'est regardé comme étant de race juive le grand-parent ayant appartenu à la religion juive ».

Il résulte de la rédaction de ce texte que la présomption de race qui est attachée à l'appartenance à la religion juive ne peut être renversée par la preuve contraire. Il s'agit donc également d'une présomption irréfragable ou, comme disent les civilistes, d'une présomption *juris et de jure.*

La définition du Juif de la loi du 2 juin 1941 est donc à la fois plus étroite que celle de la loi du 3 octobre 1940

1. Un autre procédé avait été employé par certains Juifs pour éluder l'application de la loi à l'égard de leurs enfants : le désaveu de paternité ou l'annulation de reconnaissance. Aussi la loi du 2 juin 1941 a-t-elle décidé que le désaveu ou l'annulation de reconnaissance d'un enfant considéré comme Juif demeure sans effet au regard des dispositions déterminant les personnes qui ont la qualité de Juif.

et plus facile à établir : l'appartenance à la race est établie par la présomption qui résulte de l'appartenance à la religion; cette appartenance à la religion est ensuite établie, en règle générale, par les moyens ordinaires de preuve; dans le cas particulier du descendant de deux grands-parents juifs la preuve de l'appartenance à la religion juive est encore facilitée par la présomption légale résultant de la non-appartenance à une autre religion.

II. Les incapacités frappant les Juifs. Les personnes considérées comme juives, en vertu de la définition précédente, sont frappées de diverses incapacités, aussi bien en ce qui concerne l'accès des professions privées qu'en ce qui concerne l'accès des fonctions publiques.

1° Pour les *professions privées,* la règle générale est que l'accès en demeure librement ouvert aux Juifs. Mais cette règle comporte trois catégories d'exceptions.

La première concerne les professions comportant une certaine influence sur l'opinion publique, comme les professions de la presse, du cinéma, du théâtre, de la radiodiffusion. Leur accès est interdit aux Juifs d'une façon absolue. La loi du 2 juin 1941, qui ne fait que confirmer sur ce point les dispositions de la loi du 3 octobre 1940, indique par voie d'énumération légale limitative celles de ces professions dont l'exercice est interdit aux Juifs de façon absolue. On semble avoir tenu compte, dans cette énumération, du degré d'influence que la profession permet d'exercer sur l'opinion publique. Ainsi les Juifs ne peuvent pas être rédacteurs de journaux mais ils peuvent publier des livres, parce que le livre a une diffusion moindre que le journal; ils n'ont pas le droit de faire des scénarii de cinéma mais ils conservent la possibilité d'écrire des pièces de théâtre, parce que le cinéma possède actuellement sur l'opinion publique une influence plus grande que celle du théâtre, etc.

La seconde exception concerne les professions de spéculation : banquiers, changeurs, démarcheurs, marchands de biens, agents immobiliers, prêteurs sur gage, tenanciers de jeu, agents de publicité, etc. Leur accès est également interdit aux Juifs de façon absolue.

Enfin la troisième exception vise les professions libérales, commerciales, industrielles et artisanales, les offices ministériels, etc. Leur accès n'est pas interdit aux Juifs, mais doit faire l'objet d'une réglementation par décrets pris en l'établissement d'un *numerus clausus,* la proportion des Juifs qui se livrent à ces activités ne devant pas dépasser un certain pourcentage de l'effectif total de la profession.

En dehors de ces exceptions, l'accès des professions privées reste librement ouvert aux Juifs. Toutefois l'article 6 leur interdit de faire partie des organismes représentatifs ou disciplinaires des professions visées par les exceptions précédentes.

2° L'accès des *fonctions publiques* est, au contraire, interdit aux Juifs d'une façon générale. L'incapacité d'accès est ici le principe et la capacité l'exception. Cette incapacité s'étend à toutes les fonctions publiques, quelles qu'elles soient, non seulement de la métropole, mais encore de l'Algérie, des colonies, des pays de protectorat, et de la Syrie et du Liban [1]. Cette règle de l'incapacité des Juifs en ce qui concerne l'accès aux fonctions publiques subit cependant certaines exceptions.

III. Les exceptions à l'incapacité d'accès des Juifs aux fonctions publiques sont de deux sortes : les unes sont établies par voie générale et impersonnelle, et ne s'appliquent qu'à certaines fonctions publiques; les autres ont un caractère individuel et s'étendent, au contraire, à toutes

1. La loi du 3 octobre 1940 ne donnait aucune précision complémentaire sur ce point. Mais il résultait expressément du décret du 9 mars 1941 (*J.O.*, 15 mars 1941, p. 1177) étendant aux colonies les dispositions du décret du 26 décembre 1940, pris lui-même en application de la loi du 3 octobre, que cette loi ne concernait pas seulement les fonctions publiques de la métropole, mais encore les fonctions publiques des colonies.

les fonctions publiques et même aux professions privées précédemment énumérées.

1° La première exception à la règle de l'incapacité d'accès des Juifs aux fonctions publiques concerne les *anciens commattants,* et les ascendants, veuves et orphelins de militaires morts pour la France, ainsi que les pupilles de la nation.

La qualité d'ancien combattant est reconnue aux Juifs qui remplissent l'une des trois conditions suivantes : 1° Etre titulaire de la carte de combattants de 1914-1918; 2° Avoir, au cours de la campagne 1939-1940, fait l'objet d'une citation donnant droit au port de la croix de guerre instituée par le décret du 28 mars 1941; 3° Etre décoré de la Légion d'Honneur pour fait de guerre ou de la médaille militaire. La détermination de la qualité de combattant est donc différente pour les naturalisés et les Juifs. A un certain point de vue, elle est plus stricte en ce qui concerne les Juifs : il ne suffit pas d'avoir la qualité d'ancien combattant de la guerre de 1939-1940, mais il faut avoir été cité et décoré de la croix de guerre. Mais, à un autre point de vue, le régime adopté pour les Juifs est plus large que celui appliqué aux naturalisés : la possession de la médaille militaire ou de la Légion d'Honneur à titre militaire est, en effet, suffisante pour ceux-là et non pour ceux-ci; or on peut avoir obtenu ces décorations en dehors des guerres de 1914 et de 1939, par exemple pour les « opérations extérieures » (guerre du Riff, de Syrie, etc.).

2° La seconde exception à la règle de l'incapacité d'accès des Juifs aux fonctions publiques présente, à la différence de la première, un caractère général quant aux emplois auxquels elle s'applique. Les Juifs qui en bénéficient peuvent, en effet, accéder à toutes les fonctions publiques, même à celles qui font l'objet de l'énumération légale précédente. De même, cette exception concerne également l'accès aux emplois privés que nous avons précédemment indiqués comme étant normalement fermés aux Juifs.

Au contraire, quant aux personnes qui en bénéficient, il ne s'agit plus d'une exception par voie générale et impersonnelle, mais d'une *exception par mesures individuelles.* Pour les Juifs, comme pour les naturalisés, la non-application des incapacités précédentes peut être décidée, en effet, par décret ou arrêté dûment motivé. L'usage de ces décrets était réglementé d'une façon beaucoup plus stricte pour les Juifs que pour les naturalisés dans la loi du 3 octobre 1940. Mais la loi du 2 juin 1941 est venue adoucir, sur ce point, de façon sensible, les dispositions de la loi du 3 octobre.

La loi du 3 octobre 1940 avait procédé à une certaine détermination des motifs qui peuvent justifier ces mesures d'exception : elles ne pouvaient intervenir que pour « les Juifs, qui dans les domaines littéraire, scientifique, artistique, ont rendu des services exceptionnels à l'Etat français ». Pour que le décret soit légal, quant aux motifs qui l'inspirent, il fallait donc que deux conditions soient remplies : 1° que l'intéressé ait rendu des services exceptionnels à l'Etat, ce qui comporte une part assez large d'appréciation discrétionnaire; 2° que ces services aient été rendus dans le domaine de l'art, de la science ou de la littérature : il n'y a pas ici de caractère discrétionnaire dans l'appréciation et le domaine de l'exception se trouve ainsi très restreint [1]. D'autre part, afin que les dispositions précédentes ne demeurent point lettre morte, la loi disposait que les décrets et les motifs qui les justifiaient devaient être publiés au *Journal officiel.* Ainsi le contrôle de la légalité des motifs et l'exercice éventuel du recours pour excès de pouvoir étaient-ils grandement facilités [2].

La loi du 2 juin 1941 a simplifié notablement la procédure de l'exception. Quant à son champ d'application, il se trouve soit restreint, soit élargi, selon l'interprétation que l'on donne à un texte qui est rédigé de façon ambiguë.

1. Les décrets individuels relevant des Juifs de l'incapacité établie par la loi du 3 octobre 1940 ont été rares jusqu'ici. Citons parmi eux, à titre d'exemples, le décret du 22 janvier 1941 (*J.O.*, 24 janvier, p. 379), le décret du 21 janvier 1941 (*J.O.*, 25 janvier, p. 410), le décret du 15 avril 1941 (*J.O.*, 19 avril, p. 1193), etc.

2. Le décret du 21 janvier 1941 est donc illégal, car les motifs de ce texte n'ont pas été publiés au *Journal officiel* (Cf. *J.O.*, 25 janvier, p. 410).

Désormais, les mesures d'exception sont prises par arrêté motivé du commissaire général aux questions juives. Seules, les exceptions accordant à un Juif l'accès aux fonctions publiques essentielles énumérées par l'article 2 doivent continuer à faire l'objet d'un décret motivé pris en Conseil d'Etat, sur le rapport du commissaire général aux questions juives. Dans l'un et l'autre cas il n'est plus obligatoire de publier au *Journal officiel* le décret ou l'arrêté et les motifs qui le justifient.

Aux termes de l'article 8, ces mesures d'exception peuvent être prises en faveur des Juifs : « 1° qui ont rendu à l'Etat français des services exceptionnels; 2° dont la famille est établie en France depuis au moins cinq générations et a rendu à l'Etat français des services exceptionnels ». Le texte n'est pas clair : faut-il réunir à la fois les deux conditions précédentes, ou suffit-il de remplir l'une ou l'autre d'entre elles? — Dans le premier cas, le champ d'application de l'exception serait très réduit; dans le second, il serait au contraire très large. L'absence de travaux préparatoires ne permet pas d'avoir des indications sur le sens que le législateur a voulu donner à cette phrase ambiguë. Il appartiendra donc à la jurisprudence de faire un travail d'interprétation constructive.

Quoi qu'il en soit, la possibilité de tempérer par des dérogations individuelles les incapacités frappant les Juifs demeure dans son principe. En contre-partie, la loi du 2 juin 1941 a édicté des sanctions sévères contre ceux qui tenteraient de violer les dispositions relatives à cette incapacité.

IV. Les sanctions de l'incapacité. La loi du 3 octobre 1940 ne prévoyait aucune sanction à l'égard des Juifs qui auraient contrevenu à ses dispositions. La loi du 2 juin 1941 a comblé cette lacune et édicté des sanctions sérieuses qui sont, soit des sanctions administratives, soit des sanctions pénales.

Les unes et les autres s'appliquent à la fois aux Juifs qui se sont livrés ou ont tenté de se livrer à une activité interdite par la loi, et à ceux qui se sont soustraits ou ont tenté de se soustraire aux interdictions qu'elle édicte, par des déclarations mensongères ou des manœuvres frauduleuses.

1° La *sanction administrative* consiste dans le fait que les Juifs qui se sont rendus coupables de tels actes peuvent être internés dans des camps spéciaux, sur l'ordre du préfet. En règle générale, cet internement administratif n'est possible que pour les Juifs étrangers, d'après la loi du 4 octobre 1940 [1].

Mais le fait pour un Juif, même français, d'avoir tenté de se livrer à une activité interdite, ou d'avoir fait des déclarations mensongères ou des manœuvres frauduleuses pour essayer d'éluder l'application des incapacités qui le frappe, le rend passible des mêmes mesures.

2° A cette sanction administrative se superposent des *sanctions pénales*. Les Juifs qui se sont livrés ou ont tenté de se livrer à des activités interdites par la loi seront punis d'un emprisonnement de six mois à deux ans et d'une amende de 500 à 10 000 francs, ou de l'une de ces deux peines seulement. Ceux qui auront tenté de se soustraire à l'application de la loi par des déclarations mensongères ou des manœuvres frauduleuses seront punis d'un emprisonnement de un an à cinq ans, et d'une amende de 1 000 à 20 000 francs, ou de l'une de ces deux peines seulement. Les sanctions prévues sont donc particulièrement sévères.

V. Le caractère rétroactif des incapacités. Les dispositions des lois du 3 octobre 1940 et du 2 juin 1941, interdisant aux Juifs d'exercer une fonction publique, sont totalement rétroactives, c'est-à-dire qu'elles ne s'appliquent point seulement aux Juifs candidats éventuels à une fonc-

1. *J.O.*, 18 octobre 1940, p. 5324.

tion publique après la date de leur promulgation, mais également aux fonctionnaires juifs entrés au service avant la date de cette promulgation. Ces derniers doivent cesser leurs fonctions dans un délai de deux mois.

Les fonctionnaires visés par la loi du 3 octobre 1940 ont été obligés de cesser leurs fonctions le 20 décembre 1940. La loi du 2 juin 1941, quoiqu'ayant abrogé la loi du 3 octobre 1940, a maintenu expressément cette date, comme point de départ de la cessation des fonctions des personnes auxquelles s'appliquent à la fois les dispositions de ces deux textes.

Les fonctionnaires visés par les dispositions de la loi du 2 juin 1941, et non visés antérieurement par celles de la loi du 3 octobre 1940, devront cesser leurs fonctions dans les deux mois qui suivent la publication de cette loi du 2 juin, soit avant le 15 août 1941.

Des dispositions spéciales sont cependant prévues en faveur des prisonniers de guerre et de leurs familles, d'une part, et des fonctionnaires en service dans les colonies, d'autre part [1]. Les fonctionnaires ou agents juifs prisonniers de guerre cesseront d'exercer leurs fonctions deux mois après leur retour de captivité; de même les ascendants, conjoints ou descendants d'un prisonnier de guerre ne se verront appliquer la loi que dans un délai de deux mois après la libération de ce prisonnier. Quant aux personnels d'outre-mer, un décret rendu sur la proposition des secrétaires d'Etat intéressés déterminera les conditions dans lesquelles ils devront cesser leurs fonctions.

L'élimination des fonctionnaires juifs des administrations publiques ne constitue nullement une sanction disciplinaire prise à leur égard. Ils ne sont point renvoyés à cause d'une faute qu'ils auraient commise dans l'exercice de leurs fonctions, mais parce qu'on a estimé que l'intérêt public exigeait ce renvoi. La mesure qui les frappe a donc le caractère d'une mesure de nécessité publique. Les dommages causés par

1. Le régime en vigueur antérieurement à la loi du 2 juin 1941 était fixé par la loi du 11 avril 1941 (*J.O.*, 30 avril 1941, p. 1846).

cette mesure constituent donc une charge publique, et le principe de l'égalité devant les charges publiques exige que ces dommages ne soient point supportés par les seuls fonctionnaires juifs éliminés des services, mais par l'ensemble de la collectivité.

Or, si on a écarté pour les Juifs le principe d'égalité devant les fonctions publiques, on n'a pas voulu les priver également du bénéfice du principe d'égalité devant les charges publiques; car les raisons qui motivaient la suppression du premier principe à leur égard ne motivaient point la suppression du second. On a donc été conduit à reconnaître aux fonctionnaires juifs éliminés de leur emploi le droit d'obtenir une certaine indemnisation du dommage qui leur est ainsi causé.

Le régime de cette indemnisation est fixé par l'article 7 de la loi du 2 juin 1941. Il est à peu près analogue au régime adopté en faveur des naturalisés visés par la loi du 3 avril 1941. Il est différent selon l'ancienneté de l'agent dans le service, d'une part, et selon le régime de retraite auquel il est soumis, d'autre part.

En ce qui concerne l'ancienneté, les agents sont répartis, d'une façon générale, en deux grandes catégories : ceux qui ont plus de quinze ans de services, d'une part, et ceux qui ont moins de quinze ans de services, d'autre part. L'indemnité allouée à ces derniers consiste dans le versement de leur traitement pendant une durée fixée par un règlement d'administration publique. Sous le régime de la loi du 3 octobre 1940, ce règlement avait été édicté par le décret du 26 décembre 1940 [1], dont les dispositions ont été étendues aux colonies par le décret du 9 mars 1941 [2]; ces textes ont été formellement maintenus en vigueur par l'article 12 de la loi du 2 juin 1941. Les fonctionnaires juifs éliminés des services reçoivent leur traitement, augmenté de l'indemnité spéciale temporaire et des allocations familiales, pendant une période calculée à raison de deux mois par année

1. *J.O.*, 7 février 1941, p. 606.
2. *J.O.*, 15 mars 1941, p. 1177.

ou fraction d'année de services, avec un minimum de neuf mois si le traitement, augmenté de l'indemnité spéciale temporaire, est supérieur à 50 000 F; de douze mois, si le traitement est compris entre 25 et 50 000 F; de dix-huit mois, si le traitement ne dépasse pas 25 000 F.

Pour les agents comptant plus de quinze ans d'ancienneté, l'indemnité consiste, d'une façon générale, dans l'allocation d'une pension de retraite. Mais le régime de cette pension est différent selon le régime des retraites auquel sont soumis ces agents.

Les fonctionnaires soumis au régime de la loi du 14 avril 1924 reçoivent, soit une pension d'ancienneté, soit une pension proportionnelle, selon la durée de leurs services. Dans les deux cas, cette pension est à jouissance immédiate.

Les fonctionnaires soumis au régime de la caisse nationale des retraites pour la vieillesse reçoivent immédiatement une allocation égale ou montant de la rente vieillesse qui leur serait acquise à l'époque de la cessation de leurs fonctions, si leurs versements réglementaires avaient été effectués dès l'origine à capital aliéné. Cette allocation cessera de leur être attribuée du jour de leur entrée en jouissance de leur rente sur la caisse nationale des retraites.

Les fonctionnaires soumis au régime de la loi des assurances sociales reçoivent de même, en attendant leur entrée en jouissance de la rente vieillesse, une allocation annuelle égale à la fraction de cette rente constituée par le versement de la double contribution durant toute la période où ils sont restés en service.

Les fonctionnaires des collectivités locales et des établissements publics possédant une caisse spéciale de retraites reçoivent la jouissance immédiate d'une pension qui est, soit une pension proportionnelle, soit une pension d'ancienneté, selon la durée de leurs services.

Enfin, les fonctionnaires et agents tributaires de la caisse coloniale de retraites ou de caisses locales bénéficieront d'une pension dans les conditions qui seront déterminées par un règlement d'administration publique.

D'autre part, le droit à pension des veuves est conservé dans les mêmes conditions que pour les fonctionnaires naturalisés, en vertu de l'article 5 de la loi du 3 avril 1941. La situation des ouvriers des établissements militaires et industriels de l'Etat est réglée par la loi du 12 mai 1941, que nous avons déjà citée.

D'une façon générale, on voit que le législateur a voulu assurer scrupuleusement l'indemnisation des fonctionnaires juifs éliminés de leurs fonctions.

Les lois du 3 octobre 1940 et du 2 juin 1941 n'ont donc pas le caractère de mesures de représailles, mais de mesures d'intérêt public.

Dans le seul mois d'août 1942, et au nom de ce même intérêt public, 4000 enfants furent arrachés à leurs parents. On les conduisit à Drancy. De là, par trains entiers, ils furent déportés à Auschwitz. Pas un seul ne revint.

TABLE DES MATIÈRES

LA COMPOSITION, L'IMPRESSION ET LE BROCHAGE DE CE LIVRE
ONT ÉTÉ EFFECTUÉS PAR FIRMIN-DIDOT S.A.
POUR LE COMPTE DES ÉDITIONS BALLAND
ACHEVÉ D'IMPRIMER LE 15 AVRIL 1975

Imprimé en France
Dépôt légal : 2e trimestre 1975
N° d'impression : 6621
ISBN 2-7158-0028-2